U0625191

素 书

感悟传世奇书中的成功智慧

（汉）黄石公⊙著

丁敏翔⊙编著

中国华侨出版社

·北京·

提起《素书》，很多人可能未曾耳闻，但提起大名鼎鼎的汉相张良，却无人不知，无人不晓。相传张良之所以能名标史册，靠的就是一部《素书》。这其中有一段流传千古的历史公案：

张良，字子房，本是个只知快意恩仇的侠义之士。他原本是韩国人，后韩为秦所灭。公元前218年，他组织一些人寻机刺杀秦始皇，为韩国报仇，但没能成功，被迫亡命天涯。

一天，张良浪迹到下邳，意外遇到了一位老人，这就是黄石公。这位老人故意将鞋抛在桥下，让张良捡鞋又替他穿鞋，最后，认定"孺子可教矣"，遂将一卷书传给了他，并告之："读此书则为王者师矣。"相传这本书就是《素书》。

《素书》彻底改变了张良，使他从一个普通的青年，变成了一位足智多谋的王者之师。他帮助汉高祖刘邦开创了大汉王朝，化解了一个又一个政治、军事、经济的危难之局，在楚汉相争的复杂局面里，总能化险为夷。更为可贵的是，他凭借《素书》中的智慧，在功成名就之后，巧妙地跳出了权力之争的旋涡，洒脱安逸地安度了自己的晚年。难怪刘邦评价说"夫运筹帷幄之中，决胜千里之外，吾不如子房"！

一本书点醒了一个普通人，这个人又深刻影响了中国历史的进程，这就是传世奇书《素书》的巨大威力。难怪后人

1

盛赞《素书》为"中国谋略第一奇书""智慧之禁果，治人之兵法，成功之操典"。

一个"素"字道出了《素书》的特点。"素"有"本来""质朴"之意。顾名思义，《素书》即是一本传达质朴道理的书。的确，《素书》原文并不长，仅有一千余字，有点类似后世的"语录"。在如此短的篇幅之内，完整地表达了修身正己、为人处世、领导谋略、治国安邦的四大思想体系，可谓博大精深。

《素书》原文分六章，以"道、德、仁、义、礼"贯穿始终，强调无论是修身养性还是想成就事业，都必须身兼五者而不可缺一。在为人处世方面，《素书》为我们提供了一系列策略和技巧，强调处世必须顺应天理；同时，《素书》还特别重视人与人之间的关系，强调在中国这样一个人伦社会中，为人、处世、居官都必须重视人际关系的处理。

为了让读者更深刻地体会《素书》的智慧，本书采用《四库全书》中的《素书》权威文本，参照宋代名相张商英的注释和清代王氏（清代王姓人，因不知其名，所以后人以王氏代之）的点评，在为读者提供原汁原味的原典的同时，博采众家之长，为原典作了简易通俗的译文、精彩到位的评鉴及更深入的延伸阅读，集知识性、哲理性、故事性、实用性为一体，引导读者全面而深入的感悟这部传世奇书中的成功智慧。

第一章　原始

第四章　本德宗道

第六章 安礼

为人智慧

第一章　原始

注曰：道不可以无始。

王氏曰：原者，根。原始者，初始。章者，篇章。此章之内，先说道、德、仁、义、礼，此五者是为人之根本，立身成名的道理。

人生在世道德修养为立世之根本。天道、德行、仁爱、正义和礼义历来是中国人文思想的核心组成部分。古人认为，圣贤是道德的楷模。孔子和孟子能成为圣贤，和他们的为人有极大关系。端正己心，以求知的心态修德行，人生也会因这份努力而美丽长存。

［原文］

夫道、德、仁、义、礼，五者一体也。

道者，人之所蹈，使万物不知其所由。德者，人之所得，使万物各得其所欲。仁者，人之所亲，有慈慧恻隐之心，以遂其生成。义者，人之所宜，赏善罚恶，以立功立事。礼者，人之所履，夙兴夜寐，以成人伦之序。夫欲为人之本，不可无一焉。

贤人君子，明于盛衰之道，通乎成败之数；审乎治乱之势，达乎去就之理。故潜居抱道，以待其时。若时至而行，则能极人臣之位；得机而动，则能成绝代之功。如其不遇，没身而已。是以其道足高，而名重于后代。

［译文］

道、德、仁、义、礼五位一体，密不可分。

道：即人所遵循的自然规律。它为世间万物所遵循，但它往往不能为人所认识。

德：即人顺应自然的安排而使其欲求得到满足的能力，世间万物亦如此。德使万物各得其所而各尽其能。

仁：即人所具有的慈悲、怜悯之心，有此心，人就会产生各种善良的愿望和行动。

义：即人所遵循的与事理相适宜的原则，义要求人们奖赏善行、惩罚恶行，以此建功立业。

礼：即人所遵循的社会规范。在礼制的规范下，每个人都克勤克俭，按照各自的社会角色行事，形成了和谐的人伦社会秩序。

这五项是做人的根本，缺一不可。

贤明的人和有德行的君子，都明白世间万物兴盛、衰败的道理，通晓事业成功、失败的规律，知道社会太平、纷乱的局势，懂得把握好进退的尺度。当时机不对时，能够及时退隐，坚守正道，等待时机来临。一旦时机成熟，便趁势而行，于是，常常能够位极人臣建立盖世之功。如果，时运不济，他们也能守得淡泊以终生。这样的人往往能达到很高的境界，成为后世的典范，为后代所敬仰。

为人智慧

做人其实是世间最复杂的事情

《素书》之所以被后人推崇，不仅仅是因为它是一部讲授谋略的操典，更重要的是，它所传达的是为人处世、立身成名的最根本要旨。人只有根据这种根本要旨成人立世，才能成就一番伟业。

然而，做人其实是世间最复杂的事情。每个人对生活有着不同的信仰，因而生活的意义自然也就不同。即便是信仰相同之人，也会因个人觉悟的不同，而使人产生巨大的差异。如果，我们一定要用一句话来总结如何做人，那么就是：自然、功利乃天赐，道德、天地靠修行。

就人生的境界而言，冯友兰先生认为有四类：自然境界、功利境界、道德境界、天地境界。自然境界是最低层次的，这个境界中的人做事总是依照社会习惯或者是依照本性而为，他们完全跟着天地的运转而运转。冯友兰先生说，此时的人类"既无明了的目的，也不明了所做的各种意义"，他们"日出而作，日落而息"，不会去过多地思考此外的事情。他们不知何为苦、何为乐，就宛如刚出生的婴儿般，虽整日笑嘻嘻，也感觉不到快乐。他们浑浑噩噩，不思进取，得过且过，不想要改变什么，只是跟风跟水地生活，完全不去考虑生活的意义，或者很少去考虑。甚至，就连"生"与"死"，他们也都不了解。

功利境界中的人，对于人生比自然境界有了进一步地了解，他们明白自己行为的目的和意义，懂得自己需要的是什么，这样的人之所以会努力奋进。他们的心中有"我"，且只有"我"，不论做什么事，都是为着自己的功利与利益打算。他们大多贪生怕死，有时，也可能为社会创造了财富。旁边的人也许因他过上了很好的生活，但是，他的出发点是自私的，也就是功利的。他们的动机是想换取更高的收益，其最终的归宿还是"我"。

这两种境界都是普通人很容易获取到的，冯友兰先生称之为"自然的创造"。之后的道德与天地境界，便非常人轻易所能达到的了。

道德境界，即所谓正其义不谋其利。他们的心中除了"我"之外，还有一个社会、一个全体，他们了解个人是社会的一部分，因而，他们的着眼点是在公而不在私。程伊川所说："义与利之别，即公与私之别。"也就是求个人之利者为利，求社会之利者为义。古今贤人及英雄便是已达到道德境界的，也许，他的行为并没有给现实带来实际的好处，但他自己始终是合乎道德的。

最后一种境界是天地境界，达到这一境界的人，认为在社会之上尚有一个更高的世界——宇宙。个人不能离开宇宙而存在，因为，人不仅是社会的一员，也是宇宙的一部分。人是社会组织的公民，同时，还是孟子所说的"天民"。所以，对他们而言，无所谓生，亦无所谓死，一切皆以服务宇宙为目的。

四种境界间的差异显而易见，普通人都在自然境界和功利境界中徘徊与自我折磨，贤能之人则在道德境界中为社会、为民生谋福利，而圣人则在天地境界中"赞天地之化育"。境界不同，人们见识与享受的世界也不同。

同样是大学教授，因为了解不同，亦有不同的境界。属于自然境界的，他们留学回来以后，有人请他教课，他便莫名其妙地当起教授来，什么叫作教育，他毫不理会。有些教授则属于功利境界，他们之所以跑去当教授，是为着提高声望，以便将来可以做官。另外，有些教授则属于道德境界，因为，他们具有"得天下之英才而教育之"的抱负。有些教授则系天地境界，他们执教的目的是为欲"得宇宙天才而教育之"。

虽同为教授，身处的境界却截然不同。例如，冯友兰先生那样的学者，早已脱离了自然与功利的境界，至于其是否已经达到天地之境，我们无法给他得出确切的评判，但已达到道德境界却是不容置疑的。别人的人生境界，我们无权亦无力评价，但自己的人生究竟在哪个境界，唯有自己最清楚不过。

修身是为人处世第一要义

人品，是人生的桂冠和荣耀。它是一个人最高贵的财产，它构成了人的地位和身份本身，它是一个人在信誉方面的全部财产。人品使社会中的每一个职业都成为荣耀，使社会中的每一个岗位都受到鼓舞。它比财富更具威力，它使所有的荣誉都毫无偏见地得到保障。它伴随着时时可以奏效的影响，因为，它是一个人被证实了的信誉、正直和言行一致的结果，而一个人的人品比其他任何东西都更显著地影响着别人对他的信任和尊敬。

中国古代士人特别强调修身，认为一个人要成大事，就要做到诚挚待人、光

明坦荡、宽人严己、严守信义。只有这样，才能赢得他人的信赖和支持，从而为事业的发展打下良好的基础。

《素书》有言："道、德、仁、义、礼，五者一体也。"这五种思想乃是人生大格局的组成部分，"欲为人之本，不可无一"。人生荣辱成败，取决于能否对这五种思想的正确把握。

《易经》说，地势坤，君子以厚德载物。有德之人更能明白人们所追求的利益，并能尽力给予最大的满足。人之生于世，一为名，二为利，三为尊重。综观历史，有大成就的人必然有德行而能令人为其舍命效劳。

世间技巧无穷，唯有德者可用其力；世间变幻莫测，唯品格高尚者可立一生。这就是作为一个成功人士或希望成为一个成功人士应该具备的道德品质，"道之以德"，"德者得也"。《左传》中说："太上有立德，其次有立功，其次有立言，传之久远，此之谓不朽。"最上等的，是确立高尚的品德；次一等的，是建功立业；较次一等的，是著书立业。如果，这些都能够长久地流传下去，就是不朽了。这就是告诉我们，要以道德来规范自己的行为，只有具备优秀品质的人，才能得到人生的乐趣、生命的精彩。

在人的一生中，尤其是年轻时所容易犯下的最大错误，就是被容貌的美丑所束缚而不考虑关系到整个人生的品格之美。事实证明，倚仗外表的人往往因外表而毁灭，倚仗品格的人却因此而永生。

外表的美固然能从视觉上给人以强烈的冲击，但外表的美是会消退的，只有内心的美才能愈久弥真。决定一个人高贵与否，重要的是看他的品行，而不是看他长得如何、穿着怎样。如果，你素质低下，终日游手好闲、虚度光阴，那么，即使你全身用名牌武装，你也无法变得高贵起来。要让自己变得高贵，首先，就得陶冶自己的情操，让自己成为一个品格高尚的人。只有华丽的外表，而没有内心的修养，这样的人不仅不受人们的欢迎，反而还会遭到人们的唾弃。

总之，高贵离不开品格的完美。如果没有良好的道德品质、完美的内心世界，再漂亮的外表，也只能充当服装店里的衣架子而已，而能够让你一飞冲天、成就生命格局的只有你的品格。

一呼一吸间万物皆在道中

没有人去问一朵花为什么要开，为什么选择了这样的一个地点、这样的一个时节；但是，人喜欢思考，所以，常常追寻自己生存的目的：我从哪里来，又到哪里去？在我出生之前世界是怎样的，它会不会因为我的出现而改变，而当我走后是否一切就又重新回到了原点？所以，人就成了来去无牵挂？

但是，人在思考这些疑问的时候，早已经踏上了生命的行程。如果，人生真的有目的，那么，思考之前自己是不是在毫无目的地行走？如果，人不去思考这些问题，那么，生活还是会按照既定的轨道走。所以，梁漱溟先生说："我以为人生不好说目的，因为目的是后来才有的事。"他说："整个宇宙是逐渐发展起来的。天、地、山、水、各种生物，形形色色慢慢展开，最后，才有人类，有我。人之有生，正如万物一样是自然而生的。天雨，水流，莺飞，草长，都顺其自然，并无目的。"这也许与黄石公想告诉我们的道理是一样的。黄石公在《素书》中说："道者，人之所蹈，使万物不知其所由。"在我们出生之前，身边的一切早已被安排好；当我们去追寻目的的时候，反而就失去了生命的本色。花开花落，流星划过，这个世界有很多我们无法触及的地方，也就是我们不该去追寻的东西。在《功夫熊猫》里，有这么一段对白。

乌龟大师："看看这棵桃树，并不是我想让它开花，它就会为我开花的。"

师父："但是，有些事情我们可以控制，我可以控制果实何时落地，我还可以控制它何时播种。那可不是幻觉，大师。"

乌龟大师："是啊，但是，无论你做了什么，那个种子还是会长成桃树。也许，你想要苹果或者橘子，但它还是会长成桃树。"

人就像桃树一样，当我们降临到这片土地上的时候，已经完成了一个转变和过程，但很多东西已经无法改变了。人力无须与天对抗，因为，人本来就是天之产物。同样，也要尊重其他的生命，它们也和我们一样。在自然面前，我们是平等的。

没有目的，并不等于人就少了轨迹，少了方向。很多人在追求目的的时候反而远离了生活的本真；而如果能够顺从自然的原则，那么事情就会做得更漂亮。

梁漱溟先生说："整个生命的本身是毫无目的的。有意识的生活，只是我们生活的表面。就人的一生那么长的时间言之，仍以无意识生活为多。"格罗培斯说："最人性的，就是最好的。"这种人性，就是我们与生俱来的自然之性。人并没有刻意要去踩出一条小道来，但是，在无意之中就完成了一幅杰作。

王维有诗云："木末芙蓉花，山中发红萼。涧户寂无人，纷纷开且落。"芙蓉花不为谁而开，也不为谁而落，即便有哪个人或者是野兽路过，它的开落也与之无关。它只是在完成自己的命运，开了，就会落，这就是它的生活。而人在很多时候，也

会有需要我们以这样的姿态去对待的情况，不求问，不求解。而答案自会清晰。

在心为德在施为行，德是做出来的

　　为什么一个"道足以高"的人会"名重于后世"？黄石公这样说是想告诉我们，道德名片是为人处世的最佳通行证。也许，你是一个很平凡的人，但是，如果你拥有美德这张最有用的通行证，你的人生就会熠熠生辉，你将由平凡走向成功。不管时光怎么流逝，美德永远是最能打动人心的勋章。在美德面前，所有的不幸都会变得渺小。只有美德能让你获得真正意义上的成功——一种精神上的永恒。它可以让你以最大的视野观察宇宙，让你的生命在最高的顶点上俯瞰世间一切，灵魂也便随着生命格局的扩张而提升。

　　在那些单纯的美色和财富不起作用的场合，和蔼亲切的风度、令人着迷的人格却可以给人留下美好的印象。我们每一个人做事，要做好事，要好好做事，做有益之事；我们每一个人做人，要做好人，要好好做人，做优秀之人。做事先从做人开始，利人利己的事多做，损人利己的事不做。这是做人的基本准则。

　　成功之道，在以德而不以术，以道而不以谋，以礼而不以权。成大事的人往往都有一颗谦虚谨慎的心，都是不把自己的真正实力暴露出来的人。做人做事不锋芒毕露，不狂妄，不骄不躁，韬光养晦，大智若愚，大巧若拙。

　　"大智若愚"从字面上理解，大智亦即最高的智慧接近于没有智慧，接近于木讷，接近于愚。现代人只有熟练掌握这些法则、规律、技巧和窍门，才能步入成功者的行列。

　　做人的成败与做事的成败密切相关。美国哈佛大学著名行为学家皮鲁克斯曾有一句名言："做人是做事的开始，做事是做人的结果。把握不住这两点的人，永远都是边缘人！"只有精通做人的道理，经受做人的历练，才能胸怀大智、心装大事，才能通过健全的心智、充沛的精力、正确的行动，求得事业的成功，而要做大事的人，不追究一些细碎的小事；观赏大玉圭的人，不细考察它的小疵；得巨材的人，不为其上的蠹蚀而怏怏不乐。因为，一点瑕疵就扔掉玉圭，还是得不到完美的美玉；因为一点蠹蚀就扔掉巨材，天下就找不到完美的良材。要做成大事，须统观全局，不可纠缠在小事之上。

　　北宋名将狄青和猛士刘易之间有过一段这样的故事。有一年，狄青要出守边塞，他的好朋友韩将军向他推荐了一名猛士，这名猛士叫刘易。刘易熟知兵法，善打恶仗，对狄青守卫的那段边境的情况非常熟悉，狄青带他一起到边境去十分必要。但是，刘易有个不良嗜好，就是特别爱吃苦荬菜，一顿饭吃不到苦荬菜就会呼天喊地、骂不绝口，甚至还会动手打人，士兵、将领都有点怕他。

刘易和狄青一起到边塞后，忙于军务，每天早起晚睡，从内地带的苦荬菜很快就吃完了，而边塞又见不到这种野菜。这天，士兵送来的菜里缺少了苦荬菜，刘易便把盛饭菜的器皿扔到地上，并在军营中大闹不止。士兵将此事情报告给狄青，狄青听了非常生气。

就这种情况而言，刘易这样的人是绝不能留在戍边军队中的，但刘易又确实与众不同。狄青考虑，与这种性格刚烈的人发生正面冲突，不仅破坏了自己与韩将军的朋友关系，而且，会影响刘易的情绪；但如果放任不管，势必会动摇其他士兵的军心，影响戍边大业。

于是，狄青出面好言安抚刘易，并立即派人回内地去买苦荬菜。一部分将领见这种情况，非常不服气，说狄将军骁勇善战，屡建奇功，而刘易何德何能，却要狄将军放下军务派人去给他弄苦荬菜吃。特别气盛的将领还想去与刘易比一比武艺，杀一杀刘易的威风。狄将军急忙劝阻众将说："刘易原来不是我的部下，如果你们与他计较，争强斗胜，传出去势必会给敌人以可乘之机。我们现在要加强团结，绝不能争一时之短长。"

当这些话传到刘易的耳中时，他非常感动。狄将军派人专程去买苦荬菜，刘易觉得自己获得了同情和理解；狄将军劝阻将领勿争强斗胜，刘易觉得是真正顾全大局，宽宏大量。他意识到，在这种情况下，自己不该再给非常忙碌的狄将军添麻烦。

过了几天，刘易懊悔地去找狄青，说："狄将军，您治军严整，我在韩将军手下时就有耳闻。这次，我因这么点小事就大闹，您不仅不责怪我，还原谅了我，我一定会报答您。"从此，刘易再也没为苦荬菜闹过事，并且，逢人便夸狄将军的宽阔胸怀。

狄青不仅征服了刘易，而且，征服了其他将领、士兵。更重要的是，他在做事情时站在大局的高度上，不因小瑕疵而影响大局的风范，值得人们学习。狄青的处世方法，不管是谁，都会被他宽容的胸怀所折服。

品德是导引一个人行动的航标，拥有良好的品德，我们才不会在人性的丛林中迷失方向。对此，邓肯说："有德行的人之所以有德行，只不过受到的诱惑不足而已；这不是因为他们生活单调刻板，而是因为他们专心致志奔向一个目标而无暇旁顾。"的确如此，一个执着于追求高尚品格的人，绝不会轻易受到不良心

性的影响，做出有损声誉的事情。坚守人格的人，能经得起岁月的考验，并随着时光的流逝，历久弥香。品德是最高的准则，恪守信义亦是赢得人心、产生吸引力的必要前提。它能让我们获得更多的信赖、理解，就能得到更多的支持、合作。当我们的品格将被人认可时，人生的大格局便也开启。

拥有悲天悯物的心，生命才能安然适意

黄石公说："仁者：人之所亲，有慈慧恻隐之心，以遂其生成。"仁慈而爱人，对人对物富有同情心。这种人性修为在新华社记者唐师曾对季羡林先生的评价中得到了很好的体现：

> 年届九十的季老先生，老僧入定般呆坐未名湖畔已近四个小时，可他那只心爱的小白猫仍端坐树端，丝毫没有下树回家的意思。老年白内障、顽固的耳疾使东方哲人耳不聪目不明，但这绝不妨碍他认真护卫树顶上嬉戏的小生命。

季老爱猫，这是很多人都知道的事情，他也曾多次在文章中提到自己非常喜欢小动物。他说："我从小就喜欢小动物。同小动物在一起，别有一番滋味。"究竟是一种什么滋味呢？"怡然、坦然、安然、欣然"，总之，让人心静如水。

季老曾经养过两只猫，他同它们有着深厚的感情。晚上，两只猫会抢着到季老的床上睡，季老也不加阻拦。不但不加阻拦，冬天到来时，季老还会"在棉被上面铺上一块布，供它们躺卧"。季老在与猫的相处中得到了快乐，也体验过悲伤。

> 第二天凌晨，我一睁眼，三步并作一步，手里拿着手电，到外面去看。哎呀不好！两碗全在，猫影顿杳。我心里非常难过，说不出来是什么滋味。从此，我就失掉了咪咪，它从我的生命中消逝了，永远地消逝了。我简直像是失掉了一个好友，一个亲人。至今回想起来，我内心里还颤抖不止。

遗失了一只猫，却让季老受到了如此大的心灵触动，由此，我们不难探知，季老爱猫，不仅仅是因为与动物相处的洒脱和自得，更源于他灵魂深处的悲悯。

拥有悯物之心，生命才会安然适意。就像在佛界看来，世间万物都是拥有生命的，所谓大千世界一花一草皆有佛性，大自然原本就是一个和谐的整体，一草一木皆为生命。世间的一切事物都在彼此的因缘际会中生生不息地存在着，存在即为合理，即使我们人类成为自然界的最高生命体，但我们依然不能去主宰大自然，因为，我们也是大自然的一部分，而且，也要依赖大自然而生存。

所以，千万不能认为没有生命的事物就不值得去悲悯和珍惜，一个人如何对待生命以外的东西直接关系到他如何对待生命本身。因此，拥有悯物之心的第一步便是学会去珍惜身边的一切事物，不管是有生命的，还是没有生命的。

有一次，弘一法师到弟子丰子恺家，丰子恺请他坐藤椅。他把藤椅轻轻摇动一下，然后，慢慢地坐下去，起先丰子恺不敢问，后来看他每次都如此，丰子恺就问为何这样谨小慎微。

弘一法师温和而自然地回答说："这椅子里头，两根藤之间，也许有小虫伏着。突然坐下去，会把它们压死，所以，先摇动一下，慢慢地坐下去，好让它们走避。"

即使是一只毫不起眼的小蚂蚁，在佛家眼中那也是一条生命，它与我们人类的生命是一样的，本质上并没有什么区别，也应该享有生命的权利和尊严。像弘一法师一样对小虫子，甚至草根都怜惜爱护的，还有曹源寺的一位滴水和尚。

滴水和尚十九岁时就上了曹源寺，拜仪山和尚为师，刚开始时，只被派去替和尚们烧洗澡水。

有一次，师父洗澡嫌水太热，便让他去提一桶冷水来冲凉一下。他便去提了凉水来，把热水调凉了，他先把部分热水泼在地上，又把多余的冷水也泼在地上。

师父便责备他："你这么冒冒失失的，地下有多少蝼蚁、草根，这么烫的水下去，会坏掉多少性命。而剩下的凉水，用来浇灌，可活草、树。你若无慈悲之心，出家又为了什么呢？"

于是，他开悟了，并以"滴水"为号，所谓"曹源一滴水"的故事，曹源既是曹源寺，也是曹溪的源头，这正是真禅的源头，即后来六祖慧能修行过的曹溪。

哪怕是一只小小的蚂蚁、一株还没有发芽的小草，都是有生命并且应该被关怀的。像弘一法师、仪山和尚一样悲悯众生的大德高僧，都有一颗对万物的悲悯之心，它会让我们的生命更加饱满。长存一颗悲悯之心，不仅是一种博大的情怀，更是对人生与自然的一种理解和顿悟。人与周围的事物和自然始终都是融于一体的，关怀它们，实际上也是在关怀我们自身。

季羡林先生曾经说过，人和动物有一种相同之处，在于他们都有生存欲、食欲，为了温饱都会吃其他动物。不过，狮虎等野兽在吃其他动物的时候，它不会因为动物的惨号或哀求便感到同情，但人却不同。人常常会捏造一些必须吃动物的道理，为自己做好思想工作，但其中的确有一些人能够遏制自己吃肉的欲望，表现出一定的良知和恻隐之心。正是这种恻隐之心，驱使着人们发掘自己内心的悲悯、同情、关爱，并且，惠及他人。

关怀这世间一切具有生命的生物，做到这一点，你就拥有了慈悲心，是在做善事积善德。如同季老说的那样，多做慈善之事，性灵顿悟，也会成道德高尚之人。

爱心是人际关系的催化剂

"仁者，人之所亲，有慈慧恻隐之心，以遂其生成。"这句话充分体现了黄石公对仁爱力量的强调。他认为，人们之所以爱人，关心人，同情人都是因为"仁"。的确，仁爱带给他人温馨的感觉、强大的力量。能给别人带来仁爱的人，必会得到别人的爱心和尊重，能同心中有爱的人在一起是莫大的幸福。

盘珪禅师是一位得道的高僧，很多误入迷途的人都因他的感化而获得新生。

他的一个学生有偷窃的坏毛病，禅师多次教诲，学生却左耳进右耳出，不当回事。他后来因为行窃被人抓住，面对找上门来的失主，禅师的众学生感到羞愧难当，纷纷要求禅师严惩那个学生。但是，盘珪并没有那样做，他用自己的宽厚仁慈之心原谅了那个学生。

可是，没过多久，那个学生竟然又因为偷窃而被抓住，众学生觉得忍无可忍，觉得为了寺院的名声一定要将他逐出师门。禅师不同意，于是，众人联名上书，表示如果再不处罚这个人，他们就集体离开。

盘珪看了他们的联名上书，把他的学生都叫到跟前来说："你们都能够明辨是非，这是我感到欣慰的。你们是我的学生，如果你们认为我教得不对，可以去别的地方，但是，我不能不管他。因为，他还不能明辨是非，如果我不教他，谁教他呢？所以，不管怎么样，即使你们都离开我了，我也不能让他离开，他需要我的教诲！"

众学生听后，心中的不满不知不觉间消散了，只觉得禅师更加令人尊敬了。而那个偷窃者早已被感动得热泪盈眶。

西方文学家萨特认为他人即地狱，他人之所以会成为地狱，是因为他人少了仁爱之心，为己身百般思、千般想，费尽心力攫取种种世俗之利益。由此，产生人与人之间的摩擦，于是，自身成为他人痛苦的来源，他人也成为自身的痛苦所在。如何免于痛苦呢？需一颗仁爱之心，舍去自身对利益的热切，善待别人的错误，正如像弘一法师所说："诸君应知改过之事，乃是十分光明磊落，足以表示伟大之人格，过而能改，可以谓明。知而能改，可以即圣。诸君可不勉乎！"

世界上最强大的不是坚船利炮，而是一颗仁慈的爱心，生活中我们应该保持一颗仁爱之心，保持对真、善、美的追求。地位、财富固然重要，而真正使人获得永久尊重和帮助的还是那颗善心。把你无私的爱献给周围的人——父母、同学、朋友及那些陌生人，既帮助了需要帮助的人，也为自己积攒了良好的口碑。当你陷入困难，需要别人的援助时，你会发现，二话不说向你伸出援手的是那些你曾经帮过的人，不管你有多大的问题，他们都会给你力所能及的支持。

爱心源自无私的付出，爱心是人际间的催化剂，加快了彼此间的情感反应。给你的同事、你的客户一个超越纯粹利益关系的微笑，一个关键时刻的扶持，即使微不足道，却足以让他们感受到最真实的温暖。当他们回以惬意的眼神，深深地感谢时，你已经得到了他们的认同。

仁爱从心做起，人情味由心而生

黄石公在《素书》中对"仁"推崇备至，认为各种善良的愿望和行动都会随着"仁"而生。的确，我国的儒家思想将"仁爱"置诸高位，对其无尚崇敬。《论语》有曰："仁者，爱人。"何谓仁，即关爱他人。又曰："夫仁者，己欲立而立人，己欲达而达人。"这是推己及人的肯定方面，叫作"忠"；而推己及人的否定方面，孔子称之为"恕"，即"己所不欲，勿施于人"。推己及人的这两个方面合在一起，就叫作"忠恕之道"，亦称之为"仁之方"，即施行仁术的方法。

仁爱思想讲究付出、不计回报，提倡扶危济困、尊老爱幼，古来受到儒家仁爱思想影响的先贤不计其数，不仅如此，他们的仁爱之道常能达到及人的程度。

诗人屈原在幼年时期就有悲天悯人的情怀。当时，正逢连年饥荒，屈原家乡的百姓们吃不饱穿不暖，时有沿街乞讨、啃树皮、食埃土者，幼小的屈原见之不禁伤心落泪。

一天，屈原家门前的大石头缝里突然流出了雪白的大米，百姓们见状，纷纷拿来碗瓢、布袋接米，将米背回了家。

不久，屈原的父亲便发现家中粮仓中的大米越来越少，他很奇怪。

有一天夜里，他发现屈原正从粮仓里往外背米，便将屈原叫住，一问才知道原来是屈原把家里的米灌进石缝里。

乡亲们知道了真相都很感动，纷纷夸赞屈原。

父亲没有责备屈原，只是对他说："咱家的米救不了多少穷人，如果你长大后做官，把我们国家管理好，天下的穷人不就有饭吃了吗？"

自此，屈原勤奋治学，成人后，楚王得知他很有才能，便召他为官，管理国家大事。他为国为民尽心尽力，为后世之人所称颂。

屈原所做的一切正是出于心中的"仁念"，其性情中的仁爱成就了他的千古美名。"善为至宝，一生用之不尽。"善良之于人性，就好像食物之于饿欲一般重要。只要心存善念，则风波不起，广施善行，则天下太平。不过，在季老眼中，"仁爱"有大有小，凡是对国有利、对人有利、对人类发展前途有利的益事就是大善；凡是对处理人际关系有利、对保持社会安定有利的事情可以称之为小善。善积而成仁，仁者则无敌。

蜀主刘备在临终前曾给其子刘禅下过一道遗诏，其中有云："勿以善小而不为。"这与季老在《有为有不为》一文里提到的观点是一致的，季老认为有些事情是一个人应该去做的，即使很小的善行也要去做，只有小善积多才能成为利天下的大仁。

一位住在山中茅屋修行的禅师，有一天趁夜色到林中散步，在皎洁的月光下，突然开悟。他喜悦地走回住处，眼见到自己的茅屋正遭小偷光顾。找不到任何财物的小偷要离开的时候在门口遇见了禅师。原来，禅师怕惊动小偷，一直站在门口等待。他知道小偷一定找不到任何值钱的东西，早就把自己的外衣脱掉拿在手上。

小偷遇见禅师，正感到惊愕的时候，禅师说："你走老远的山路来探望我，总不能让你空手而回呀！夜凉了，你带着这件衣服走吧！"

说着，就把衣服披在小偷身上，小偷不知所措，低着头溜走了。

禅师看着小偷的背影穿过明亮的月光消失在山林之中，不禁感慨地说："可怜的人呀！但愿我能送一轮明月给他。"

禅师目送小偷走了以后，回到茅屋赤身打坐，他看着窗外的明月，进入空境。

第二天，他在极深的禅室里睁开眼睛，看到他披在小偷身上的外衣被整齐地叠好，放在门口。禅师非常高兴，喃喃地说："我终于送了他一轮明月！"

面对偷窃的盗贼，禅师既没有责骂，也没有告官，而是以仁爱之心让他自省，并以这分苦心换得了小偷的醒悟。禅师送了小偷一轮明月，这轮明月照亮了小偷的心房。给一个小偷以谅解，这是小善，却含大德。

自古以来，爱人者人恒爱之。唯有你对他人施予仁和爱，他人才会以德报德。不管你是贩夫走卒，还是高官显贵，唯有仁爱之心才能让你从容淡定、广结善缘，才更能显现你的情深义重。人生来便受父母之爱恋、兄姊之悌怜，情义仁爱是最早具备的情感和德行，它最能体现人情味，其乃人性中的无价之宝，我们自当珍惜。

处世智慧

修炼坚定的道德勇气

《素书》中说："义者，人之所宜，赏善罚恶，以立功立事。"可见，黄石公认为"义"是人们建功立业所应遵循的道德勇气。柏杨先生也说："侠义精神就是道德勇气，是一个民族的血白细胞和防腐剂。抽去了它，这个民族就成了一堆烂泥。"将"侠义精神"比作民族的"血白细胞和防腐剂"，可见柏杨先生对侠义精神的推崇。提到"侠义"，人们想到更多的是"锄强扶弱"，甚至是金庸先生所讲的"侠之大者，为国为民"。其实，对"侠义"最简单的解读就是：自己认为该做的事情，就勇敢地去做，这样的人便称得上是真正的勇敢。每个人的心中对于那些具有"侠义精神"的人，溢满了一种崇拜之情，正如柏杨先生所言："我们对在权势下低头的人，感到无可奈何的悲哀。而我们对敢说敢做，宁鸣而死，不默而生的人，深深了解那是人类中最可贵的道德勇气，从心底深处，生出钦敬膜拜。"正义的存在，使这个世界的未来辉煌而美丽。

正义是每个人心头共同的愿望，而正义需要用行动去捍卫，要敢于坚持正义，不向恶势力低头，用行动去捍卫正义。一位学者说过，在正义的事情上，弱者能够打败强者。只要你所做的事情是正义的，你就会因此拥有更大的力量。也唯有此种力量，才能确保世人心中那个充满正义的"伊甸园"永存。

虎啸深山，龙潜海底，驼走大漠，雁排长空，万物都有它的极致之美。人生亦然，也有自己的极致。人生匆匆，如白驹过隙，如流星划过，我们不能选择生命的长度，但我们能够拓展生命的深度，为短暂的人生增添更为动人的一笔。

道德，无疑是动人的，而柏杨先生认为："任何崇高的道德行为，都含有自我牺牲的因素，删除了自我牺牲，固没有孝道，也没有厚道，而且，没有了爱。道德就成了一句空话。"所有崇高的道德，都是与牺牲相关联的，或许，如此才能凸显道德震慑人心的力量，又或许，如此才能使道德化为永恒。但无论何者，牺牲都成了道德的伴随之物，因为，有着它的存在而使道德显得更加耀眼夺目。

楚汉战争期间，韩信发兵袭齐。齐军败退，齐将田横悲愤交加，为图复国之计，自立为王，率部属五百人隐入海岛（即今田横岛）。

公元前206年，刘邦建汉称帝，为消灭各地残余反抗势力，刘邦又派使者来岛招降："田横来，大者王，小者封侯，不来则举兵加诛。"面对刘邦的再次召见，田横出于"国家危亡，利民至上"的思想，为保全五百部属性命，毅然带着两名随从前往洛阳朝见刘邦。但行至洛阳三十里外的尸乡时（今河南偃师），田横获悉刘邦召见的目的旨在"斩头一观"，愤然对随从说："当初我和刘邦都想干一番大事业，而如今一个贵为天子，一个却要做他的臣子，我忍辱负重只不过是想保全我五百人的性命，刘邦见我，无非是想看我面貌，此地离洛阳三十里，若拿着我的人头快马飞驰去见刘邦，面貌还不会变。"言外之意是：我死，刘邦会认为岛上群龙无首，五百人的性命也就保住了。说完，不顾随从再三跪求，遥拜齐国山河，悲歌："大义载天，守信覆地，人生遗适志耳。"慨然横刀自刎。田横自杀后，二随从急将田横之首送至洛阳，刘邦看到田横能为五百人自杀，感动得落泪说："竟有此事，一介平民，兄弟三人前仆后继为齐王，这能说不是贤德仁义之人吗？"遂派两千禁军，以王礼葬田横于河南偃师，并封田横的两名随从为都尉。两名随从不被官位所动，埋葬田横后，随即在其墓旁挖坑自尽。留岛的五百兵士听说田横自杀后，深感"士为知己者死"，田横为保全属下性命而去洛阳，他们为表达对田横的忠义之心，遂集体挥刀自刎。

"生，我所欲也；义，亦我所欲也，二者不可得兼，舍生而取义者也。"几千年前的孟子面对心灵的选择，毅然发出了舍生取义的呐喊，是心灵的选择激发出了先哲的思想火花。"删除了自我牺牲，道德就成了一句空话。"柏杨先生探寻到了道德最深的层次，用沉甸甸的"牺牲"，对孟子的话重新做的解读，是对中国人期盼之情引发了先生的深度思考。

"牺牲"，未必非要"舍生"，未必时时需要佛家"我不入地狱，谁入地狱"的悲壮，只需在人生路上，多行仁义之事，大义为先，融个人的"小我"于社会的"大我"之中，舍得贪婪、舍得名利、舍得自我，便能活出人生的极致，同时，也为道德增添更为动人的光环。

孟子说："富贵不能淫，贫贱不能移，威武不能屈，此之谓大丈夫。"这铿锵磅礴的句子，成为许多英雄豪杰、志士仁人的座右铭。其中，隐含的深意，便是孟子的"浩然之气"，它是充满正义和仁义道德的正气与骨气，它是人身上与道德相关的原则。

行为正直的人可以堂堂而无所惧

"天地有正气，杂然赋流形。下则为河岳，上则为日星。于人曰浩然，沛乎塞苍冥。"文天祥的这首《正气歌》和他的不屈，便是对"浩然之气"的最佳注解。

所谓的"浩然之气"，就是至大至刚的昂扬正气，是以天下为己任、担当道义、无所畏惧的勇气，是君子挺立于天地之间、无所偏私的光明磊落之气。在冯友兰先生看来，"浩然之气就是勇气，明显一点说，就是士气……有了浩然之气，可以堂堂地在宇宙中间做一个人而无所惧。所以说，浩然之气至大至刚，以直养而无害，则塞于天地之间"。

然而，自古做人难，做一个有一身浩然之气的人更难，而如许衡般能说出"梨虽无主，我心有主"之言者更为难得。要保持浩然之气，就必须"日三省吾身"，做到自重、自省、自警、自励，时时处处以激浊扬清、弘扬正气为己任，使正气日盛，邪气渐消，引领整个社会不断走向正义和文明，这才是君子之道。

赵概是宋朝南京虞城人，曾与欧阳修同在馆阁任职。赵概性情敦厚持重，沉默寡言，欧阳修很看不起他。后来，欧阳修的外甥女与人淫乱，忌恨欧阳修的人借题发挥，以此事来诬蔑他。皇帝震怒，没人敢为欧阳修辩护，只有赵概为欧阳修上书，说："欧阳修因文才出众才成为皇上的近臣，皇上不能随便听信谗言，轻易诬蔑他。"有人问赵概："你不是与欧阳修之间有嫌隙吗？"赵概说："以私废公，我不能做这种事。"

最终，皇帝并没有听赵概的话，欧阳修仍旧被贬官滁州。赵概后来执掌苏州，接着又辞官守丧，守丧期满后，被授职翰林学士。他再次上书，要求先为欧阳修恢复官职。虽然，赵概的请求没有被朝廷采纳，但当时的人们都非常赞赏赵概。欧阳修也认识到了赵概的德高望重，对其非常佩服，两人从此成为莫逆之交。

赵概的德行如此高尚，这得益于他平时能够严谨克己修身。为了严格要求自己，他曾准备两个瓶子，如果起了善念，或做了好事，他就把一粒黄豆投入一个瓶子中；如果起了恶念，或做了不好的事，他就会把一粒黑豆投入另一个瓶子中。刚开始的时候，黑豆往往比黄豆多。后来，随着赵概对自己的磨砺，时时内省，努力克制自己，改过迁善，瓶子中的黄豆渐渐多了，黑豆也随之减少，浩然之气就此在他身上一点点地形成了。

赵概用自我修行的方式，使自己身上充满了浩然之气，即冯友兰先生所说的最高境界——天地境界。与赵概相同的人还有很多，"我自横刀向天笑，去留肝胆两昆仑"的谭嗣同、彪炳青史、万世景仰的岳飞，都是胸怀正气之人。

浩然正气是人的精神"脊梁"，是抵御歪风邪气的"屏障"。正气长存，则邪气却步、阴霾不侵；仁义长存，则清风浩荡，乾坤朗朗。有了浩然之气，懦夫可以变成勇士，矮子可以长成巨人，弱小可以集成强大。只要心中存有浩然之气，便能无畏地畅游于天地之间。

懂"礼"方能存世而游刃有余

"有理走遍天下，无理寸步难行"，乃中国的一句俗语，如今，且在此处大胆改成"有礼走遍天下，无礼寸步难行"。为何有此一改，当先从孔子说起。《论语·季氏》有曰："不学礼，无以立。"一个人如果不懂得礼仪，就无法立身处世，所以，黄石公说："礼者，人之所履，夙兴夜寐，以成人伦之序。"也就是说，人们必须遵守的礼仪规范行事，社会才能有序。

针对礼貌的问题，季羡林先生讲述了一个情景：在公共汽车上，由于人很多，大家你推我挤，难免踩一下碰一下，就因为这么"一下"，有的人便破口大骂，甚至大打出手。一时间拳脚你来我往，时有殃及无辜者，愤愤而语，好不热闹。这种情景在当今社会较为多见。

为证礼仪、礼貌之重要性，季老引用香港《公正报》上的一段话："富者有礼高质，贫者有礼免辱，父子有礼慈孝，兄弟有礼和睦，夫妻有礼情长，朋友有礼义笃，社会有礼祥和。"这段话足可说明"知礼守礼"对生活、交往、社会的重要性。

孟子曰："仁者爱人，有礼者敬人。爱人者，人恒爱之；敬人者，人恒敬之。"荀子也曾经说过："仁义礼善之于人也，辟之若货财粟米之于家也。"而唐代贤相张九龄也称："人之所以为贵，以其有信有礼。"可见，自古以来我国的先贤都非常注重礼仪，认为只有懂得礼仪的人，才能受人尊敬，游刃有余存于世。

春秋时期，孔子和他的学生们周游列国，宣传他们的政治主张。

一天，他们驾车去晋国。一个孩子在路当中堆碎石瓦片玩，挡住了他们的去路。子路大声叱喝这个孩子，可孩子佯装没听见。子路没有办法，便将此事告诉车内的孔子。

孔子走下马车，对这个孩子说："你不该在路当中玩，挡住我们的马车。"孩子指着地上说："老人家，您看这是什么？"孔子一看，是用碎石瓦片摆的一座城。孩子又说："您说，应该是城给马让路还是马给城让路呢？"孔子被问住了。

孔子觉得这孩子很懂得礼貌，便问："你叫什么？几岁啦？"孩子说："我叫项橐，七岁！"孔子对学生们说："项橐七岁懂礼，他可以做我的老师啊！"

项橐垂髫之年，便知"马让城"的道理，告诉孔子凡事应有"先来后到"，即便对他这个孩子，也应讲究礼仪，而不能以大欺小。孔子对项橐的知礼大为推崇，后来甚至拜其为师，成就一段千古奇话。

礼仪不仅能让一个人显得高尚而有涵养，对于身处社会各个阶层的人来说，皆非常有用。孔子认为对于一般人来说，"不学礼，无以立"，而对统治者来说，"上好礼，则民莫敢不敬"。

晏子是战国时期齐国的卿。有一回，晏子和一些大臣一起陪齐景公饮酒。齐景公最爱喝酒，他一喝酒便忘乎所以，甚至喝得酩酊大醉，几天不醒。这时，正喝在兴头上，景公便说："寡人今天愿与各位爱卿开怀畅饮，请不必拘泥于礼节。"

晏子一听很是忧虑，便严肃地对景公说："君王这话不对。臣子们本来就不希望君王讲礼法。本来力气大的人可以称为兄长，胆量大的人可以杀掉他的官长和国君，只因为畏惧礼法才不敢这么做。如果臣下都随心所欲，只凭力气和胆量行事，就会天天换君主，那您将在哪里立足呢？人之所以比其他动物高贵，就是因为人能用礼法来约束自己，所以，不能不讲礼节。"

景公觉得很扫兴，便不理晏子。过了一会儿，景公有事出去，除了晏子安坐不动之外，其他大臣都站起身来相送。等景公办完事回来时，晏子也不起身相迎。景公招呼大家一齐举杯，晏子却不管三七二十一，先把酒喝了。

景公见晏子这样不拘礼法，气得脸色铁青，瞪着晏子说："你刚才还大讲特讲礼法是如何重要，而你自己却一点都不讲礼法。"

晏子连忙离开席位，叩头谢罪，说："臣不敢无礼，请大王息怒。我只不过是想把不讲礼节的实际状况做给大王看看。大王如果不要礼节，就是这个样子。"

景公恍然大悟，说："这的确是寡人的过错。请先生入席，我愿意听从您的教诲。"

晏子通过不守礼法的行为，告诉齐景公礼对于一个国家的重要性。正是因为礼法的存在，人们才能抛弃野蛮的生活状态，在礼法的约束下和平共处，共建繁荣。

孔子说："非礼勿视，非礼勿听，非礼勿言，非礼勿动。"如果一个人不懂礼，必会给社会带来不协调的后果，行走于世也会处处碰壁，寸步难行。反观之，倘若人人都讲礼貌，便会像孟子所说的那样：敬人者人恒敬之。你给予他人足够的尊敬，他人也会始终尊敬你，行走天下之间应不罕见人际摩擦，诸多干戈也能化为玉帛，社会因此祥和不已。足见"礼"之于人的重要性，不可掉以轻心。

审时度势为立世真学问

俗话说，时势造英雄。与之相对应的，就是时势也能毁英雄。能够认清形势，明确自己的立场，是成大事之人所必需的智慧。因此，古人云："识时务者为俊杰。"所谓时务，也指时机，是客观形势和时代潮流。正所谓"明于盛衰之道，通乎成败之数，审乎治乱之势，达乎去就之理"是个人成就事业、建立功勋的学问所在。

人们常说是战争成就了曾国藩，因为那个时代，促成了曾国藩一生的成就，可也正是因为那个时代，曾国藩只能成为一个守旧势力的顽固拥护者，而不能有更大的作为。太平天国运动爆发的时候，曾国藩正值四十二岁。因为，朝廷的人员调动出现了纰漏，他由一介书生转型成了一员儒将，被卷入了战争的硝烟当中。其实，曾国藩心里十分清楚，这场战争虽然表面上是农民起义，可是，这股民间力量是不容忽视的。它的爆发，不但会给朝廷的统治带来冲击，还可能影响到当时的文化及其他思想领域的发展。由于阶级的局限性，让他只能看到朝廷的利益，只能捍卫自己所拥护的封建道统的权益。曾国藩在很多年以后回忆往事时，仍不由得感叹，卷入这场战争，是命运的安排，是造化弄人。他甚至自嘲说，当年从军主要是因为"赌一口气"，是为了维护自己的尊严。所以，加入这场战争，曾国藩的心里充满了无奈。可是，当他与洪秀全两军对垒时，他的心中只有对于朝廷的责任，只能将战胜对方视为己任。对于太平天国的领袖洪秀全，曾国藩是不能小觑的。洪秀全只比曾国藩小一岁，但是，他不仅是曾国藩战事中的对手，更是文化的对手、人格上的对手。可以说，在曾国藩还没有中举之前，他的生存环境、身份地位跟洪秀全是相同的，只不过一场科考——曾国藩顺利中举，洪秀全名落孙山，自此，两个人走上了截然不同的道路：曾国藩成了传统封建道德的捍卫者，而洪秀全成了它的破坏者。

在太平天国运动中，尽管洪秀全选择的那面精神旗帜在当时的正统文化面前变得不堪一击，但是，他的崛起，在很大程度上促成了封建制度的老化，将摇摇欲坠的封建王朝更进一步逼上极端。所以，洪秀全成了历史进步的催化剂，成了一代农民起义的英雄。可是，作为封建正统的捍卫者，曾国藩没有善始善终。"天津教案"，他从一代忠臣变成了办事不利的懦弱分子，一生经营的名声也毁于一旦。所以，在封建历史落幕的时候，尽管一生都在为了他所维护的封建正统奔波，但是，最终历史裁判给他的，还是骂名。由此可见，一个人光有才华是不够的，光有能力也不足以立天下，而是要看识时务。

时务即为当前的形势和潮流，也就是今人常说的"新形势"。"识时务者为俊杰"这句话，在社会大动乱、大变革时期人们常会提到，在和平时期人们也经常用来督促自己和他人。"识"了时务更能顺应之，更是俊杰了。做事情一定要搞清楚当时的大背景，理顺身边的小环境，然后，再因地制宜摆正自己的位置，认认真真做好自己的事。

孝惠帝刘盈即位第二年，相国萧何病危。孝惠帝亲自去相府探病。他俯身病榻，哀伤地询问萧何："相国百岁之后，谁人可代您相位？"

萧何淡淡一笑："陛下，知子莫如父，知臣莫如君呀，恐怕陛下自有考虑……"

孝惠帝思忖片刻，试探着问："您看曹参怎样？"

萧何连连点头道："陛下慧眼识人哪，有曹参做相国，臣死而无恨，可以瞑目矣！"

几日后，萧何病故，曹参继承相位。

曹参当上相国，一切都遵照萧何制定的法规，丝毫也不加以变更。因此，他清闲自在，经常喝酒取乐，消磨时光。臣僚与宾客看见曹参终日饮酒会友，不事朝政，很不放心，便想劝说他。然而，刚想张口，就被曹参用酒堵住了，他用酒把客人灌得酩酊大醉，无法再劝说他了。

曹参饮酒不务朝政的行为传到孝惠帝耳里，孝惠帝左右为难，不好直接斥责相国，又不能坐视不管。一天，孝惠帝找来曹参的儿子对他说：

"相国是不是嫌我年少，不足以言辞？高帝刚弃群臣，相国日夜饮酒，无所事事，何以负天下如此？你回家将我的意思透露给他，但不要说是我授意你的……"

他回家后，将孝惠帝的话委婉地告诉了父亲曹参。曹参顿时暴跳如雷，命令侍卫将儿子鞭笞二百。他怒骂儿子：

"天下事不是你等孺子所应该说的，赶快滚回宫去当你的中大夫去吧！"

孝惠帝听说此事后，忙向曹参解释道：

"你怎么惩治了儿子？是我教他那样说的呀！"

曹参脱帽请罪说：

"臣明白陛下心意。请问陛下自以为比高帝如何？"

"我岂敢与先帝相比！"

"陛下以为臣与萧何比谁贤明些？"

"你不及萧何！"

"陛下所言极是。高帝与萧何共定天下，朝政清明，百姓安乐。所定法令深入民心，百官守职。陛下与相国只要继承先帝的章法，守而不变，遵而勿失，天下则安矣，何必节外生枝？"

孝惠帝忽然明白了曹参的心思，频频点头称赞他说：

"曹相国真忠臣也，可说是萧规曹随啊！"

秦时施行暴政，楚汉之争又战乱连年，于是，汉朝建国后人心思定，国家建设和发展是首要之务，用现代的话说就是要老老实实搞发展。萧何先是做到了，曹参继承了相位以后，并不来个"新官上任三把火"，追求功绩，而是非常清楚国家形势。他该做什么，不该做什么，心中一片了然，这就正是他的聪明之处。

今日中国社会和平安定，但也正处于转型期和高速发展期，真有日新月异之感，新形势不断涌现，若是故步自封，不能顺时务而变，必然会迅速落后。而若又急于求进，不能科学发展，就是连时务也不识了。

既要会隐忍，又要能奋发

对于隐忍与奋发的关系，黄石公在《素书》中也做了分析。他认为，当时机未到或者条件不利时，应该学会"潜居抱道"，即要会隐忍；而一旦机会来临，时机成熟，就必须要行动，奋发向上。

现实生活中，许多"身怀绝技"的人都显得谦虚谨慎，把自己的"绝世武功"隐藏得非常严密。其实，这么做的主要原因就是想"不鸣则已，一鸣惊人"。这里所谓的"既会隐忍，又能奋发"，实际上就是该藏则藏，该露则露，这就牵涉到一个"度"的问题。隐藏只是为了更好地释放，预示着他们正在寻求有利的释放时机，一旦时机成熟再充分地表现自己，使自己脱颖而出，成为众人的焦点。

三国时期，庞统是与诸葛亮齐名的能人，但庞统天生怪异、相貌丑陋，因此不太受人喜欢。他先投奔吴国，孙权嫌他相貌丑陋没有留用他。

于是，庞统便投奔了蜀国的刘备。临行前，孔明交给庞统一封推荐信，表示一旦刘备见此推荐信定当重用他。

可是，庞统见到刘备时并没将推荐信呈上，而是以一个平常谋职者的身份求见，因此，刘备只让他去治理一个不起眼的小县。

虽然如此，身怀治国安邦之才的庞统，并没有为此而耿耿于怀，他深知靠人推荐难掩悠悠众口，他要在该露脸的时候才露脸。

于是，庞统当着刘备的心腹、爱弟张飞的面，将一百多天积累的公案，用不到半日就处理得干净利索、曲直分明，令众人心服口服。

庞统这种该藏则藏、该露则露，既会隐忍、又能奋发的做人方式，使得他步步高升，不久便被刘备提升为副军师中郎将。

时势造英雄，因此，奋发要掌握时机。没有第二次世界大战，哪里有朱可夫那样的元帅，哪里有丘吉尔那样的首相，哪里有罗斯福那样的总统？所以，要把握住机会，不鸣则已，一鸣惊人。

隐忍与奋发，关键在"度"，在时机，抓住机遇奋发，就可能一鸣惊人，功成名就。切不可不看时机，否则一步不慎，就可能事事不顺，倒霉透顶。

某大企业的策划总监血气方刚，上任之初将三把火烧成燎原之势，大刀阔斧撤换班底，推行改革。这位策划总监颇具才华，但因年轻气盛，因而遭到其他中层主管的抵制。整个蓝图成了他的独角戏，别人非但没有发挥力量，反而把他视为障碍。最终，他越唱越难，只好挂印走人。

在现实生活中存在着这样一种自视颇高的人，他们锐气旺盛、锋芒毕露，处世不留余地，咄咄逼人。他们虽然也有充沛的精力、很高的热情，也有一定的才能，但这种人却往往在人生旅途上屡遭挫折。这其中的重要原因就是过于天真，没有把握好隐忍与奋发的关系。

因此，在现实中，做人必须讲究隐忍的策略与艺术。锋芒毕露者，他们往往不会因锋芒毕露而走向成功，却反而容易因此遭受挫折，甚至一蹶不振。所以，为人处世既要能隐忍，又要能够瞅准时机奋发。

把握好进退的时机和尺度

该进则进，当退则退，在黄石公看来，君子处事要"达乎去就之理"，即知晓进退时机和尺度的把握。因为，春光虽好，但总有尽时。人生也是如此，每个人都会有坦途与困境，所谓"人无千日好，花无百日红"。在困境之时暂时隐退，不是懦弱的表现，而退却并非失败，相反是转为胜利的关键。

武则天年方十四，便已艳名远播，被唐太宗召入宫中，不久封为才人，又因性情柔媚无比，被唐太宗昵称为"媚娘"。当时，宫中观测天象的大臣纷纷警告唐太宗，说唐王朝将遭"女祸"之乱，某女人将代李姓为唐朝皇帝。种种迹象表明此女人武姓，而且，已入宫中。唐太宗为子孙后代着想，把姓武之人逐一检点，做了可靠的安置，但对于武媚娘，由于爱之刻骨，始终不忍加以处置。

唐太宗受方士蒙蔽，大服丹药，虽一时精神陡长，纵欲尽兴，但过不多久，便身形枯槁，行将就木了。武则天此时风华正茂，一旦太宗离世，便要老死深宫，所以，她时时留心择靠新枝的机会。太子李治见武则天貌若天仙，仰美异常。两人一拍即合，山盟海誓，只等唐太宗撒手，便可仿效比翼鸳鸯了。

当唐太宗自知将死时，还想着要确保子孙们的皇帝位置，要让颇有嫌疑的武则天跟随自己一同去死。临死之前，他当着太子李治之面问武媚娘："朕这次患病，一直医治无效，病情日日加重，眼看着是起不来了。你在朕身边已有不少时日，朕实在不忍心撇你而去。你不妨自己想一想，朕死之后，你该如何自处呢？"

武媚娘知道，此时只要能保住性命，就不怕将来没有出头之日。于是，她赶紧跪下说："委蒙圣上隆恩，本该以一死来报答。但圣躬未必即此一病不愈，所以，妾才迟迟不敢就死。妾只愿现在就削发出家，吃斋拜佛，到尼姑庵去日日拜祝圣上长寿，聊以报效圣上的恩宠。"

唐太宗一听，连声说"好"，便命她即日出宫，"省得朕为你劳心了"。原来，唐太宗要处死武媚娘，但心里多少有点不忍。现在，武媚娘既然敢于抛却一切，脱离红尘，去当尼姑，那么，对于子孙皇位而言，活着的武媚娘等于死了的武媚娘，也不可能有什么危害了。

一旁的太子李治有如遭晴空霹雳，借机溜出来，去了武媚娘臣室。见媚娘正在检点什物，便对她呜咽道："卿竟甘心撇下我了吗？"媚娘道："主命难违，只好走了。""了"字未毕，泪已如雨下，泣不成声。太子道："你何必自己说愿意去当尼姑呢？"武媚娘镇定了一下情绪，把自己的计策告诉了李治："我要不主动说出去当尼姑，只有死路一条。留得青山在，不怕没柴烧。只要殿下登基之后，不忘旧情，那么，我总会有出头之日……"

太子李治佩服武媚娘的才智，当即解下一个九龙玉佩，送给媚娘作为信物。太子登基不久，武媚娘果真再次进宫，最终，成为中国历史上声名赫赫的一代女皇。

人生不会时时都一帆风顺，困境随时都有可能遇到。在困境面前，如果无法解脱，就应该舍弃既得的利益而保住自己的根本。这是明智者的聪明抉择，也是以退求进的处世之法。把利益抛出，损失虽然惨重，但不足以致命；即使损失了既得利益，但根本利益不会有所损害。俗话说，"留得青山在，不怕没柴烧"，只要保全根本，就不会是最坏的结果。

淡泊名利者，进退自从容

人生本身就是一门哲学，有时有欢笑，有时也有眼泪；有时需要前进，有时却又需要后退。前进和后退，就如同加法和减法一样。在人生中，大多数人都喜欢加法，追逐名利、追求富贵等，同时，许多人又忽视了减法。其实，淡泊名利，不计较得失，才是真正的生存之道。正如《素书》所言，君子"如其不遇，没身而已"。真正知进退，懂得生存之道的人，即使时运不济，也能守得淡泊以终身。

孙叔敖是春秋时期楚国令尹，中国历史上有"孙叔敖治楚，三年而楚国霸"之说。作为春秋时期辅佐楚庄王称霸的一代著名贤相，他在执掌楚国政治、经济、军事大权的过程中，充分显示了自己的才能。在他的辅佐下，楚庄王成为当时著名的"春秋五霸"之一。

其实，孙叔敖的先辈们一直在楚国做官，他出生于楚的国都郢都。后来，因父亲获罪，而迁居期思邑，过着隐士的生活。后来，被人推荐给楚庄王，三个月后便做了令尹（宰相）。他善于教化引导人民，因而使楚国上下和睦，国家安宁。

当时，有位孤丘老人，很关心孙叔敖，特意登门拜访，问他："高贵的人往往有三怨，你知道吗？"

孙叔敖回问："您说的三怨是指什么呢？"

孤丘老人说："爵位高的人，别人嫉妒他；官职高的人，君王讨厌他；俸禄优厚的人，会招来怨恨。"

孙叔敖听过之后，笑着说："我的爵位越高，我的心胸越谦卑；我的官职越大，我的欲望越小；我的俸禄越优厚，我对别人的施舍就越多。我用这样的办法来避

免三怨，可以吗？"

孤丘老人很满意，于是走了。

孙叔敖真正按照自己所说的去做了，结果避免了不少灾祸，但他并非一帆风顺，也曾经三落三起。有个叫肩吾的隐士对此很不解，问他："你三次担任令尹，也没有感到荣耀；你三次离开令尹之位，也没有露出忧色。我开始对此感到疑惑，现在，看你的气色又是如此平和，你心里到底是怎样想的呢？"

孙叔敖回答说："我其实也没什么过人的地方。我认为官职爵禄的到来是不可推却的，离开是不可阻止的。得到和失去都不取决于我自己，因此，才没有觉得荣耀或忧愁。况且，我也不知道官职爵禄应该落在别人身上呢，还是应该落在我的身上。落在别人身上，那么，我就不应该有，与我无关；落在我身上，那么，别人就不应该有，与别人无关。我的追求是顺其自然，悠然自得，哪里有工夫顾得上人间的贵贱呢！"

肩吾对他的话很是钦佩。

孙叔敖后来得了重病，临死前告诫儿子说："楚王认为我有功劳，因此，多次想封赏我土地。我都没有接受。我死后，楚王为了奖励我生前的功绩，一定会封给你土地，你千万不要接受富饶的土地。在楚国和越国之间，有个地方叫'寝丘'。这个地方土地贫瘠，名字也很不好听。楚国人信奉鬼神，越国人讲求吉祥，都不会争夺这个地方，因此，这个地方可以长久拥有。"

孙叔敖死后，楚王果然要封给他儿子一块相当好的土地，他儿子辞谢不受，只请求寝丘之地，楚王答应了他的请求。按照楚国的规定，分封的土地不许传给下一代，唯有孙叔敖儿子的封地可以世代相传。

孔子后来听说了这件事，深有感慨地说："古代的人，有智慧的不能使他意志动摇，美女不能使他淫乱，强盗不能劫持他，就是伏羲、黄帝也不配和他交游。死和生对于人是极大的事情了，可都不能改变他的操守，何况是官职爵位呢？像他这样的人，精神穿越大山无阻碍，潜入深渊也不会被水沾湿，处于卑微地位不会感到狼狈不堪。他的精神充满天地，他越是给予别人，自己越是感到富有。"

孙叔敖淡泊名利，对人生的起伏看得很淡，知进退，从而使自己一生平安，且受到重用，还福荫子孙。他确实是将人生看得透彻的智者。

没有谁的一生能够一直青云直上，走一条顺风顺水的宽阔大道，总有遇到独木桥的时候。特别是那些欲成大事者，更是面临着人生的起起落落，风风雨雨。真正能从容地走过这些风雨的人，必然是在人生的赛场上最后胜出的人，而他们那一分进退自如的潇洒，总能给后人许多启示。

管理智慧

时常鞭策自己提升修养

价值观是每个人人生价值取向的意识与标准。价值观在韦伯字典里的解释是："内心认为值得或欲求的原则、标准或品质。"拉丁语的解释是："价值观是力量的来源，因为它能赋予人力量去采取行动。"它是根深蒂固的标准，几乎影响一个人生活的各个层面——道德判断、对他人的态度，以及对目标的投入。

而价值观的正确与否，则取决于个人的思想修养。我们很难想象一个推崇个人利益至上的人会为组织的发展捐献全部财产，同样，一个具有很高修养的人不可能为了个人私利而损害公家的利益。因为，有较高的觉悟和正确的价值观，人们才能不仅仅为个人利益行事，而且，能够从更广泛的意义上看待事情。因此，作为领导者想要取得成就，就必须从提升修养开始做起，这正是"其道足高，而名重于后世"的解读。

千古名篇《岳阳楼记》，深刻地表达了范仲淹"不以物喜，不以己悲"的阔大情怀和"先天下之忧而忧，后天下之乐而乐"的政治抱负，也充分展现了作者崇高的人格和宽广的胸怀。

范仲淹通晓六经。很多学习儒家经典的人，都来向他请教，他捧着经书为人们讲解，从来不知疲倦。他还曾经用自己的俸禄购买饭食，供给前来求学的各地游士，以致自己的孩子们衣履不整，出门时不得不轮流更换一件较好的衣衫，范仲淹对此却处之泰然。

他后来官至龙图阁大学士，虽然富贵起来，但没有宾客在场时，一餐仍不吃两种肉菜。妻子儿子的衣食，也是刚够吃用，然而，他喜欢将自己的钱财赠送给别人，在家乡还创置了"义庄"，用来赡养和救济那些无依无靠的本宗族的人。他待人十分亲热敦厚，并乐于替人家办好事。当时，士大夫间注意品格修养和讲究节操的风尚，正是在范仲淹的倡导下开始形成的。

范仲淹为人正直，刚正不阿，对于个人的升迁去留或褒或贬从不计较。他与宰相吕夷简不和，又因他屡次上书，批评朝政，惹得皇帝不高兴而将其贬出京城，后又调任陕西路永兴军的知军州事。在新任上，他积极整顿军备，训练队伍，改变战略，当战则厮杀疆场，当和则加以安抚，不几年工夫就使西线边防稳定了下来。

他处理政事，最讲究忠厚二字，所到之处，多有惠民的德政。邠州和庆州的百姓，与归附宋朝的羌族人民，都画了他的肖像，给他立生祠来纪念他。待到他逝世时，各地听到噩耗的人，都深深为之叹息。羌族首领数百人聚众举哀，像死去父亲一样痛哭斋戒了三天才散去。后人在他的碑上铭刻"廉洁俭约，克己奉公，直言尽职，利泽生民"等语。

范仲淹胸怀天下，先天下之忧而忧，后天下之乐而乐，在古代士人中树起了一座范风之碑，开拓性地注释了"谋道不谋食，忧道不忧贫"。成功的境界取决于人生修养的高度。他的这种精神即使在今天看来，也是光辉崇高的，值得每一个人去继承和发扬。

子曰："君子谋道不谋食。耕也，馁在其中矣；学也，禄在其中矣。君子忧道不忧贫。"意思是说："君子谋求学道行道，不谋求衣食。去种地，会常常挨饿；去学习，可以获得俸禄。君子担心学不成道，不能行道，不担心贫穷。"

孔子这段话讲的是人生修养的境界问题。真正的君子不是担心衣食，不是担心物质利益，而是担忧自己能够修道成功。这段话蕴涵着丰富的人生哲理，孔子以此语寄予天下有识之士要时常鞭策着自己提升修养。

莫将自己不愿承受的强加于他人

《素书》中提到，有德之人让世间万物"各得其所欲"，中国还有句古话叫："己所不欲，勿施于人。"领导者在与人交往的过程中，应该体会他人的情绪和想法，理解他人的立场和感受，并站在他人的角度去思考和处理问题。用自己的心推及别人，自己希望怎样生活，就应想到别人也会希望怎样生活；自己不愿意别人怎样对待自己，就不要那样对待别人；自己所不愿承受的，就不要强加在别人头上。

往往自私的人，大都有这样的通病：见不得别人好，总想去破坏，常不公平地对待其他人，这种褊狭的行为，使自己最终"自食其果"。因为，自己怎样对待别人，别人也会用同样的方式对待自己，最后"报应"便降临到自己身上。

如果一个人能摒弃这种私心，推己及人，善于站在别人的立场上考虑问题，身边就会集聚更多的人，人们也更加愿意同他结交，进而他的交际圈就会越来越广，事业和人生也会越来越顺利。设身处地地站在他人的角度想问题，这是一个人成大事和获取成功的关键。

三国时期，曹操和袁绍在官渡打仗。当时，曹军远不如袁军强大，但袁绍刚愎自用，不纳忠言，一再错失战机；曹操则富有谋略，善于用兵。结果，战事以曹操的胜利而告终。

打败袁绍后，曹军将士在袁军的帐篷里搜到了一些信件，全是曹操手下的一些文臣武将与袁绍暗相勾结、示好献媚的信。有人建议，把这些写信的人全都抓起来杀掉。

可是，曹操不同意这样做。他说："当初袁绍的力量十分强大，连我自己都感到难以自保，又怎么能责怪这些人呢？假如，我站在他们的位置，当时也会这么做。"

于是，曹操下令把信件全部烧掉，对写信的人一概不予追究。那些原本惶恐不安的人，一下子把心放到肚子里，从此对曹操更加忠心耿耿，卖力相助了。

曹操这种为人处世的态度，使他赢得了更多的人心，愿意投奔并甘心为他效力的人越来越多。这样，曹操的力量便越来越强大，手下谋臣将士如云，他借此很快打败了那些割据一方的诸侯，统一了中国北方。

有一句谚语说得好："要想知道别人的鞋子合不合脚，穿上别人的鞋子走一公里。"人是感性的动物，对待事物、处理事情，往往根据看到的景象，依照自己的价值观和思维模式来判断，因此，对待别人与要求自己就有了双重标准。由此产生的冲突可想而知。因此，若领导者能设身处地地站在别人的角度考虑问题，为别人想一想，便会减少很多不满和抱怨，让更多人才聚集在身边。

有赏有罚铸就铁纪律

《素书》中的"义者，人之所宜，赏善罚恶，以立功立事"，体现了黄石公对"义"的看法。在黄石公看来，"义"是处世的道德勇气，同时，义"又是人们处理事务的标准，而赏善罚恶是"义"的基本原则，在这里，黄石公意提醒领导者，公正是领导者建功立业的前提。领导者是否公正，可以体现在他能否做到对下属赏罚得宜，能够把握奖惩的度。激励要讲究分寸，做到适度，最合适的才是最好的，不可机械地单一奖励或者一味地处罚。我们可以从一代枭雄曹操身上得到启迪。

曹操以赏罚分明著称，奖励和处罚都很到位，对于有功之臣，加以重赏。他深知重赏能极大地调动下属的积极性，最大限度地为自己效力。对做了错事的人会给予重罚，就连曹操自己做错了也会主动检讨和受罚。

曹操运用激励与约束相融合，"赏罚必行"是曹操调动部下积极性的法宝。为了有法可依，奖罚分明，他于建安七年至十二年先后颁布了《军谯令》《败军令》《论吏士行能令》《封功臣令》等，并对二十多名有功将吏封为列侯，同时，对有过者给予惩处。

这种恩威并施的奖罚机制为其结束三国鼎立的局面奠定了深厚的基础。曹操对于忠心耿耿的贤才臣僚，无不重恩厚赏，他对不同的人、不同的情况采取不同的奖励措施来激励将士，这是曹操运用激励适当的重要体现之一。

"赏"是对正确行为的肯定，帮助领导者旗帜鲜明地表明自己所赞同的行为。"罚"是对错误行为的否定，表明哪种行为是被领导者所禁止的。优秀的领导者要像曹操那样，有奖有罚、奖罚分明。奖罚分明，也是驭人术必不可少的一种手段。如果对于为自己做事的人不能实行赏罚分明的策略，则会招致记恨，让小人更加得志，让能者疏远你。

不忍对他人有半点苛责，似乎能够显现这个人的仁慈，但也会使这个人没有原则，任人欺侮。特别是作为一个领导者，如果过于亲善，对该奖励的人没有足够的奖励，对该惩罚的人不能惩罚，那么，他就变成了一个偏颇者。

对有功劳的人不吝惜赏赐，是领导者大度的表现。而对于犯了原则性错误的人，饶恕就等于纵容，会破坏一个团队或生活圈子的规矩，以致人人都变得随便，不服从命令。如果一个国家变得如此随便，那么，必将是行善者减少，为恶者众多，因为后者知道自己将免予惩罚；如果一个团队不能赏罚分明，人人将不忠于自己的劳动，对自己的所得也会有诸多抱怨，这个团队无疑是不团结、不和谐的。

只有论功行赏、论罪处罚，才是领导者留下人才和铲除蠹虫的不二法门。这其中最重要的学问就在于公正，讲情义、讲道理。对于人才的任用，不论远近亲属，只论功过是非，对就是对，错就是错，对了要奖励，有错就必须罚，两者清晰明确，如此方可减免团队内人与人之间的意见争执，增加整体队伍的凝聚力，有效降低因不合而造成的损失，提高做事效率。

败而不馁，隐而不退

虽然，黄石公强调君子要懂得"潜居"，但这种"潜居"的同时必须"抱道"，其目的是"以待其时"。因此，"潜居"这并不意味着彻底放弃。也就是说，当遇到挫折、打击的时候，身处逆境时清醒地知道应如何应对，想要有所作为，就要经受得住现实的考验，必要的时候，做到败而不馁，隐而不退。

东汉安帝永初二年（公元108年），大将军邓骘慕名请马融给自己做舍人。本是旁人求之不得的美差事，马融却拒绝了。他对朋友说："我马融志不在官，何况一入官场，必多受制约，为人苟且，这怎么是真正的君子所该做的事呢？"

朋友听了他的话却不以为然，说道："大丈夫以治国安邦为大志向，有这么好的机遇，怎能放弃呢？读了书却不用，和迂腐又有什么区别？"朋友的话没错，不过人各有志，马融在他的圣贤书中倒也乐得逍遥。

但好景不长，马融客居之处的凉州武都、汉阳等地界因羌人作乱，当地百姓深受袭扰。不久，战祸就使马融身受其苦，他的生计难以维持，最后连半饱也吃不上了。朋友看他可怜的样子，伤心地说："现在米太贵了，祸乱一时又不会停止，自函谷关以西，随处都有饿死的人。我们身为书生，却不能保家安民，如此下去，恐怕自己都要饿死了，真是惭愧啊。"

肚子受罪了，马融也终于醒悟了。他说："看来我的想法错了。古人说：'右手拿着天下地图，左手拿刀割自己喉管的人是愚蠢至极的。'这样说是因为活命比拥有天下更珍贵啊。我先前怕受一点委屈，负了大将军的盛情，说来真是不明道理啊。若为世俗的小小羞辱而毁掉无价身躯，即使老子、庄子也会反对吧。"于是，马融改弦更张，高高兴兴地跑去给邓大将军做舍人了。马融自此有了匡扶大政之志，他辛勤办事，两年后被任为校书郎中。官虽不大，日子却总算有了奔头。

后来，马融针砭时弊，用心写了《广成颂》献给皇帝。其词甚是恳切，却不想得罪了执政的太后，使太后对他心存厌恶，整整十年没有让他升迁。十年间，马融虽仍勤恳做事，但太后还是借故把他的小官也给罢了。

但是，被放逐回乡的马融并不气馁，他仍是手不释卷，总在期待着有一天能重返朝廷。苦心人天不负，邓太后去世后，亲政的汉安帝遂重新征召马融为官。马融喜极而泣，对前来祝贺的乡亲说："身处落魄，牢骚满腹是没用的。我幸有今日，全在我信心不失啊。"

马融的故事告诉我们，人最了不起的是信心，最输不起的是精神。只要心存希望，败而不馁，隐而不退，就总会等来转机，正如诗云"山重水复疑无路，柳暗花明又一村"。失望是不可避免的，但若在这种人生的低谷时仍瞄准着目标，坚韧而又低调地向前行，就是在绝望中也能重拾希望，那么，就必然能排除万难，最终达成自己的心愿。

身在高位需懂急流勇退

黄石公眼中的君子当是一个"达乎去就之理"的人，老子亦云，"功成身退，天之道也"。的确，功成名就、引身而退是天道规律。一个"退"字凝练了中国人五千年的处世智慧。然而，自古身居高位者，尤其是那些辅佐他人成就一番事业者往往就算深知飞鸟尽，良弓藏；狡兔死，走狗烹的下场，也不懂当如何自处，因此化作刀下冤魂，而只有那些懂得身在高位急流勇退的人，才能够远离灾祸，保全自身。张良得黄石公《素书》指点，深谙高位保身之道。

张良智慧过人，屡出奇计，为西汉的建立立下了不朽的功劳。汉六年（公元前201年），刘邦大封功臣，刘邦说他"运筹帷幄，决胜千里之外，这是子房的功劳"。请他自选齐地三万户，作为封邑。张良坚辞不受，最后被封为留侯。

对于张良的谦逊，很多人颇为不解。刘邦的另一位谋士陈平就曾问张良说："先生功高盖世，荣宠受之无愧，又何必拒绝呢？我们追随皇上，出生入死，今有幸得偿所愿，先生不该轻言舍弃。"

陈平见张良一笑不答，又说："先生足智多谋，非常人所能测度，莫非先生别有筹划？"

张良敛笑正容，说道："我家几世辅佐韩国，秦灭韩时，我幸存其身，得报大仇，我愿足矣。我凭三寸不烂之舌，做了帝王的臣子，贵为列侯，我还有什么遗憾呢？我只求追随仙人遨游四方了。"

张良从此闭门不出，在家潜心修炼神仙之术。跟随张良多年的心腹一次忍不住问张良："富贵荣华，这是人人都不愿放弃的，大人何以功成之时，一概不求呢？大人也曾是义气中人，这样销声匿迹，岂不太可惜了吗？请大人三思。"

张良随口一叹说："正因如此，我才有如此抉择啊。"

张良的心腹闻言一怔，茫然不语，张良低声说："我年轻时，散尽家财，行刺秦王，追随沛公，唯恐义不倾尽，智有所穷，方有今日的虚名。时下大局已定，天下太平，谋略当是无用之物了，我还能彰显其能吗？谋有其时，智有其废，进退应时，方为智者啊。"

张良与心腹有此一谈，但和外人他从不袒露心声。好友探望他，他从不议论时事。一次，群臣因刘邦要废掉太子刘盈之事找他相商，他枯坐良久，最后只轻声说："皇上有此意愿，定有其道理，做臣子的怎能妄加评议呢？我对太子素来敬重，只恨我人微言轻，不能帮太子进言了。"

群臣苦劝，张良只是婉拒。群臣悻悻而去，张良的心腹对他说："大人一口回绝，群臣皆有怨色，再说废立太子乃天下大事，大人怎忍置身事外，不闻不问呢？"

张良怅然道："皇上性情，我是深知的啊。此事千头万绪，关系甚大，纵使我有心插手，只怕也会惹来一身的麻烦。群臣怪我事小，皇上忌怪于我事大，我又能怎么样呢？"

吕后派吕泽去强求张良，软硬兼施之下，张良无奈给他出了个主意，让吕后请出商山四皓辅佐太子。后来，吕后照此去做了。刘邦一直崇敬这四个人，待见他们出山助太子，大惊失色，自知太子羽翼已成，不得不放弃了废太子的念头。

吕后派人向张良致谢，张良却回绝说："这都是皇后的高见，与我何干呢？请转奏皇后，此事千万不可再提起了。"

吕后听了使者回报，感叹良久，她对自己的妹妹说："张良不居功是小，弃智绝俗才是大啊。我先前只知道他智谋超群，今日才知他是深不可测，非我等可以窥伺得了的。"

刘邦死后，吕后专权。张良对世事的变故一概不问，求见他的大臣他也一律不见。吕后见他潜心研学道家养生之术，便不以他为患，反而对他愈生钦敬，她派人对张良说：

"人的一生十分短暂，应该及时享乐。听闻你为炼仙术，竟致绝食，何须如此？切不要自寻烦恼了。"

在吕后的一再催促下，张良这才勉强用饭。吕后对其他的大臣或杀或贬，却唯独对张良关爱有加。

人往高处走，水往低处流，一个上进的人一定是不断追求成功的人。然而，花太盛易衰，人太强容易遭忌，因此，身居高位者应晓明智退隐。但是"世人都晓神仙好，唯有功名忘不了！"一旦功名在手，谁又能舍得就此罢手呢？甚至还想"百尺竿头更进一步"。可惜多走一步就是从"竿头"摔下，顷刻间摔得粉身碎骨。因此，身在高位，当学张良，头脑清晰，若需隐退时坚决撤身。

第二章　正道

注曰：道不可以非正。

王氏曰：不偏其中，谓之正；人行之履，谓之道。此章之内，显明英俊、豪杰，明事顺理，各尽其道，所行忠、孝、义的道理。

中华民族的道德史中对人的要求是很高的。一个人要成大事，就必须讲求方正，即要做到诚挚待人、光明坦荡、宽人严己、严守信义。只有这样，才能赢得他人的信赖和支持，从而为事业的发展打下良好的基础。

[原文]

德足以怀远，信足以一异，义足以得众，才足以鉴古，明足以照下。此人之俊也。

行足以为仪表，智足以决嫌疑，信可以使守约，廉可以使分财。此人之豪也。

守职而不废，处义而不回，见嫌而不苟免，见利而不苟得。此人之杰也。

[译文]

高尚的品德足以使四方咸服；诚实守信可以令异议统一；行事正直公正可以得到众人的拥戴；才识渊博，便知以古为鉴；聪明睿智，可以体察下属，明辨是非。这样的人，才智超群，可谓人中之才俊。

品行端正，可以成为人们的表率；足智多谋，可以决然果断，析疑解惑；诚实无妄，可以使人们信守约定；清正廉洁，则处事必公，仗义疏财。这样的人可谓人中豪杰。

坚守职责而不废弛；恪守道义而不改初衷；即使处于容易被人猜疑的处境中仍能做自己该做的事情；见利而不忘义。这样的人，卓越超众，可谓人杰。

为人智慧

真正能征服人心的是道德

武器可以杀死人，却不能征服人心。真正能征服人心的，不是武器，而是道德，即《素书》所言："德足以怀远。"良好的道德品质足以使人对你心悦诚服。道理能征服人，主要靠真理的力量；道德能征服人，主要靠人格的力量。人格和德行作为一种非智力因素，尽管不是道理，但往往胜于道理。从某种意义上说，德行是形象的道理，道理是抽象的德行。

弘一大师未出家前曾给学生讲解了他对"先器识而后文艺"的理解。在他看来，要首重人格修养，次重文艺学习，具体地说，要想做一个好的文艺家，必须先做一个好人。这是李叔同的文艺观，也是他的人生观。出家后的李叔同，也是先做一个好和尚，后研究佛法的。

有位青年脾气很暴躁，经常和别人打架，大家都不喜欢他。

有一天，青年无意中游荡到了大德寺，碰巧听到一位禅师在说法。他听完后发誓痛改前非，于是，对禅师说："师父，我以后再也不跟人家打架、斗口角了，免得人见人烦，就算是别人朝我脸上吐口水，我也只是忍耐地擦去，默默地承受！"

禅师听了青年的话，说："就让口水自己干了吧，何必擦掉呢？"

青年听后，有些惊讶，问禅师："那怎么可能呢？为什么要这样忍受呢？"

禅师说："这没有什么不能忍受的，你就把它当作蚊虫之类的停在脸上，不值得与它计较。虽然，被吐了口水，但并不是什么侮辱，就微笑着接受吧！"

青年又问："如果对方不是吐口水，而是用拳头打过来，那可怎么办呢？"

禅师回答："这不一样吗？不要太在意！这只不过一拳而已。"

青年听了，认为禅师实在是岂有此理，终于忍耐不住了，举起拳头，向禅师的头上打去，并问："和尚，现在怎么办呢？"

禅师非常关切地说："我的头硬得像石头，并没有什么感觉，但是，你的手大概打疼了吧？"青年愣在那里，已是无话可说。

禅师告诉青年的是"德"，"德"不是空口的说教，而是实际的行动。正是如此，才有了震撼人心的力量。

孟子说："天时不如地利，地利不如人和。"这里的"人和"便是一种高尚的品德所造就的。这种品德具有巨大的力量，使人心悦诚服，有时，甚至能不战而屈人之兵，不战而百国来朝。

战国时齐宣王想做霸主，便向孟子请教。孟子说他不讲霸道，只讲王道，希望齐宣王行仁政，用道德的力量来统一天下。并说，对于国君来说，是否这样做，只存在肯为不肯为的问题，不存在能做不能做的问题。

接着，孟子举了一个有名的例子，他说："挟泰山以超北海，语人曰：我不能。是诚不能也。为长者折枝，语人曰：我不能。是不为也，非不能也。故王之不王，非挟泰山以超北海之类也；王之不王，是折枝之类也。"

这段话的意思是说，把泰山夹在胳膊底下跳过北海，告诉人说："这个我办不到。"这真是不能。替老年人折取树枝，告诉人说："这个我办不到。"这是不肯做，不是不能做。大王您的不行仁政不是属于把泰山夹在胳膊底下跳过北海一类，而是属于替老年折取树枝一类。对于我们来说，是否做社会道德的实践者，也是一个肯为不肯为的问题，而不是能做不能做的问题。

对于一个国家尚且可以用道德的王道来加以征服，那么，对于个人而言则更是如此。一个道德高尚的人不但能够使自己成就不凡的人生，而且，可以感化周围的人，使善的力量遍及人间。

以义制利，克服利过义不及的惯性

中国人对"利"与"义"的讨论从来就未曾停止，对二者的选择，也成为人们对正直品格的定义标准。所以，黄石公才说，人中之杰"见利而不苟得"，因此，一个品格高尚的人在处世时，能做到以义制利，即使有利可图也不会舍义取利。

两千多年前，"亚圣"孟子来到魏国，见到魏国国君梁惠王。梁惠王问："叟，不远千里而来，亦将有以利吾国乎？"意思是：老头儿，你能为我们国家谋什么利益吗？孟子听后，没有拍案而起、针锋相对，而是颇有风度、庄重地说："王何必曰利？亦有仁义而已矣。"意思是说，大王您何必只图目前的利益？其实，只有仁义才是永恒的大利。

这便是孟子关于"利与义"的千古一辩。按照孟子的说法，仁义也是利，道德也是利，这些是广义的、长远的利，是大利，与那些狭义的金钱财富的利相比较而言，大利便是义。这与孔子的义利观是一致的，孔子认为"君子喻于义，小人喻于利"，此处所谓的"义"，便是孟子所说的"大利"——仁义。

义与利的问题，向来是哲学家们必定会思考的问题，冯友兰认为，每种人皆有他们对于社会权利与职分，以及对于别种人的权利与职分。在普通的情形中，人对于求权利，总易偏于太过，而对于尽职分，则总易偏于不及。简单来说，冯老认为："义"就是自己应做的分内之事，"利"就是理应获得或者是超出合理范围的权利。世间之人，总是存在一种惯性：对于获得的嫌少，想要的更多；对于付出的嫌多，希望能更少。这便是冯老所言的利太过而义不及。正是因为知晓世人的这种惯性，冯老在研究哲学的同时，也在用自己的一生克服这种潜伏于心的惯性。从十几岁时接触哲学开始，冯友兰先生便清楚地知道，自己的"义"就是哲学。虽然，学术是他人生的重点，但他的心中也存有事功之心，这便是对利的要求。于是，他用尽毕生的精力去完成自己的义，同时，极力克制对利的渴望。冯老的人生，或许未能完全舍弃利，但在克服利过而义不及的惯性上，无疑还是成功的。如冯老这样，能在利与义的抉择中，选择义的人并不多，但并非没有。

从前，有一个农夫，每天辛劳地工作，但仍然很贫穷。一天，他在一片离家很远的树林里碰到一位老妇人。老妇人对他说："我知道你每天很辛苦，得到的却微不足道。我送你一枚魔法钻戒，它能够使你拥有财富。只要你说出你想要的，同时转动手上的戒指，就能得到希望拥有的东西。但戒指只能实现一个愿望，所以，你在许下愿望之前要仔细考虑清楚。"

惊愕的农夫接过戒指，激动地踏上了回家的路。晚上，农夫遇到了一个商人，他向商人讲述了这段奇特的经历。商人邀请农夫晚上住在他家，并趁夜深人静之时，用一枚外观相同的戒指，偷换了农夫手指上的魔法钻戒。

早上醒来时，商人被一堆金子压死了。农夫在金子堆中找到了戒指，带回了家中。妻子得知此事后按捺不住激动，说："试试看，让它带给我们大片的土地。"因为亲眼看到商人被金子压死的一幕，农夫担心要是轻易向这只魔戒许愿，会给自己带来同样的霉运。于是，他对自己的妻子说道："我们必须仔细对待我们的愿望，不要忘记，这戒指只能帮我们实现一个愿望。"农夫又解释道："最好让我们再苦干一年，我们将会拥有多项良田。"从此，他们竭尽全力地工作，并且，获得了足够的钱，买了他们所希望拥有的土地。农夫的妻子想要一头牛和一匹马。农夫说："亲爱的，我们何不再继续苦干一年？"于是，一年后，他们买回了牛和马。

"我们是最快乐的人，"农夫说，"不要再谈什么魔法钻戒了，我们拥有年轻，拥有坚实的双手。等到我们老的时候，我们再去想那戒指吧。"三十年以后，农夫和他的妻子已经变老了，他们拥有了所希望拥有的一切，而那枚魔法钻戒依旧完好地保存着。

农夫用对职分的义，换来了想要的利。现实的生活中，我们亦需如那农夫一般，坚守对义的付出，把持对利的追求，唯此方能克服利过而义不及的惯性，活出不被利所困的潇洒、惬意人生。

君子重信才能维系人心

黄石公对于"信"的强调十分重视，并且，他也认为"信"具有"一异"，即统一不同意见的功能。他同时认为，如果一个"信可以使守约"的人，才能被称为豪杰，这样的人会受人尊重。可见，君子重信才能维系人心。

儒家向来提倡将信作为君子的必备品质。《子张》《阳货》《子路》等篇都提到信，例如《论语·子张》中有言：子夏曰："君子信，则后劳其民；未信，则以为厉己也。信而后谏；未信，则以为谤己也。"孔子的弟子子夏这段话是说，君子要先得到百姓的信任，然后再去役使他们，否则他们会以为你是有意虐待他们。君子还必须得到君王的信任后再进谏，如果没有得到信任就去进谏，君王就会认为你在诽谤他。

信的含义有两种：一是信任，即取得别人的信任；二是对人讲信用。这句话告诉我们诚信不仅是治国从政者取信于人的重要途径，同时，也是我们立身处世的一项重要智慧。

自古至今，父母在教育儿女的时候，都非常注重对子女进行诚信方面的教育。大家都熟知的曾子教育儿子的故事就是一个很好的例子。

曾子是孔子的学生。有一次，曾子的妻子准备去赶集，由于孩子哭闹不已，曾子的妻子许诺孩子回来后杀猪给他吃。曾子的妻子从集市上回来后，曾子便捉猪来杀，妻子阻止说："我不过是跟孩子闹着玩的。"曾子说："和孩子是不可说着玩的。小孩子不懂事，凡事跟着父母学，听父母的教导。现在，你哄骗他，就是教孩子骗人啊。"于是，曾子把猪杀了。曾子深深懂得，诚实守信、说话算话是做人的基本准则，若失言不杀猪，那么，家中的猪保住了，却在一个纯洁的心灵上留下不可磨灭的阴影。

有关诚信的故事，除了曾子教子，我国古代历史上还有很多鲜活的例子。皇甫绩守信求责的故事堪称其中的代表。

皇甫绩是隋朝一位很有名的大臣。他三岁的时候父亲就去世了，母亲一个人难以维持家里的生活，就把他带到外婆家居住。外公见皇甫绩聪明伶俐，又没了父亲，挺可怜的，因此，格外疼爱他。

皇甫绩的外公叫韦孝宽，韦家在当地是有名的大户人家，家里很富裕。由于家里上学的孩子多，外公就请了个教书先生在自家给孩子们授课，也就是办了个私塾。这样一来，皇甫绩和表兄弟们都在自家的学堂上学。外公虽然心地善良，但也是个管教严厉的老人，尤其是对他的孙辈们。私塾开学的时候，外公就立下规矩，谁要是无故不完成作业，就按照家法重打二十大板。

有一天，上午上完课后，皇甫绩和他的几个表兄躲在一个已经废弃的小屋子里下棋。一贪玩，不知不觉就到了下午上课的时间。大家都忘记做老师上午留的作业。第二天，这件事被外公知道了，他把几个孙子叫到书房里，狠狠地训斥了一顿，并按照规矩，每人重打二十大板。

外公看皇甫绩年龄最小，平时又很乖巧，再加上没有了父亲，就不忍心打他。于是，就把他叫到一边，慈祥地对他说："你还小，这次我就不罚你了。但是，以后不能再犯这样的错误。不做功课，不学好本领，将来怎么能成大事？"

皇甫绩平时和表兄们相处得很好，小哥哥们都很爱护他。看到小皇甫绩没有被罚，心里都很高兴。可是，小皇甫绩心里很难过，他想：我和哥哥们犯了一样的错误，耽误了功课。外公没有责罚我，这是心疼我。可是，我不能放纵自己，应该按照先前所定的规矩，重打二十大板。

于是，皇甫绩就找到表兄们，求他们代外公责打自己二十大板。表兄们一听，都扑哧一声笑了出来。皇甫绩一本正经地说："这是私塾里的规矩，我们都向外公保证过触犯规矩甘愿受罚，不然的话就不遵守诺言。你们都按规矩受罚了，我也不能例外。"表兄们都被皇甫绩这种信守学堂规矩、诚心改过的精神感动了，于是，拿出戒尺打了皇甫绩二十大板。

后来，皇甫绩在朝廷里做了大官，但是，这种从小养成的信守诺言、勇于承认错误的品德一直没有丢，这使得他在文武百官中也享有很高的声望。

信用是一个人在社会上立足的前提，一个人无论是在工作中还是在生活中，都必须重诺守信，别人才会相信他，愿意与他打交道，这样，双方才有可能建立稳定的、长期的联系。一个人在社会中生活和工作，离不开同他人打交道，要想成功做一件事，更需要他人的支持、帮助，因此，良好的人际关系十分重要，而重诺守信，则是维系人心、增进情谊的重要一环。

做什么并不重要，关键在于坚持良知

《素书》将人中豪杰定义为："行足以为仪表，智足以决嫌疑，信可以使守约、廉可以使分财。"总结起来，所谓人豪即是品行正直的人。这样的人正如南怀瑾先生在《原本大学微言》中提到的中国历史上的英雄和名士那样是大豪杰，他们肝胆侠义，风流倜傥。

真正的英雄和名士身上都具有某种相同的东西，那就是孟子所说的"浩然正气"。何为浩然正气呢？其实，就是至大至刚的昂扬正气，是以天下为己任、担当道义、无所畏惧的勇气，是君子立于天地之间、无所偏私的光明磊落之气，这三气构成了浩然之气。这种浩然正气体现了一种伟大的人格精神之美。中国历史上具有一身浩然正气的英雄有很多，文天祥就是其中之一。

文天祥本来是个文官，可为了反抗蒙古人的入侵，保卫家国，他勇敢地走上了战场。那时，蒙古派出大军，要消灭南宋，文天祥听到消息后，拿出自己的家产，招募起三万壮士，组成义军，抗元救国。有人说："蒙古大军人那么多，你只有这些人，不是虎羊相拼吗？"文天祥则说："国家有难而无人解救是令我心痛的事。我力量虽然单薄，但也要为国尽力！"

后来，南宋的统治者投降了蒙古军，文天祥仍然坚持抗战。他对大家说："救国如救父母。父母有病，即使难以医治，儿子还是要全力抢救啊！"不久，他兵败被俘，坚决不肯投降，还写下了有名的诗句："人生自古谁无死，留取丹心照汗青。"表明自己坚持民族气节至死不变的决心。他拒绝了蒙古人的多次劝降，最终舍身报国，慷慨就义。

文天祥以身殉国，表现出了"富贵不能淫，贫贱不能移，威武不能屈"的傲然品格，终于如其诗中所说，"一片丹心照汗青"。从此，中国历史上多了一位可以大书特书的"善养浩然正气"的英雄。浩然正气是人的精神"脊梁",是抵御歪风邪气的"屏障"。正气长存,则邪气却步、阴霾不侵;正气长存,则清风浩荡、乾坤朗朗。

真豪杰懂得事有所为,有所不为,知道什么该做,什么不该做。不该做的,就算是可以带来巨大的利益,也不会去做。虔诚守护良知的人,让世人敬重,如屈原、孟子、陶渊明、文天祥等,一世英名照汗青;抛掉良知的人,受世人唾骂,如秦桧、严嵩、慈禧、汪精卫等,遗臭万年遭唾弃。

南宋奸臣秦桧以"莫须有"之罪害死岳飞,为世代百姓所痛恨。人们在位于杭州的岳王坟以铁铸成秦桧夫妇跪像,来表达对他们的愤恨。

话说有个姓秦的浙江巡抚,上任后见秦桧夫妇的跪像受辱,感到面目无光,想将铁像搬走。为免激起民愤,他命人在夜间偷偷把铁像搬走,扔进西湖。不料,次日湖水忽然发出恶臭。由于岳王坟秦桧夫妇的跪像不翼而飞,百姓纷纷要求官府调查。不久,铁像竟然从湖底浮起。百姓将铁像捞起,放回岳王坟前,湖水又清澈如初,臭味全无了。百姓都认为是秦桧弄污了西湖。姓秦的巡抚见此情形,亦无可奈何。

后来,有秦姓人做诗:"宋字以后少名桧,我在坟前枉姓秦。"秦桧就这样向罪恶交出了自己的人格,从此遗臭万年,永远被世人所唾弃。

孟子一句"如欲平治天下,当今之世,舍我其谁也",如一股浩然正气奔涌而出,瞬间便"沛乎塞苍冥"。正是这股浩然正气使孟子不与混乱的现实环境妥协,始终坚持自己的理想和人格,成为顶天立地的大丈夫。

像孟子这样的圣人,并不是不懂得怎样去"阿世苟合",向时代风气妥协,以便获取利益。他实在"非不能也",而是不肯为也。坚守自己的良知,宁可为正义穷困受苦,也不愿苟且现实,追求那些功名富贵。这就是圣人人格。子曰:富而可求也,虽执鞭之士,吾亦为之;如不可求,从吾所好。孔子所谓的求,不是"努力去做"的意思,而是"想办法",如果是违反原则求来的,那是不可以的。孔子认为一个人做什么并不重要,关键在于他能否坚持自己内心的良知,一个品性正直的人,无论在什么时候,都不会违背自己的良知。

良知,是无愧人生的底色。谁愿意遗臭万年?想必只有那些没有良知、贪婪无耻之辈。而大多数人都想保持清白的良心,屹立于天地间,问心无愧地度过此生,以求无憾。

人总有一天会走到生命的终点,金钱散尽,一切都如过眼云烟,只有精神长存世间,所以,人生追求的应该是一种境界。修身养性,做上品人,一生以养浩然正气为人格修养大目标，也许，下一位圣人就在这种修养过程中渐渐浮出历史水面了。

处世智慧

圆融的姿态要有方正的人格

王氏在对《素书·正道》的解读中认为，此章想要告诉人们的是如何"守正"。许多人认为处世圆融才能出奇制胜，但却往往忘记，圆融的生存姿态要以方正的人格做脊梁，以方的规矩为准则。

矩能画方，但矩不是方，它不过是利用了自己的优势给方作了规范性的调整，使之形成自己的形状。同理，方正不是具体的做法，而是一种信念，一种信仰，它不会给人们提供具体的制约规范，而是在思想上影响着人们，让人们去按照自己的信念追求理想，设计生活。

一日，一只小鸡在鸡舍外觅食时，看见了一只在天空中飞得很高的大雁，于是，向大雁请教飞行的诀窍。大雁告诉小鸡：只要想飞就能翱翔天空，而不想飞或认定自己做不到的，即使长了翅膀也是白搭。小鸡认定自己不是一只待在鸡窝里的小鸡，它想成为一只翱翔的大雁，于是，下定决心练飞，结果被公鸡赶出了家门。而小鸡从来没有飞过，但是，它的内心里始终向往着蓝天。它展开了双翅，飞升到一座矮山的顶上。慢慢的，它可以飞到更高的山顶上，最后，冲上了青天，到了高山的顶峰，它发现了伟大的自己。

小鸡最终克服万难变成了大雁。一日，它飞过原来的鸡舍，还看见以前的伙伴们在地里刨食，而新生一代的小鸡已被剪去翅膀关在鸡笼里，只知道吃糠下蛋了。

在这则寓言里，我们可以看出，尽管人们可能生活在同一个圈子里，面对同样的环境，但是，由于人们受到的方正精神的影响不同，所形成的信念也是不尽相同的。如果，觉得自己的生活是要向着高远处攀爬的，那么，规范你生活的矩形可能就会高一些；如果，你安于现状，没有过高的追求，那么，规范你生活的矩形就稍微矮小一些。但是，不管你是以什么态度去面对生活的，你的心态总是会受到方正的精神影响的。

方正的智慧，就是道德的智慧，就是人们对于品德的信仰，以及在这种品德信仰的约束下形成的设计生活的信念。它就像是一支火把，它能最大限度地燃烧一个人的潜能，提引人们飞向梦想的天际。

　　俗话说：没有规矩不成方圆。这里所强调的"规矩"，就是做人和做事的行为准则。它是原则性的东西，所以，也更加侧重于"方"的强硬和坚持，而不是"圆"的柔和和变通。

　　我们说，"方"是做人的根本，是对人生的道德上的指引，它起着一种原则性的束缚的作用。这其实是不无道理的。因为，每一件事的运作都有其自身的规则，只有按照原则做事，按照规矩办事，才能为事情正常进行下去提供必要保证，才能赢得他人信任。

　　清代红顶商人胡雪岩每做一桩生意时，都履行应该遵守的商业规则，如绿营兵军官罗尚德上战场之前在胡雪岩开办的阜康钱庄存了一笔银子，当胡雪岩开出存折时，他坚决不要，因为一来他相信胡雪岩的信誉，二来怕自己上战场后，凶多吉少，要不要存折无所谓，但胡雪岩坚持开出存折，称这道手续不能省略。客户存入款项钱庄必须开出存折，这是照规矩办事。又比如，胡雪岩与古应春等人合伙卖蚕丝，一下子赚了十万两银子，除去必要的开支外，赚来的银子所剩无几。既然是合伙，胡雪岩仍然坚持分出红利，他说即使自己没有赚到一文钱，红利该分的还是要分。与合作伙伴均分红利，这也是照规矩办事。

　　正是因为胡雪岩照规矩办事，与他打交道的人无不信任他，所以，胡雪岩的生意也越做越大。其实，不按规矩做事的人，在他人眼中往往是不守信用的人。许多人在处事时，由于对对方不了解，不知道对方在做事过程中是否会守约，所以，他们开始不太信任对方，尤其是第二次与不守约的人交往时，他们就根本不会相信不守信者的许诺。因此，要想博得人的信任，第一件要办的事便是按规矩办事，无论发生什么突变，以及在什么特殊的环境之下，都要完全地做到这点，否则你便是枉费心机。

　　良好信誉的建立，与我们能否坚持按规矩办事有着极为密切的关系，只有规规矩矩地按照众所周知，也是大家都遵守的规矩做事，才能使人信服，建立起信誉。不顾章法，不按规矩办事的人，是没有人会相信他的。只有时刻按照规矩做事，我们才能避免很多不必要的麻烦，并且，可以保证事情很顺利地进行，也就是所谓的"守正出奇"。

恪守原则才不会失去为人的方寸

黄石公对于"处义不回"的人十分赞赏，认为具备这种品质的人是人中豪杰。"处义不回"用另一个词表示，就是"义无反顾"。意思是：就算有利害相迫，就算面对危难，真正的豪杰也不会回头。他们会坚守自己的原则。原则，是代表一个人的信用；原则，是代表一个人的人格；原则，是代表一个人的道德。做人要坚持原则，这是非常要紧的。因为，很多原则都是早就制订好了的，需要每个人都去遵守，如果有一个人没有遵守，那么，就可能会引起别人的效仿。如果大家都不去遵守，那么，就会引起混乱。

林语堂先生虽然是一介文人，但他心中却有一股浩然正气。1926 年的"三·一八"惨案中他的表现就印证了这一点。

当时，担任女师大教务长的林语堂先生对全国各界的爱国运动，尤其是学生的爱国运动非常支持，每次都会给他们提供尽可能多的帮助。1926 年 3 月 18 日上午，已经到了上课时间，教室里却空无一人。林语堂先生正百思不得其解的时候，学生会主席刘和珍打来电话，要为参加抗议日本帝国主义声讨大会的全校同学请假一天，先生马上答应。但没想到刘和珍与另一位同学杨德群在当天的正义行动中死于北洋军阀政府军之手。这个消息让林语堂先生感到震惊，他无比愤慨：两个女学生为了爱国义举竟献出了宝贵的生命！他大声疾呼："如此年轻的女性却将中国的政治和教育重担挑在肩头，而我们这些男人干了什么？是不是可以说，这次刘和珍她们是代我们而死？"

极度悲愤的林语堂先生写下了《悼刘和珍杨德群女士》一文，将矛头直指北洋军阀政府。当时的北京笼罩在一片恐怖之中，林语堂先生在这个时候写下此文，无疑是冒了极大的风险。此后，他又陆续写下多篇抨击北洋军阀黑暗统治的文章，直指军阀的丑恶嘴脸。身为文人，却有一身正气，尽显大丈夫情怀。此后，北洋政府也加快肃清行动，多位教授被列入黑名单，林语堂先生也在其中。但即使这样，他依然不改一身正气。

无论是生活还是工作当中，在关键的时候一个人是否能够坚持，常常是判断他的道德水准的重要依据。只有那些肯于坚持原则的人，才能赢得他人的信任和支持。

我们做事讲究原则，做人也要讲究原则。一个人如果没有原则，所谓见异思迁，经常变来变去，则朋友不愿与你共处，同侪不愿与你共事。尤其居上位的人，如果没有原则，朝令夕改，则百姓无所适从；师长如果没有原则，是非不明，则

令学生无所依循；父母如果没有原则，赏罚不分，则令儿女无以学习。因此，我们要怎样坚持原则呢？如何将所坚持的原则发挥到最高的价值呢？有四点意见：

1. 不因利害而放弃原则：有一些人，刚开始的时候很讲究原则，不过到了利害当头，他就只顾利益，不顾道义。这种因利害而放弃原则的人，往往无义、无信，别人自然也不会愿意和他交往。

2. 不因得失而放弃原则：有的人，成功有所得时，他就讲究原则，失败有所失时，他就放弃原则。人，不能以成败来论英雄，也不是以得失来讲人格。因此，无论得失，一定要坚持原则，这样的人才能受人尊重。

3. 不因亲疏而放弃原则：有的人，因为你和我是至亲好友，我就不和你坚持原则，一切都很好说话，都很容易过关。假如你和我的关系疏远，没有交情，我就对你百般刁难，不跟你合作。这种人私心太重，不容易有成就，所以，真正成功的人，不因亲疏而改变原则。

4. 不因有无而放弃原则：有的人，身在其位时，这个也讲原则，那个也讲原则；一旦卸任，身份改变了，他便放弃原则，不再坚持原则。其实，不在其位，不谋其政，这是自然的道理，但是，人生有许多做人做事的原则，这是不变的，所以，不应以有无而改变做人的原则，这才是做人应该坚持的原则。

从过去中找到行事的准绳

什么样的人可以被称为"才俊"？黄石公认为，所谓的才俊是那些懂得用前人的经验来指导自己的人。这样的人"才足以鉴古"，因此，有了洞察未来的清明心眼，即所谓"明足以照下"。

子曰："温故而知新，可以为师矣。""温故知新"也单指学习。从文字上去解释，就是温习过去，知道现在的，便可以做人家的老师了。更深一步的体会则是，认识了过去，就知道未来，过去就是你的老师。无论过去是成功，还是失败，都已经明确地告诉了我们一个鲜明的事实，如果我们忘记过去，无视此前的教训，必将在人生路上走太多的弯路。

一位风尘仆仆的年轻人，从很远的地方来求见位于深山之中"仙人居"的圣人。年轻人进了深山，走了很久，发现路的前方有三条岔路通向不同的地方，一时不知该如何选择。

他见路旁一个老人在小憩，就走上前去，向老人问路。老人睡眼惺忪地嘟哝了一句"左边"。年轻人便从左边那条小路上山。走了很久，路突然消失在一片树林中，年轻人只好原路返回。

回到三岔路口，老人家还在睡觉，年轻人又上前问路，老人家舒舒服服地伸了个懒腰，仍说了一句"左边"。年轻人正要分辨，转念一想，也许老人家是从下山角度来讲的"左边"。于是，他又沿着右边的路上山。走了很久，眼前的路又消失了，年轻人只好原路返回。

再次回到三岔路口，他看到老人还在睡觉，便气不打一处来，上前叫醒老人，问："你一大把年纪，为何要骗我？左边的路我走了，右边的路我也走了，都不能通向山顶，到底哪条路可以去山顶？"老人家笑眯眯地回答："左边和右边的路都不通，你说哪条路通呢？"年轻人这才明白过来，他沿着中间那条路来到了"仙人居"，才发现原来圣人就是三岔路口的那位老人。

年轻人第二次回到三岔路口时，忘记了自己曾经走过的那两条路，而仍然要向老人问路，他虽然最后到达了山顶，却走了不少的弯路。如果我们铭记过去，吸取此前的教训，一定就可以省却很多的麻烦。

很久很久以前，有一个老爷爷，以卖草帽为生，每天都要经过一片小树林，挑着一担草帽上城里去卖。

有一天走到半路上，路过小树林，老爷爷累了，放下担子，坐在大树底下休息，打起盹来，不知不觉睡着了。等他醒来时，发现身旁的箩筐里的帽子都不见了，抬头一看，树上有很多猴子，每只猴子的头上都有顶草帽。在大树上的猴子们看见老爷爷着急的样子，一齐大声笑起来。老爷爷抬头一看，这才明白，原来草帽全让猴子拿走了。

老爷爷气极了，指着猴子们大声说："你们这些坏东西，赶快把草帽还给我，不然我就把你们都捉起来！"猴子们看老爷爷指手画脚地嚷嚷，也指手画脚地叫起来，不肯把草帽还给他。老爷爷急得一边晃拳头，一边跺脚："你们到底还不还我的草帽？再不还给我，我就把你们抓到城里去关起来！"猴子们也学老爷爷的样子，晃着拳头，跺着脚，还是不把草帽还给他。老爷爷又急又慌，脱下草帽，搔起了脑袋，猴子们也学老爷爷的样子，脱下草帽，搔起脑袋来。

老爷爷看见猴子又在学他的样子，就把手里的草帽使劲往地上一摔，叹了口气说："唉！真把我气死了！真把我气死了！"猴子见了，也学老爷爷的样子，一个个把草帽使劲摔下来。老爷爷赶忙把地上的草帽捡起来，一顶一顶装到箩筐里，挑起担子，进城去了。

很多年以后，孙子接过了爷爷的班。

有一天，在卖草帽的途中，孙子也跟爷爷一样在大树下睡着了，结果帽子也被猴子拿走了。孙子想到了爷爷讲的故事，于是，举起手，拍拍手，猴子也跟着拍拍手。看到爷爷说的方法果然很有用，最后，孙子也摘下草帽丢在地上，可是奇怪，猴子们竟然没有跟着他做，还一个个瞪着眼看他。

一个个头最大的猴子从树上跳了下来，把孙子丢在地上的草帽捡起来，戴在自己头上，爬到树上去了。孙子正在纳闷，就听见那个个头最大的猴子说："就你有爷爷啊？"

猴子与人，都已经到了孙子辈，但聪明的猴子吸取了爷爷的教训，没再犯曾经的错误，而且，还将孙子所有的草帽都拿去了。

杜牧的《阿房宫赋》中有"秦人不暇自哀，而后人哀之；后人哀之而不鉴之，亦使后人复哀后人也"的话，这一句便道出了"前事不忘，后事之师"的道理。古人云："以铜为鉴，可以正衣冠；以人为鉴，可以明得失；以史为鉴，可以知兴替。"以史为鉴，可以找到行事的准绳，看到过去的得失，规划未来的方向。

质朴的诚信闪耀着深邃的心灵之光

诚信是一个人立身处世的根本，它体现了对人的尊敬，更重要的是它是维系这个世界运行的最基本的机制之一。在与人交往的过程中，如果你想让对方信服，最好的办法是以诚信的美德打动他，而非以武力征服他。

讲信用，守信义，历来是中华民族的传统美德。中国人历来对这一品质都推崇备至，所以，黄石公才将"信可以使守约"作为"人豪"的标准。

年轻的钟子期垂危之际，年迈的父母守在他的病榻旁，钟子期因无法尽孝而自感愧对父母，他再三请求父母将其葬于离家数十里的马鞍山江边，这只因为了信守与好友俞伯牙的承诺。去年中秋，二人偶遇，临别时约定，今年中秋，江边相见。

一转眼，到了中秋。俞伯牙算好了日子，向晋主告假，收拾好行装起程了。一路行来，陆路转水路，正好在八月十五日夜里来到马鞍山去年停船遇见钟子期的地方。

俞伯牙站立船头四处张望。可是，许久没有望见钟子期的身影。俞伯牙了解挚友不会无缘无故地爽约，便起身往钟子期家的方向走去。走出十余里，迎面遇到一龙钟老者，攀谈中得知他就是钟子期的父亲。老人老泪横流，哽咽着说："你来的路上，离江边不远的新坟，就是他，他说在那里接你！"俞伯牙跟随钟父来到新坟之前，放声痛哭，将瑶琴取出，盘膝坐于坟前挥泪抚琴，一曲弹完，双手举琴向坟前的祭台用力摔去，以琴谢知音。

他们二人以诚待友、重诺守信的故事千古流传。其实，商业社会更是如此，诚信显得更为重要。于是，人们自发地寻找更加可靠和更加诚信的合作伙伴进行合作，以求互惠互利。

面对诱惑，不为其怦然心动，不为其所惑，虽平淡如行云，质朴如流水，却让人领略到一种山高海深。这是一种闪光的品格——诚信。在诚信问题突显的今天，提倡和保持诚信就更为重要，实际上卓越的声誉往往建立在诚信之上。

早年，喜马拉雅山南麓很少有外国人涉足。后来，许多日本人到这里观光旅游，据说这是源于一位少年的诚信。一天，几位日本摄影师请当地一位少年代买啤酒，这位少年为之走了三个多小时山路。第二天，那个少年又自告奋勇地再替他们买啤酒。这次摄影师们给了他很多钱，但直到第三天下午那个少年还没回来。于是，摄影师们议论纷纷，都认为那个少年把钱骗走了。第三天夜里，那个少年却敲开了摄影师的门。原来，他只购得四瓶啤酒，尔后，他又翻了一座山，蹚过一条河才购得另外六瓶，返回时摔坏了三瓶。他哭着拿着碎玻璃片，向摄影师交回零钱，在场的人无不动容。

这个故事使许多外国人深受感动。后来，到这儿旅游的游客就越来越多了……

诚信是一个人立身处世的根本，他体现了对人的尊敬。在与人交往的过程中，如果你想让对方信服，最好的办法是以诚信打动他，而不是以武力征服他。因为，靠武力征服的东西，都是暂时的，而靠诚信打动人则是永恒的。

管理智慧

领导的人格魅力在于德治

《素书·正道》中形容了三种人：人之俊，人之豪，人之杰。总结这三者的特征，无不具有崇高的道德品质，因而才能"怀远"，"一异"进而"得众"。俗话说"得

民心者得天下"，这个道理亡国之君们一般也应该知道。可是，既然知道为什么还要违背人心？对于这一问题，《大学》讲得比较透彻，那就是这些君王都是不修品德、过于重财利的人，说到底就是没有真正地以德治天下。

知道"得民心者得天下"还不够，必须以这种道理行事才行。怎么能得民心呢？那就是德天下，即以德治天下。以德治天下，是一个人成功的保障。举例来说，三国时刘备不长于谋略作战，但是，他具有优良的德行，能够以此感召部下为他卖命。他虽然缺乏贤才，却具备足够的德行，即使如此，他自己尚自谦无德，这正是他异于常人之处。谦虚自古是中国人的美德，而刘备正是具备了中国人的传统美德，所以，他才会成功。

德治不一定就是跟刘备那样自谦，德也包括知人善用。比如，与刘备比较起来，孙权在自谦方面给人的印象并不深刻，但是，他在用人方面与刘备有相似之处。孙权成功的秘诀之一，在于他教育部下的独到方法。他指出："贵其所长，忘其所短。"即运用部下的时候，不要只看到他的短处，必须针对他的优点长处，使他有充分发挥的余地。

这里的"忘"不是普通的忘记，而是明知道人的短处，却不去指点他。因为，任何人都喜欢被人称赞，讨厌别人吹毛求疵。称赞部下的长处，就会产生积极向上的动力，而挑部下的毛病，会使其萎靡不振，丧失工作的积极性。因此，身为领导者，应该学习孙权不吝赞美人的长处，多发挥部下的长处，勿用人之短。能做到这点是需要胸襟和抱负的。

当然，道德没有统一的标准，但德的前提就是尽量帮助别人，做有利于自己和他人的事，而不损人利己。这种做法，直接地演化出来的就是诚信。一个人如果不够诚信，往往在政治上成为两面派，在社会上成为图利弃友的小人，这样的人是没有朋友的，有朋友也只是利用朋友来达到自己的目的，把朋友当作工具。交友如果不交心，一切都不会长久。诚信的人才是可以信任的人。自己诚信属于个人修养，能够把诚信的人拥为己用，才可以德治天下。这点孙权做得比较好。

三国时，孙策任用吕范主管东吴财经大权，孙策的弟弟孙权此时年少，总是偷偷地向吕范要钱，吕范则一定要请示孙策，从不独自答应孙权，因这事孙权对吕范很有意见。后来，孙权任阳羡县令，建立了自己的"小金库"以备私用。孙策有时来查账，功曹周谷总是为孙权涂改账目，造假单据，使孙策没有理由责怪孙权。孙权这时很感谢周谷。

后来，孙权接替孙策掌管东吴大权，因为吕范忠诚，特别受到孙权的信任，而周谷却因为善于欺骗和更改账目，而始终没有得到孙权的重用。

孙权在大事上能够这么样做，在今天的我们看来，是很了不起的举动。关键时候分得清好赖，这也是三国鼎立，孙权能够独霸一方的原因。

历史上的亡国之君，绝大多数都是不修道德、且过重财利的人。君王为己敛财无度，那相对应的百姓却没有钱，民不聊生，自然就会导致国家灭亡。

今天你是个小职员，通过努力也许明天就是领导。当领导带领下属跟治国安邦一样的道理，也需要"以德服人"，你只有修养达到那个水准，你的德治才会在细枝末节中体现出来。领导的人格魅力，对于一个团队的凝聚和向心，有着不可替代的作用。它会成为一个团队持久而强大的精神支柱。

领导者的威信来源于高尚的品德

《素书》所举人俊、人杰、人豪三者无不以天道、德行、仁爱、正义、礼制为核心。他们之所以能成为善政安民，威威声伏远，正是以道德力量驭人的结果。孟子曾说："闻伯夷之风者，顽夫廉，懦夫有立志；闻柳下惠之风者，薄夫敦，鄙夫宽。"就是说，听到伯夷的风格的人，贪鄙之徒也会清廉起来，懦弱之辈也会有独立不屈的意志；听到柳下惠的情操的人，刻薄者就会厚道，胸襟狭小者就会宽大。可见，古人对"风格"所染、教化必"善"的问题也早有察觉并作出了科学的总结，甚至把"善教"强调到超过"善政"的程度。

1. 以德御人

唯有领导者先深明大义，才能使下属受到教诲。孟子说："贤者以其昭昭使人昭昭，今以其昏昏使人昭昭。"孟子严厉批评了当时某些假贤者的荒谬行为，他们自己还弄不明白的事理，却想用来使别人明了。孟子的这一思想，对于领导者来说极为重要。下属的道德熏染，除受其群体环境的影响以外，主要的就是受其领导者思想的熏染。所以，一个领导者特别要注意自身的道德修养，特别要注意自己的一言一行，切记不可为下属提供恶劣的道德风范。

领导者的威信来源于高尚的品德。德是为政之本。领导者具有高尚的品德，下属就会对他产生敬爱感，就会从内心里拥护他，自觉地跟他走，他在下属中就有较高的威信。人们常说的"德高望重"，就是这个意思。中国古语说"德不孤，必有邻"，"道德不厚乾，不可以使民"，这些论述都启发人们，领导者的威信来源于高尚的品德。日本的经营之神、著名企业家松下幸之助说过，一位经营者，不需要是万能的，但却应是一位品格高尚的人，因为，后者往往更能吸引人才。

2. 品质的力量

卓越的领导者品质优秀，理智成熟，意志坚韧，具有令人尊敬爱戴的凝聚力。其人格魅力像磁石般，使下属聚集在他周围，团结一心，勇敢面对挑战。观察杰出的领袖人物，人们能罗列出他们大多数人都具备的品质。例如：

（1）要有超越别人的欲望。领导者从不满足于屈居第二位，他们总想拔尖。他们是些主动性很强的人，总在尽力获得成功。

（2）要有责任感。领袖从来不怕承担义务，承担责任并永远不推卸所负的任何责任。

（3）要有工作能力。出色的领导者总是愿意为取得领导的成功而付出必要的代价——长时间的、艰苦的工作。

（4）要有良好的人际关系。领导者总要与同事打交道，研究他们，分析他们的需求并努力去了解他们的问题。这样去发现同事的需求、兴趣和能力，是出色的领导者最为主要的特点。

（5）要有富于感染力的激情。没有人愿意追随一个死气沉沉的领导者。

（6）要有高度的正义感。成功的领导者对自己和追随者都必须诚实。

靠不住的人很少能成功地担负领导工作。作为出色的领导者，要想赢得信赖就必须公正地对待所有雇员，而不去考虑他们的能力、地位，是否有交情，是否听话。换句话说，不能任人唯亲。雇员愿意为这样的领导者工作。他们可以相信这位领导者会明确地表明自己的意图，对事实不采取骑墙态度，对摆脱尴尬局面不是反复地折腾，不说模棱两可的话。

因此，领导者应该永远开诚布公，公正、正直和光明正大。如果领导者赢得了这种声誉，那么，他的大多数雇员将会以同样的态度做出反应，部门下属也将公平、正直地对待他的上司，在所有交往中都光明正大。

显然，这些并不是领导者需要具备的仅有的品质。才智、声望和忠诚之类的品质也很重要。

3. 以德为引

教化下属树立良好的道德思想，不仅要重视领导者自身的道德修养，而且，在日常工作中，每遇大事，必以教戒为先。

首先，一个组织有多项事业，一项事业有多种工作。事之不同，其品德作风要求也不同；反之，品德作风要求不同，其事情结果可能也不同，所以，用统一的品德作风标准去要求不同的事情，恐怕就不大妥当。因之，领导者必须在每一项较大的工作布置之前，提出各项要求的时候，绝不可忘记同时提出恰当的品德作风要求，以进行必要的品德作风教育。

其次，挑选人才，合理使用，这是事业成功的重要步骤。虽然"任用其长，不计其短"，可是，某些"短处"却也不可忽视，有的"短"可能对其"长"的发挥将产生极大的影响。所以，对其有影响的短处、缺点进行"刮垢磨光"却也十分必要，而这"刮垢磨光"正是"教戒为先"的目的所在。

再次，"君子"当为正义之事，领导者确认自己的事业是正义的、合理的、合法的，就应在事前将其正义之道宣之于众，以激发下属的正义之感，唤起下属的道德情感，使之理直气壮地进取，放心大胆地工作。而如果奉行"民可使由之，不可使知之"的愚民政策，最终，也必为"民"所愚，事业为"民"所败，因为，下属不知其可，何以奋斗努力？从这点意义上来说，教戒为先，则更为重要。

表率成就应者云集的领导力

《素书》中提出，领导者的必备素质是"行足以为仪表"，即领导者必须要成为下属的表率，以身作则。表率就是领导者的领导力。领导者需要具备多方面的能力，但最基本的一条则是树立榜样，凭表率服众。你希望员工如何做，做到什么程度，你应当先给他们一个示范。

一天，曹操出兵攻打张绣，途中路过一处麦田。为安抚民心，曹操下了一道军令，命令官兵不准践踏麦田，若有违令者，予以斩首。所以，官兵在经过麦田时，都下马小心翼翼地走，没有一个敢践踏的。老百姓看见了，纷纷称颂曹军。

可就在曹操骑马路过麦田时，田野里忽然飞起一只鸟儿，惊吓了他的马。那马飞速蹿入田地，踏坏了一大片麦田。曹操立即要求随行官员治自己的罪，说道："我作为军队统帅，自己违反了自己下达的命令，更应该被斩首。"说完抽出腰间的佩剑要自刎，被众人连忙拦住。

这时，谋士郭嘉引用《春秋》上的"法不加于尊"一句为曹操开脱，曹操沉思了好久，说："既然《春秋》上有'法不加于尊'的说法，那就暂且免去一死。我犯了罪也应该受到处罚。"他一边说着一边用剑割下自己一束头发，掷在地上，对众官兵说："割发权代首。"

在古代，人们认为，头发由父母处继承而来，随便割掉不仅大逆不道，而且

还是不孝的表现。曹操作为封建社会的政治家，能够割发代首，以身作则，真是太难能可贵了。

在戏剧里，曹操是花脸，被称为"奸雄"，这是骂他为人奸诈。然而，在"割发代首"的故事里，我们却看到了一个能够以身作则、严于律己，用行动感化下属的领导者形象。可以想象，曹操之所以取得与刘备、孙权三分天下的战果，除了他惯于使用计谋之外，其凭以身作则获取下属之心，赢得良才，也是一个重要的因素。

同样，在现代，作为一个领导者，只有严格地要求自己，起好带头表率作用，才能折服众人。正所谓"己欲立而立人，己欲达而达人"。只有自己能够做到的事情，才能要求别人也去做到。

在商界，柳传志的领导表率力亦是我们学习的目标。联想集团在柳传志的带领下，由一个只有二十万元的企业发展为今天有上百亿元的大企业，成为中国电子工业的龙头老大，而柳传志也被人们看作民族英雄，成为一个具有崇高威望的企业领导者，这与柳传志善于凭表率服众的人格魅力是分不开的。

联想内部有一条规定，开二十个人以上的会迟到要罚站一分钟。第一个被罚的人便是柳传志原来的老领导，罚站的时候这位老领导非常紧张。柳传志没有为自己的老领导"法外施恩"，而是对他说："你先在这儿站一分钟，今天晚上我到你家里给你站一分钟。"柳传志说到做到，当晚就到老领导家里践行诺言，把对方感动得不得了。柳传志自己也曾被罚站过三次，其中一次是他因电梯出现了故障，被困在里面，结果误了开会时间。但柳传志没有以电梯出现故障为理由，照样遵守公司的规定，自己给自己罚了站。

正是柳传志善于以身作则，表率服众，联想的其他领导者都以他为榜样，自觉地遵守着各种有益于公司发展的"天条"，才使得联想的事业得以蒸蒸日上。

就做人而言，柳传志有一段很有名的话："第一，做人要正。虽然是老生常谈，但确确实实极为重要。一个组织里面，人怎么用呢？我是这么看的，人和人相当于一个个阿拉伯数字。比如说10000，前面的'1'是有效数字，带一个零就是'10'，带两个'0'就是'100'……其实'1'极其关键。很多企业请了很多有水平的大学生、研究生，甚至国外的人才，依然做得不好，是因为前面的有效控制不行，结果也只能是零。所以，作为'1'的你一定要正。"柳传志是这么说，也是这么做的。例如，在联想的"天条"里，就有一条是"不能有亲"，即领导的子女不能进公司。柳传志的儿子是北京邮电大学计算机专业毕业的，但是，柳传志不让他到公司来，因为，他怕子女们进了公司，将来不好管理。

振臂一呼，应者云集的领导力绝不是领导职位本身能赋予的，没有追随者的领导者剩下的只是职权威慑的空壳。因此，领导者必须以身作则，养成良好的工作习惯和道德修养，唯此，才能获得更多的追随者，获得更多更优秀的人才，凭此成就大事业。

黄金的耀眼难敌诚信昭著的闪光

一句"得黄金千两，不如得季布一诺"，让人们看到了诚信的价值，而《素书》中："信足以异一，义足以得众。"同样强调了诚信的重要作用。在黄石公看来，一个信义昭著的人，必然能够得到众人的支持。他将这样的人称为"人中之俊"。

人们从内心里喜欢说话算话的人，因为他们讲信用，说到做到。一个人如果没有信用，那么，无论他走到哪里大概都不会找到相信他的人。这样的结果很可怕，因为他将会失去朋友，甚至亲人，继而失去赖以生存的一切关系基础。做事没人支持，甚至当自己正陷入困境中都没有援手来帮助自己，这将是一场噩梦。一个人的诚信相当于他的脊梁骨，如果没有这脊梁骨，人们将无法立起来。失去诚信也就等于把自己推向一个孤立的无底深渊。

"言必信，行必果""一言既出，驷马难追"，这些流传了千百年的古语，都是对"信"的要求与强化。在中国几千年的文明史中，人们不但为守信大唱颂歌，而且，还努力地身体力行着：商鞅为推行新法，在城门"立木为信"；俞伯牙为践信，摔琴祭知音；曾子为不失信于三岁孩童，操刀杀猪……

《管子·枢言》曾写道："诚信者，天下之结也。"守信，是中华民族的传统美德。千百年来，这一美德伴随着一代代的中国人走过沧海桑田，经历雪霜磨砺，最终沉淀为民族的精髓。离开了信，人就无法立足于世。同时，"信"也是社会得以正常发展的根基，如冯友兰先生所言："一个社会之能以成立，全靠其中的分子的互助。各分子要互助，须先能互信。"

一个健康、美貌、机敏、才学、金钱、荣誉……完美的人死去了，阎王把他带进地狱，他不服，要求入西天极乐世界，于是，他的鬼魂找到了阎王理论。

阎王笑了笑，问："你有什么条件可以进入西天极乐世界？"

鬼魂于是把他在阳间所有的东西统统抖出来，带着炫耀的口气，反问："所

有这些，难道不足以使我去西天极乐世界吗？"

"难道你不知道你缺少进入西天极乐世界的最重要的一种东西吗？"阎王并不恼怒。

鬼魂嘿嘿地笑着："你已经看到了，我什么都有，我完全应该进入西天极乐世界。"

"你忘了你曾经抛弃过一件最重要的东西。"阎王面对这个恬不知耻的鬼魂，有一点不耐烦，便直截了当地提醒他，"在人生渡口上，你抛弃了一个人生的背囊，是不是？"

鬼魂想起来了：年轻时，有一次乘船，不知过了多久，风起云涌，小船险象环生。老艄公让他抛弃一样东西。他左思右想，美貌、金钱、荣誉……他舍不得。最后，他抛弃了"承诺"。但是，鬼魂不服，说道："难道能够仅仅因为我没有承诺，就被拒之光明的西天极乐世界而进入可怕的地狱吗？"

阎王变得很严肃："那么，之后你做了些什么？"鬼魂回想着：那次他回家后，答应母亲要好好地照顾她，答应妻子永远不会背叛她，答应朋友要一起做一番事业。后来，后来……他回想着，自己在外面有了情人，母亲劝阻他，他对母亲却再也不闻不问，他不允许母亲破坏他的"幸福"；他和朋友做生意，最后却私吞了朋友那一份……

阎王看着陷入沉思的他，说道："看到没有？由于不守承诺，你做了多少背信弃义的勾当。西天极乐世界是圣洁的，怎么能容你这卑污的鬼魂！"

鬼魂沉默了，他不是无所不有，而是一无所有，亲情、友情、爱情……统统随承诺而去。他，一个卑污的鬼魂，只能下地狱。

"下地狱去吧！"阎王说完，飘然而去。

人因信而立，做人应诚信对人，诚信对己。信是一轮万众瞩目的圆月，唯有与莽莽苍穹对视，才能沉淀出对待生命的真正态度；信是高山之巅的纯净水源，能够洗尽浮华，洗尽躁动，洗尽虚伪，留下启悟心灵的妙谛。

冯友兰大师曾说："从个人成功的观点看，有信亦是个人成功的一个必要条件。一个人说话，向来当话，向来不欺人，他说要赴一场约会，到时一定到。他说要还一笔账，到时一定还。如此，社会上的人一定都愿意同他来往、共事。这就是他做事成功的一个必要的条件。"显然，在冯友兰先生看来，信是无形的财富，是巨大的资本。一个人坚持走正直诚信的道路，必定能实现良好的愿景。

做一个清醒的"审判官"

一个领导者，必须在是非面前保持清醒的头脑，做到黄石公所说"智决足以决嫌疑"。用大智慧做出判断，以防做出让自己后悔的决定，也才能够避免混乱产生。

武则天当政时期，曾下诏禁止天下屠杀牲灵、捕捞鱼虾，弄得王公大臣宴请宾客只能吃素席，不敢带有一点荤腥。

朝中有个叫张德的人，官为左拾遗，一贯受到武皇的信任。在他儿子出生后的第三天，亲友、同僚纷纷前去祝贺。张德觉得席上都是素菜实在过意不去，便偷偷地派人杀了一只羊，做了一些带肉的菜，并包了一些羊肉包子让大家吃。也许是这些亲朋好友与同僚好久没有吃到荤腥味了，见席上有肉，便来了兴致，把酒临风，猜拳行令，好不热闹。三个时辰过去，大家酒足饭饱，各自回去。张德心中自然也十分高兴。不料，在他的同僚中有个叫杜肃的，官拜补阙，见席上有肉，以为张德违犯了皇帝的诏旨，顿生恶意。临散席时，他悄悄将两个肉包子揣在怀中。散席之后，便去武皇那里告了黑状。

第二天早朝，武皇处理完政事之后，突然对左拾遗张德说："听说你生了个儿子，我特向你表示祝贺。"张德叩头拜谢。武皇又说："你那席上的肉是从哪里来的？"张德一听，吓得浑身哆嗦，他知道，违诏杀生是要犯死罪的，故连连否认道："为臣不敢！为臣不敢！"武则天见状，微微笑道："你说不敢，看看这是什么？"说着，便命人将杜肃写的告状奏章和两个肉包子递给了张德。张德一见，面如蜡纸，不住地叩头说："臣下该死！臣下该死！"此时，告状的杜肃，站在一旁扬扬得意，专等封赏。武则天对这一切，早已看在眼中，稍稍一停，便对张德："张德听旨：朕下诏禁止屠杀牲畜，红白喜事皆不准腥荤。今念你忠心耿耿，又是初犯，也就不治你罪了。"张德听后高声喊道："谢主隆恩！谢主隆恩！"而杜肃却惊得瞪大了眼睛。

只听武皇又道："不过，张德你要接受教训，今后如再请客，可要选择好客人，像杜肃这种好告黑状的人，可不要再请了！"一时间，张德感激得痛哭失声，诸大臣见武皇如此忠奸分明，不信谗言，用人不疑，便一起跪倒在地，高呼："吾皇万岁！万岁！万万岁！"而那个告状的杜肃，在众人不屑一瞥的目光下，羞愧得无地自容，武皇"退朝"二字刚一落音，便赶紧溜走了。

杜肃向武皇告状，本是为了显示自己对主子的忠诚，维护武皇的威严，按理

应得到封赏；张德违抗圣旨杀生，按理应当处以死罪。这本是铁板钉钉的事实。可当二人静声屏息等待宣判的那一刻，谁知武皇却做出了出乎意料的判决：告状者遭到痛斥，违旨杀生者得宽恕免死；一个被弄得灰溜溜的，一个被感动得痛哭流涕，于是，一位忠奸分明、不信谗言、智慧超群的君主的高大形象便在众人心目中牢固地树立起来。

见微知著，从细微处考察人才

　　《孙子兵法》中列举了带兵打仗要注意的六种地形，何处该避，何处宜攻，具体地做了分析。最后，孙子总结道："地之道也，将之至任，不可不察也。"地势的特点不易变化，尚且要处处留心，何况人员的取舍？我国早在汉代就确定了刺史六条，用以监督和考察百官的政绩与行为，并把它立为百代不易的良法。考察人员必须从重视细微处考虑，因为见微可知著。这就要求领导者宜"明"。"明足以照下"才能让自己在考虑人才时不致出现失误。

　　汉初平定七国之乱时，周亚夫立下了赫赫战功，官至丞相，为汉景帝献言献策，是汉景帝的股肱重臣。但汉景帝在选择下一任的辅政大臣时，他却受到冷遇。

　　一天，汉景帝宴请周亚夫，给他准备了一大块肉，但是没有切开，也没给他准备筷子。周亚夫看了，很不高兴，就回头向主管筵席的官员要筷子，汉景帝笑着说："丞相，我给你这么大一块肉你还不满足吗？还要筷子，真是讲究啊。"周亚夫一听，赶紧跪下向皇帝谢罪，汉景帝说："既然丞相不习惯这样吃，那就算了。起来吧，今天的宴席就到此。"周亚夫听了，告退了皇帝，快步走出宫门。汉景帝看着他离开之后，说："看他闷闷不乐的样子，实在不是辅佐少子的大臣啊！"

　　少主年轻气盛，万一有什么做得过分的地方，只有具有长者风范的人，才能包容这些过失。辅佐少主的大臣，一定要稳重平和，任劳任怨，不能有什么娇气。从周亚夫的表现来看，连老皇帝对他不礼貌的举动，他都不能忍受，以后又怎么能包容少主的过失呢？汉景帝希望看到的是他二话不说，把赏赐的肉吃下去，一个臣子安守本分才是比较可贵的，他要筷子的举动，在汉景帝看来就是非分的做法——到辅佐少主的时候，会不会有更多非分的要求呢？汉景帝不能不防，所以汉景帝果断地放弃了周亚夫。

　　可能有的人会认为，因为这样一个小的表情而决定将来的辅国宰相，未免有

点小题大作。其实不然。错误没有大小之分。我们来看一个粗心员工的故事。

广州一家家电制造有限责任公司曾发生过这样一起管理"事故"：某车间有一台机器出了故障，经过技术科的工作人员检查，发现原来是一个配套的螺丝钉掉了，怎么找也找不到，于是，只好去重新买。可根据公司内部规定，必须先由技术工作人员填写采购申请，然后由上级审批，之后再经过采购部部长审批，才能由采购员去采购。

可问题出现了。市内好几家五金商店都没有那种螺丝，采购员又跑了几家有名的商场，也没有买到。几天很快就过去了。采购员还在寻找那种螺丝。可是，工厂却因为机器不能运转而停产。这还得了？于是，公司的其他管理者不得不介入此事，认真打听事故的前因后果，并且想方设法地寻找修复的方法。

在这种"全民总动员"的情况下，技术科才拿出机器生产商的电话号码。于是，采购员就打电话问哪里有那种螺丝钉卖。对方却告诉他："你们那个城市就有我们的分公司啊。你去那里看看，肯定有。"

半个小时后，那家分公司就派人上门送货来了。问题解决的时间就那么短。可是寻找哪里有螺丝钉，就用了一个星期，而这一个星期公司已经损失了上百万元。

很快，工厂又恢复了正常的生产运营。在当月的总结大会上，采购科长将这件事情又重新提了出来，他说："从这次事故中，我们很容易就能看出，公司某些工作人员的责任心不强。从技术科提交采购申请，再经过各级审批，到最后采购员采购，这一切都没有错误，都符合公司要求，可是，这件事却造成这么重大的损失，问题在哪里？竟然是因为技术科的工作人员没有写上机器生产商的联系方式，而其他各部门竟然也没有人过问。"

一个粗心大意的员工漏掉一个电话号码，就可能让一项工作瘫痪。这样"身价百万"的员工，恐怕是谁都请不起的。一个人一时疏忽会给团队带来的"杀伤力"如此之大，不禁让领导者在用人上要慎之又慎。因此，作为企业领导者，要学会见微知著，从细节处考察人才，方能防患于未然。

第三章　求人之志

注曰：志不可以妄求。

王氏曰：求者，访问推求；志者，人之心志。此章之内，谓明贤人必求其志，量材受职，立纲纪、法度、道理。

贤人必求其志，任何想要获得成功的人都必须谨记下面的格言：有志者，事竟成，破釜沉舟，百二秦关终属楚；苦心人，天不负，卧薪尝胆，三千越甲可吞吴。我们需要提升生存的智慧，思考成功，追求卓越，对人生的意义、人生的价值、人生的幸福等问题交出较满意的答卷。不甘平庸，崇尚奋斗，正是人生之歌的主旋律。

[原文]

绝嗜禁欲，所以除累。抑非损恶，所以禳过。贬酒阙色，所以无污。避嫌远疑，所以不误。博学切问，所以广知。高行微言，所以修身。恭俭谦约，所以自守。深计远虑，所以不彰。亲仁友直，所以扶颠。近恕笃行，所以接人。任材使能，所以济物。瘅恶斥谗，所以止乱。推古验今，所以不惑。先揆后度，所以应卒。设变致权，所以解结。括囊顺会，所以无咎。橛橛梗梗，所以立功。孜孜淑淑，所以保终。

[译文]

杜绝不良嗜好，禁止非分妄想，可以免除不少烦恼和牵累；抑制非法行为，减少邪恶行径，可以避免不少罪过和祸患；不沉迷于酒色，可以保持身心纯洁无污；远离是非嫌疑，可以免除差错和谬误。

广泛学习，切磋学问，可以扩大自己的知识面；行为高尚，言语谨慎，可以平心静气、修身养性；做人处事上恭敬、勤俭、谦逊、节约，这样才能修身自省，守住家业；深谋远虑，才不至于陷入难解的困境中。亲近仁义之士，结交正人君子，这样可以扶危助困，摆脱衰败；君子总是与品性敦厚，善良的人交往。

任用德才兼备之人，使其才能得到最大的发挥，这样才能成就大事业。

憎恨奸恶之徒，排斥馋妄小人，这样可以防止社会动乱，维持太平盛世。

以古人之兴衰成败为鉴，体察当世，便可以减少迷茫、疑惑。

事先揣测、度量，做到心中有数，便可以审时度势，随机应变，处理突发之事。

设想各种变化情况，加以权衡谋划，这样可以灵活解决各种复杂矛盾。

谨言慎行，举止顺应大局，这样才能远离纠纷，免遭祸患。

坚定不移、刚正不阿，这样才能建立功勋。

勤勉不怠、温雅善良，方能善始善终。

[智慧点拨]

为人智慧

所有负累都是对欲望的牵挂

明代的《解人颐》中，有一篇很有哲学意味的白话诗："终日奔波只为饥，方才一饱便思衣。衣食两般皆俱足，又想娇容美貌妻。娶得美妻生下子，恨无田地少根基。买到田园多广阔，出入无船少马骑。槽头扣了骡和马，叹无官职被人欺。县丞主簿还嫌小，又要朝中挂紫衣。若要世人心里足，除是南柯一梦兮。"这首诗一针见血地道出了贪欲之人无穷无尽的欲望。

当下的社会是一个科技发达、物质丰富的社会，有的人心中的欲望常被挑逗得像是看见红色斗篷的斗牛。他人暴富的经历，让有的人血脉贲张，跃跃欲试；时尚名牌漫天飞，哪能心如止水；美女香车招摇过，一些人们的心早已蠢蠢欲动，更不能忍受的是别墅洋房的诱惑……因此，太多的时候，有的人会被世上的名利、金钱、物质所迷惑，心中只想得到，只想将其统统归于己有，而舍不得放下。于是，心中就充满了矛盾、忧愁、不安，心灵上就会承受很大的压力，以致活得很累很累。正如黄石公的劝诫："绝嗜禁欲，所以除累。"也正如冯友兰先生所说："与其设种种方法以满足欲，不如在根本上寡欲。欲愈寡即愈易满足，而人亦愈受其利。寡欲之法，在于减少欲之对象。"

冯友兰先生一生以哲学为其奋斗的方向，渴望在事业和学术方面有所建树。他想办一所很好的大学，他想在学术的道路上不断前行。然而，"能力越大，责任就越大"，他因声望与地位极高总是会被委以重职，出任行政工作。他的心中有不灭的事功之心，也有对权力与地位的欲望，但他始终觉得做教授最舒坦，于是，他一次次地辞去了行政工作，让自己的生活回归学术的单纯。这就是他"减少欲之对象"的方法。

其实，人生很多时候都会出现类似的问题，因为想要得太多，而使身上的背负远远超出负荷。面对这种情况，解决的办法只有一个，给自己的人生做一次减

负，将那些多余的"欲"扔掉。

相传，有一次，苏格拉底带着他的学生来到了一个山洞里，打开了一座神秘的仓库。这个仓库里装满了放射着奇光异彩的宝贝。仔细一看，每件宝贝上都刻着清晰可辨的字，分别是：骄傲、嫉妒、痛苦、烦恼、谦虚、正直、快乐……这些宝贝是那么漂亮，那么迷人。这时，苏格拉底说话了："孩子们，这些宝贝都是我积攒多年的，你们如果喜欢的话，就拿去吧！"

学生们见一件爱一件，抓起来就往口袋里装。可是，在回家的路上他们才发现，装满宝贝的口袋是那么沉重，没走多远，他们便感到气喘吁吁，两腿发软，脚步再也无法挪动。苏格拉底又开口了："孩子们，还是丢掉一些宝贝吧，后面的路还很长呢！""骄傲"丢掉了，"痛苦"丢掉了，"烦恼"也丢掉了……口袋的重量虽然减轻了不少，但学生们还是感到很沉重，双腿依然像灌了铅似的。

"孩子们，把你们的口袋再翻一翻，看看还有什么可以扔掉一些。"苏格拉底再次劝那些孩子。学生们终于把最沉重的"名"和"利"也翻出来扔掉了，口袋里只剩下了"谦逊""正直"和"快乐"……一下子，他们有一种说不出的轻松和快乐。

一个人需要的其实十分有限，许多附加的东西只是徒增无谓的负担而已。那些不断膨胀的物品、工作、责任、人际、家务占据了人们全部的空间和时间，许多人每天只是忙着应付这些，就已喘不过气来，甚至连吃饭、喝水、睡觉的时间都没有了。这就是拼命用"加负"的结果，生活失调、精神濒临崩溃。

不妨用"减负"的心态，来进行人生的旅程，扔掉不必要的欲望，轻装上阵，让生活回归最纯粹的样子，人生会多一分从容，多一些达观。

当错误靠近时，拒绝即是完美

你我皆为凡人，有着凡人的七情六欲，这个世界上，没有至善的灵魂，也没有至恶的灵魂。只是，不同的心念中蕴涵着灵魂的善恶。我们不是上帝，也不是魔鬼，所以，在心念里辨别灵魂的善恶就显得尤为重要。每个心念后面都有一个行动，那么，分出心念中的善恶，做出取舍，才不致使自己的行动伤害到无辜的人，伤害到那些我们不愿伤害的灵魂。你可以说，人总是有恶的一面，有时候，很难掌握，但是，黄石公说："抑非损恶，所以禳过。"意思是，如果能从心念中觉察出恶的因素，那么，制止恶行的可能性就要大很多。

一个劳改犯从监狱里逃了出来，他混上了回家的火车，没有人认识他，拥挤的火车上也没有座位，他只能在卫生间边上跟人挤在一起，他正在寻思着偷别人的钱包，下了火车之后他还是要生存的。这个时候，一个年轻的姑娘红着脸问："大哥，你能帮我看一下厕所的门吗？门坏了，从里面锁不上。"他犹豫了一下，点点头，姑娘进去了，他尽心地看着门。为了这分信任，一个素不相识的姑娘，向他提出了一个略显尴尬的请求。他的内心挣扎着刚才偷钱的事情，面对那个姑娘的信任，他觉得他刚才偷钱的想法实在是龌龊。姑娘出来了，红着脸跟他道谢："谢谢大哥，您真是个好人！"

　　好人？一个劳改犯，越狱出来，正要偷钱。他身上背负着沉重的罪孽，他从监狱里逃出来，无疑又加重了自己的罪，还要去偷钱，这又让他向恶的方向滑去。

　　坏人？为了一个素不相识的姑娘，帮忙看着厕所的门，这着实不是一个坏人的表现。坏人应该是趁火打劫，去抢了那个姑娘的钱，自己下了火车挥霍一把，继续过那种逍遥法外的生活。

　　在他的心里，灵魂的善恶在此时激烈地交锋，在心念里，他看见了黑白两条不同的路，也看到自己心里那分良知和善良。最终，他选择了在火车到站以后，去公安局自首。这个决定让他最终无法重获自由，后半辈子都得在铁窗下度过。后来的审问中，警察问他为什么选择了自首，他深深地叹了口气，讲述了在火车上遇见的那个姑娘。他说，因为那个姑娘的信任让他突然明白，他不能这么一直浑浑噩噩地过下去，他是有良心的，他不能辜负那个陌生的姑娘的信任。他说，虽然，他重新回到了监狱，在高墙铁窗下度过余生，但是，这也比逍遥法外的时候，每天面对内心的煎熬要坦然许多。

　　原来，人要面临的最大的痛苦不是身体的不自由，而是我们不得不放弃自己的恶，承认善的一面，并且，面临无尽的心灵苦楚。因为，人心向善。为了一个陌生的微笑，一个微小的信任，从心念中找出自己灵魂里的善与恶，然后，再做决定，这样，这个决定才能让人永远无怨无悔。

　　有些人，因为一时贪念，无法辨识灵魂的善恶，放弃了向善的心，滑向了罪恶的深渊，也许事后，我们看到他们那么痛心疾首地悔不当初，会动恻隐之心，但是，世上没有一种药剂，能够倒转时间，让我们重新给他一个选择的机会，没有人能够改变历史。没有人能够抹去他们的恶的心念造成的损失和伤害。世上没有那么一种魔法，能够让我们都有机会重新弥补我们的"恶"造成的伤害。人之间可以有宽恕，但是，所有人都知道，宽恕不等于一切都未发生过。

古人说，三思而后行。我们在心念里，首先要去区分那些灵魂里的善恶，只有这样，在做出每个决定之后，才不会后悔，不会因为这样模糊的心念和行动对别人造成伤害。人心向善，无论你是否曾经在恶的引诱下投降、滑落和迷失。但是，从现在开始，我们应辨别内心的善恶，向善的方向走来。

无论是为了陌生的信任还是为了熟悉的期望，终究是为了灵魂的安宁。

在学习中不断更新自己的知识

对每个人来说，学习没有时间上的限制。学海无涯，这是一个恰当不过的说法，所以，要做到"广知"，就需"博学切问"，意即博学多问的人，才能够扩展他的知识面。

当年国学大师胡适曾经说："做学问应该像北京大学的季羡林那样。"季老总是马不停蹄地在学问的路上奔走，从不肯让自己有半刻停歇下来。对季老来说，学习没有时间、地点和年龄的限制，他从年幼之时进入学堂，到耄耋之岁仍然笔耕不辍，学习是每天都要做的一件事，就像吃饭睡觉一样平常，又不可缺少。季老一直推崇终生学习制，就像他在一篇文章中说的那样，他想做的是一个"永恒的大学生"。

"我的大学生活是比较漫长的：在中国念了四年，在德国哥廷根大学又念了五年才获得学位。在哥廷根大学，我简直如鱼得水，到现在已经坚持学习了将近六十年。如果马克思不急于召唤我的话，我还要继续学下去。"

季老不会因为不在学校，没有老师在身边，或者因为自己已是一位八九十岁的老者，就觉得自己已经才高八斗，学识渊博。相反，随着年龄的增长，他自觉不惑越多，感叹"老马不识途"，迫切地希望自己获得更多知识，给自己注射新的血液，学习的积极性也就越发强了起来。

在学习中不断更新自己的知识，在生命的延展中不断焕发希望和蓬勃之气。这就是季老虽已年老，依然精神百倍的原因之一。虽之耄耋，学亦不止。这不仅是一种行为，更是一种斗志和顽强的生命力。

苏洵是宋代的文学大家，在文学上卓有贡献。他自言少年时不爱学习，到了二十五岁才开始知道读书。几年之后，他自以为比伙伴们学得好，无意中读到谢安一篇关于让人爱惜时间、刻苦攻读的故事时，他看了数遍，才知什么叫作好文章，不由得发出感慨：时光无情地飞逝，我已经快到而立之年了，自己虽然写过一些文章，都是些平庸之作，没有什么大的建树。他想：现在不努力，还要等到什么时候？

从这时起，苏洵开始发愤苦读。经过一年多的时间，他觉得自己在学习上有了长进，便去参加科举考试，但两次都落榜了。他自觉得古人的"出言用意"都跟自己大不相同。然后，将《论语》《孟子》、韩愈的文章取来，终日诵读，读了七八年，感到古代文章确实写得好。

一天，苏洵的书房内冒出黑烟，家人感到发生了意外，忙不迭奔向书房，进去一看，只见苏洵把一叠叠的文稿往火炉里送。家人一问才明白，原来，苏洵要把自己过去不成熟的作品当成废纸全部焚烧，决心从头开始。从此，苏洵就谢绝宾客，闭门不出，夜以继日地辛勤研读书卷。发愤功读了五六年，终于，文章大进，下笔有神。

学问的奥妙从来不是浅尝辄止就能得到的。学无止境知无涯，正如逆水行舟一样，不进则退，因此，我们应当持有终生学习的信念。自古有大学问者，贵在勤勉和持之以恒的努力，取得一点成绩就沾沾自喜、满足现状，再聪明的人也会有江郎才尽的那一天。

除了"博学"之外，"切问"也是学习的重要态度。陶渊明作《五柳先生传》以自况云："好读书，不求甚解；每有会意，便欣然忘食。"他称读书只求领会要旨，不刻意在字句上下功夫，由此"好读书不求甚解"的话便流传下来。但不知道这句话到了谁的口中，变成了带有贬义色彩的味道，今人还是强调"好读书"的同时也要"求甚解"。

季羡林先生在谈对古书文字进行考证的时候曾经说过，考证的粗精拙劣，完全决定于一个人的学术修养和思想方法。若是一个人对文字和语言在进行考查取证时，好比一个"马大哈"，或者思想呆板，不敢越前人的雷池一步，那么，必然做不好考证工作。因此，在考证时，一定要求甚解，这是学术道德的问题。

孔子说："吾十有五而志于学，三十而立，四十而不惑，五十而知天命，六十而耳顺，七十而从心所欲，不逾矩。"孔子的一生就是学习的一生，他从十五岁立志学习，一直到去世都在孜孜以求。为了求学，孔子常常腹中饥饿都感觉不到，废寝忘食成了生活的中心。一旦学问上有所获益，孔子又会快乐得不能自已，甚至忘记忧愁，也忘记了老之将至。孔子的为学精神是永远年轻的，所

以，才能"苟日新，日日新，又日新"。只有终生不倦地学习，才能时时保持进步的状态，随时都有新的境界。

节约是做人的智慧

"豪华奢侈绝得不到正常人的尊敬，只能换取马屁摇尾。而对于"马屁精"的摇尾，用更低廉的价格，照样可以购得。因此之故，任何情形下，节俭都是美德，不但能保持心灵，还能保护老命。"这是柏杨先生所说的"保护老命"。这未免有点吓人，但却不无道理。在如今到处充斥着名牌奢侈品的生活中，节俭仿佛已经离我们越来越远了。它宛如一个古董，只供人们在特定的时间与场合中参观和品评，但节俭美德自古以来就为圣贤所提倡，《素书》中所言"恭俭谦约，所以自守"讲的就是勤俭节约是完善品格、保持操守的必要条件。

老子曾说："吾有三宝：一曰慈，二曰俭，三曰不敢为天下先。"意思是："我有三件法宝，第一件是慈爱；第二件是节俭；第三件是不敢居于天下人的前面。"其中"节俭"是老子的"三宝"之一。

综观历史，我们会发现很多明君都是提倡节俭的人。比如，历史上著名的汉文帝，一生节俭，从不敢铺张浪费。正是从他开始才缔造了"文景之治"，为后来的汉武大帝创造了丰富的物质基础、奠定了百姓安居乐业的天下局面，因此，历史上说"德莫高于汉文"。

除了汉文帝之外，我国古代的许多帝王都非常重视节俭美德，并且，以身作则，昭示天下。唐太宗李世民开创了"贞观之治"的太平盛世，使中国成为当时世界上最富强的国家。唐太宗也是我国历史上少有的既能打天下又能治天下的明君。

唐太宗非常注重节俭，深知物力维艰。作为一个新王朝的君主，一般来说都会大兴土木，以显示自己的威严。但唐太宗认为这样会劳民伤财，所以，一改以往新君登基大兴土木的风习，仍然住在隋朝时期的旧宫殿里面。在他的带领下，朝廷上下逐渐形成了崇尚节俭的风气，并出现了一大批以节俭闻名的大臣。

唐太宗常常对臣下说："人君依靠国家，国家依靠百姓。剥削百姓来奉养人君，就像割自己身上的肉来食用，肚子虽然饱了，但身子也就毁了，人君虽然富了，但国家也就亡了。所以，人君的灾祸，不是来自于外面，而是由自己造成的。我常想这个道理，所以，不敢奢侈纵欲。"

唐太宗还经常教育太子李治要奉行节俭。比如，在吃饭时，太宗会告诫说："你

知道了耕种的艰难，就会常常有饭吃。"在骑马时，太宗又说："你体会到马的劳逸，不一次耗尽它的体力，就能经常有马骑。"

其实，节俭无须很复杂，所需的只是随手关紧水龙头的细心、转身关掉灯的小节，一点一滴之中节俭的美德渐成。

近代著名的学者李叔同——弘一法师一生都严守节俭，甚至到了粗劣的境地。

1924 年，弘一法师到普陀山居住七天，他每天早上仅仅喝一大碗稀饭，甚至，连菜都没有，其原因是他吃习惯了三十多年的白粥。中午也仅仅是一碗饭、一碗大众菜。他每次吃完饭都会用舌头将碗舔一遍，将食物吃得干干净净，然后，用开水冲入碗中，再喝下去，唯恐有剩余的饭粒造成浪费。

他不仅对自己要求严格，而且，对别人也进行劝诫，如果他看见客人吃完饭后碗中还有剩余的饭粒，那么，他便会特别生气地训斥道："你有多么大的福气，竟然如此糟蹋？"不仅如此，如果有客人将冷茶倒掉，他也同样会加以劝诫。

有的人已经过惯了"舒适的好日子"，或许早已忘记了"由俭入奢易，由奢入俭难"的道理，又或许记得却已无法回到那种"苦日子"了。但无论是谁都无法保证自己能享有一世的荣华富贵，因此，养成节俭的良好习惯对一个人来说，是非常重要的。无论是好日子还是苦日子，都把节俭进行到底，细心地品味这一食不完的道德美筵。

追求一种有品质的人生无可厚非，但是，品质生活并不一定就是体现在物质层面，它还蕴涵着丰富的精神生活，否则，越是奢侈就越会显得没有品位。一个需要用浑身的金石来彰显自己的财富的人，从头到脚无不凸显了佩戴者的庸俗。其实，人生在世完全没有必要搞得那么"隆重"，简单的生活、简单的心才容易获得幸福与快乐。

谦冲自牧，把头低下来

《素书》中的恭俭谦约中的"恭谦"二字指的是为人要谦虚，不可自满。唐代著名谏臣魏徵说："念高危，则思谦冲而自牧；惧满盈，则思江海下百川。"其意也在说明做人需谦虚，其实，为人与为学的道理相同。学问高时意气平，人生活在社会上必须要有"空杯"的心态。只有将自己的姿态放低，才能从别人那里学到知识，增长智慧。大海之所以能成为大海就因为它总是在最低处，所有的溪流都汇集到大海的怀抱中。同理，只有人心不满，如山谷般能吸纳万物，才能有足够的充实空间。这不仅是学佛的境界，更是人生的至理。《尚书·大禹谟》曰"满招损，谦受益"，这是古代先贤留给后世的箴言。

如若你现在就认为自己是一个装满了水的杯子，那么，你什么都不会收获，有的只不过是因为自满而招来丢人现眼罢了。而你若是从一开始就是个"空杯子"，那么，你必能接受很多新事物。季老认为不管是做人还是为学，都应当谦虚，而不能恃才傲物，更何况有的人还根本没有才学。

文学家老舍说：骄傲自满是一个可怕的陷阱，而且，这个陷阱是我们自己亲手挖掘的。有一位古人，亲手为自己挖了一个陷阱，虽然，这个陷阱没有令他遭受皮肉之苦，却让他丢尽了颜面。

宋代有一位名士一向很自负，他说自己学识渊博，天下没有人胜得过他。他听说诗人杨万里知识渊博，很有才华，所写的诗一直蜚声四方，颇负盛名。他非常不服气，决定给他写一封信，说要亲自到杨万里的家乡江西吉水拜见他。杨万里也早就听说这个人一贯骄傲得不得了，就给他回了一封信，并说："我很欢迎您的到来，并冒昧地向您提一个小小的要求，听说你们家乡的配盐幽菽非常有名，很想亲口尝一尝滋味，请您来时顺便捎带一点。"

那个名士拆信一看，不禁一下子愣住了，什么是配盐幽菽呀？自己未曾听说过。他想了很久，也想不出是什么东西，他又不愿意放下身份去问别人，只好自己在街上到处乱找，但找了很久也没有找到。后来，他只好两手空空地来到吉水。他见到了杨万里后，寒暄了几句就问："您信中提到的配盐幽菽是不是卖的地方比较偏僻，我找了很久也没有找到，实在抱歉！"

杨万里听了哈哈大笑起来："你们那里家家户户都有啊！"说着，他随手从书架上取下一本《韵略》，翻开当中的一页。名士接过来一看，上面明明白白地写："豉，配盐幽菽也"一行字。他这才明白，原来所谓的配盐幽菽，就是家庭日常食用的豆豉啊！

"满招损"这句话赠给这位名士是再好不过了。学无止境，古人云："学如不及，犹恐失之。"孔子一生都以谦虚为学做人，他认为人应当"知之为知之，不知为不知"，不知时应当"不耻下问"，他提出了"三人行必有我师"的名句。

每个人都有自身缺乏的东西，不要以为自己有点墨水就自满自足。有句俗语称："一瓶子不满，半瓶子乱晃。"你的杯子里如果有了水，就尽快把它倒了，保持空杯

的状态，千万不要有半杯水就推来搡去，很容易洒得到处都是。人们只有每天补充自己所没有的学问，日积月累，持之以恒，"温故而知新"，如此方能受益匪浅。

布袋和尚曾曰："低头方见水中天。"意思是低下头来便能看到倒映在水田里的天空。日本有一位禅师曾经譬喻说："宇宙有多大多高？宇宙只不过五尺高而已！而我们这具昂昂六尺之躯，想生存于宇宙之间，那么，只有低下头来！"成熟的稻子，头是俯伏在地面的，要想认识真理，就要谦冲自牧，把头低下来。

处世智慧

好朋友是黑暗中的明光，忘形时的棒喝

法国作家罗曼·罗兰曾说过这样一段话："得一知己，把你整个的生命交托给他，他也把整个的生命交托给你。终于，可以休息了，你睡着的时候，他替你守卫；他睡着的时候，你替他守卫。能保护你所疼爱的人，像小孩子一般信赖你的人，岂不快乐！而更快乐的是倾心相许、剖腹相示，把自己整个儿交给朋友支配。等你老了、累了，多年的人生重负使你感到厌倦的时候，你能够在朋友身上再生，恢复你的青春与朝气，用他的眼睛去体会万象更新的世界，用他的感官去抓住瞬息即逝的美景，用他的眼睛去领略人生的壮美……即便是受苦也是和他一块受苦！只要能生死与共，即便是痛苦也成了快乐！"这段话与黄石公所言"亲仁友直，所以扶颠"，正是很好的呼应。仁慈正直的朋友，是在你遇到困难的时候，能够全力相助的人。所以，在你的人脉中，这种朋友绝对是必不可少的。

晋代有一个叫荀巨伯的人，有一次去探望朋友，正逢朋友卧病在床，这时，恰好敌军攻破城池，烧杀掳掠，百姓纷纷携妻挈子，四散逃难。朋友劝荀巨伯："我病得很重，走不动，活不了几天了，你自己赶快逃命去吧！"

荀巨伯却不肯走，他说："你把我看成什么人了？我远道而来，就是为了看你。现在，敌军进城，你又病着，我怎么能扔下你不管呢？"说着便转身给朋友熬药去了。

朋友百般苦求，叫他快走，荀巨伯却端药倒水安慰说："你就安心养病吧，不要管我，天塌下来我替你顶着！"

这时"砰"的一声，门被踢开了，几个凶神恶煞般的士兵冲进来，冲着他喝道："你是什么人？如此大胆，全城人都跑光了，你为什么不跑？"

荀巨伯指着躺在床上的朋友说："我的朋友病得很重，我不能丢下他独自逃命。"并正气凛然地说："请你们别惊吓了我的朋友，有事找我好了。即使要我替朋友去死，我也绝不皱眉头！"

敌军一听愣了，听着荀巨伯的慷慨言语，看看荀巨伯的无畏态度，很是感动，说："想不到这里的人如此高尚，怎么好意思侵害他们呢？走吧！"说完，敌军撤走了。

患难时体现出的正义能产生如此巨大的威力，说来不能不令人惊叹。这种朋友就是能够显示自己本色的人，他没有虚假的面具，能够与你真心交往，与你同甘共苦。这种人肯定不是浅薄之徒。他们有着丰富的精神世界，能帮助你不断地进取，成为你终生的骄傲。

这种靠得住的朋友一定要深交，因为他们是你人脉中难得的"真金"，是你在拓展人脉时需要重点注意的一类朋友。正如纪伯伦曾说的："和你一同笑过的人，你可能把他忘掉；但是和你一同哭过的人，你却永远不会忘记。"

朋友的样子是你品性的模型

《素书》中提到"近恕"。"恕"即指品行正直之人，因此"近恕"即指与品行正直之人交友。黄石公在讨论了"亲仁友直"之后，再次强调了"近恕"的重要性，可见交友是一件应慎而又慎之事。因为，有时决定一个人身份和地位的并不完全是他的才能和价值，而是他与什么样的人在一起。古时孟母三迁，为的是避免年幼的孟子在不知不觉时沾染恶邻的恶习。俗话说，"近朱者赤，近墨者黑"，同类事物彼此吸引，相通相容，同时又互相影响。和某一种人相处久了，慢慢就会同样和他有些相像。和成功的人在一起，慢慢会在言谈举止、行为处世方面学到他的一些方法；和开心的人在一起，就会逐渐变得开心；和有魅力的人在一起，会不知不觉增加魅力；和运气好的人在一起会沾光；和一群消极的人在一起，每天听到的都是消极的话，就会同样变得消极。原因是，人与人之间通过意识、潜意识、生物场等途径不断地交换物质、信息。你所接触的环境决定了你的思想格局，你的思想言行都是你所在环境的各种反映。只有你接触到的东西，才能实际运用：接触正面，运用的就是正面的东西；接触负面，使用出来都是负面的东西。

下面是一位百万富翁请教一位千万富翁的对话，通过这个故事可以让我们知道和成功人士在一起的重要作用。

　　"为什么你能成为千万富翁，而我却只能成为百万富翁，难道我还不够努力吗？"一位百万富翁向一位千万富翁请教。

　　"你平时和什么人在一起？"

　　"和我在一起的全都是百万富翁，他们都很有钱，很有素质……"百万富翁自豪地回答。

　　"呵呵，我平时都是和千万富翁在一起的，这就是我能成为千万富翁而你却只能成为百万富翁的原因。"那位千万富翁轻松地回答。

　　由此，我们可以看出，环境会造成人与人之间的差距，也就是说交往的朋友不一样。古人云，"匹夫不可以不慎取友""受益莫如择友""人生难得一知己""近朱者赤，近墨者黑"。这些古训都说明交友对一个人的思想、品德、学识会产生深刻的影响。

　　清代冯班认为：朋友的影响比老师还大，因为这种影响是气习相染、潜移默化的，久而久之就不知不觉地受其影响。这就是《孔子家语》说的："与君子游，如入芝兰之室，久而不闻其香，则与之化矣。与小人游，如入鲍鱼之肆，久而不闻其臭，亦与之化矣。"涉世不深的中学生，尤应注意谨交游、慎择友的古训。在交友时要有知人之明，不要错把坏人当知己，受骗上当，甚至落入坏人的圈套而无法自拔。

　　交友有一个选择的过程。开始是结识和初交，在交往过程中互相了解以后，才由初交成为熟悉的朋友。朋友可以是暂时的，也可能是永久的。从学习、工作的需要出发，本着互惠互利、共同发展的原则，结交一些志同道合的朋友是有益的。如果不仅志同道合，而且感情深厚、心灵相通，这样就可以从合作共事的朋友变成生死相依、患难与共的知音知己。

　　交什么朋友、怎样交友，这是一个问题的两个方面。朋友有君子，有小人，交友也有君子之交和小人之交。君子之间的友谊平淡清纯，但真实亲密而能长久；小人的友谊浓烈甜蜜，但虚假多变，经不起时间的考验。

　　君子之交以互相砥砺道义、切磋学问、规劝过失为目的，友谊是建立在互相理解、思想一致的基础之上的，故虽平淡如水，但能风雨同舟，生死不渝。小人之交是建立在私利的基础上的，平时甜言蜜语，信誓旦旦，一旦面临利害冲突，就会交疏情绝，反目成仇。

经验是未来的向导

虽然，时代在进步，但历史总是在时光交替中以另一种版本在现世演绎。因此黄石公才说："推古验今，所以不惑。"王氏在解读时认为："若将眼前公氏，比并古时之旦，推求成败之由，必无惑乱。"因此，前人积累的知识和经验我们要学习，但最重要的是要从中借鉴，并学以致用，避免走弯路。前人宝贵的、合理的经验能使我们少走许多弯路。

有个渔人有着一流的捕鱼技术，被人们尊称为"渔王"。然而，"渔王"年老的时候却非常苦恼，因为他的三个儿子的渔技都很平庸。于是，他经常向人诉说心中的苦恼："我真不明白，我捕鱼的技术这么好，为什么儿子们的技术这么差？我从他们懂事起就传授捕鱼技术给他们，从最基本的东西教起，告诉他们怎样织网最容易捕捉到鱼，怎样划船最不会惊动鱼，怎样下网最容易请鱼入瓮。他们长大了，我又教他们怎样识潮汐、辨鱼汛……凡是我长年辛辛苦苦总结出来的经验，我都毫无保留地传授给了他们，可他们的捕鱼技术竟然比不上技术比我差的渔民的儿子！"

一位路人听了他的诉说后，问："你一直手把手地教他们吗？"

"是的，为了让他们得到一流的捕鱼技术，我教得很仔细很耐心。"

"他们一直跟随着你吗？"

"是的，为了让他们少走弯路，我一直让他们跟着我学。"

路人说："这样说来，你的错误就很明显了。你只传授给了他们技术，却没传授给他们教训，对于才能来说，没有教训与没有经验一样，都不能使人成大器。"

如果忽视经验的作用，一味我行我素，往往会得不偿失。然而，总是有些人目空一切，不记先辈教训，这样的人容易在纷繁的世界中迷失，最终落入"前车倾覆，后车复然"的境地。通过实践活动，尤其是通过长时间的实践活动所积累的经验，有一定启发指导意义，值得重视和借鉴，它有助于人们在后来的实践活动中更好地认识事物、处理问题，但应该注意和认识到，我们学习前人的经验，必须学会鉴别和运用，否则，学习经验只会变成盲从。

以变应变才能解开死结

从哲学的角度来讲，唯一不变的东西是变化本身。我们生活在一个瞬息万变的世界里，应当学会适应变化。在竞争日益激烈的今天，要培养以变应变的理念和一个有思想、有觉悟的人，应勇于面对变化带来的困难，这样才能做到卓越和高效。学会变通地去应对工作中的困难，我们定能做到无往不胜。那我们如何在这种变幻中安身立命呢？黄石公答曰："设变致权，所以解结。"意即变通能够解决很多困难之事。任何事物的发展都不是一条直线的，聪明人能看到直中之曲和曲中之直，并不失时机地把握事物迂回发展的规律，通过迂回应变，达到既定的目标。

汉景帝庶子长沙王刘发的母亲原是汉景帝妃子的奴婢，因为母亲地位低下，刘发得不到景帝宠爱，他的封国不仅偏僻狭小，而且，地域都很贫瘠。刘发曾多次上书请封，景帝均不予理会。

公元前142年，宗室藩王齐集长安为景帝祝寿。景帝大摆宴席，酒过三巡，皇子们奉召前来为景帝歌舞助兴。只见众王衣着华丽，光彩耀人，是时，宫中钟鼓齐鸣，皇子们或引颈高歌，或舒袖曼舞，好不热闹。

轮到刘发祝寿了，只见他肥胖的身躯上罩了件小小的绸衫，窄窄的袖口，两只肥手却缩在袖里。刘发应乐起舞，胳膊拢在袖子里一扭一摆，活像鸭子走路。他那笨拙样惹得众人笑弯了腰。景帝也笑眯了眼，又很奇怪，就喝问道："刘发，为朕贺寿为何如此不敬？"

刘发叩头回答："父皇息怒，儿臣非愿如此，只因儿臣封国地陋狭小，实无回旋余地，不得不这样舞蹈啊。"景帝听罢，似有所悟，便下诏书道："增封长沙王刘发武陵、零陵、桂阳三郡。"

可见，换一种表达方式，效果便会截然不同。莫里哀曾说："变通是才智的试金石。"世间万物都在变，没有变化，就会落后，就无法生存。事变我变，人变我变，适者方可生存。成功离不开变通，变是成功人士的重要法则之一。

绕圈的策略，十分讲究迂回的手段。特别是在与强劲的对手交锋时，迂回的手段高明、精到与否，往往是能否在较短的时间内由被动转为主动的关键。我们只有时刻留心身边的变化，才能在与对手交锋中绕暗礁、劈风浪，直挂云帆济沧海，同时，也能在身处危境时，在无声无息中化险为夷。

郭德成是元末明初人，他性格豁达，十分机敏，且特别喜欢喝酒。在元末动乱的年代里，他和哥哥郭兴一起随朱元璋转战沙场，立下了不少战功。

朱元璋做了明朝开国皇帝后，当初追随他打天下的将领纷纷加官晋爵，待遇优厚，成为朝中达官贵人。而郭德成仅仅做了戏骑舍人这样一个普通的官。

一次，朱元璋召见郭德成，说道："德成啊，你的功劳不小，我给你个大官做吧。"

郭德成连忙推辞说："感谢皇上对我的厚爱，但是，我脑袋瓜不灵，整天不问政事，只知道喝酒，一旦做大官，那不是害了国家又害了自己吗？"

朱元璋见他坚辞不受，内心十分赞叹，于是，将大量好酒和钱财赏给郭德成，还经常邀请郭德成到御花园喝酒。

一次，郭德成兴冲冲赶到御花园陪朱元璋喝酒。眼见花园内景色优美，桌上美酒芳香四溢，他忍不住酒性大发，连声说道："好酒，好酒！"随即陪朱元璋痛饮起来。

杯来盏去，渐渐的，郭德成脸色发红，但他依然一杯接一杯喝个不停。眼看时间不早，郭德成烂醉如泥，踉踉跄跄地走到朱元璋面前，弯下身子，低头辞谢，结结巴巴地说道："谢谢皇上赏酒！"

朱元璋见他醉态十足，衣冠不整，头发零乱，笑道："看你头发披散，语无伦次，真是个醉鬼疯汉。"

郭德成摸了摸散乱的头发，脱口而出："皇上，我最恨这乱糟糟的头发，要是剃成光头，那才痛快呢。"

朱元璋一听此话，脸涨得通红，心想，这小子怎么敢这样大胆地侮辱自己。他正想发怒，看见郭德成仍然傻乎乎地说着，便沉默下来，转而一想：也许是郭德成酒后失言，不妨冷静观察，以后再整治他不迟。想到这里，朱元璋虽然闷闷不乐，还是高抬贵手，让郭德成回了家。

郭德成酒醉醒来，一想到自己在皇上面前失言，恐惧万分，冷汗直流。原来，朱元璋少时曾在皇觉寺做和尚，最忌讳的就是"光""僧"等字眼。因此字眼获罪的大有人在。郭德成怎么也想不到，自己这样糊涂，这样大胆，竟然戳了皇上的痛处。

郭德成知道朱元璋不会轻易放过自己，以后难免有杀身之祸。他仔细地想着脱身之法：向皇上解释，不行，更会增加皇上的嫉恨；不解释，自己已经铸成大错。难道真的要为这事赔上身家性命不成？郭德成左右为难，苦苦地为保全自身寻找妙计。

过了几天，郭德成继续喝酒，狂放不羁。后来，他进寺庙剃光了头，真的做

了和尚，整日身披袈裟，念着佛经。

朱元璋看见郭德成真做了和尚，心中的疑虑、嫉恨全消，还向自己的妃子赞叹说："德成真是个奇男子，原先我以为他讨厌头发是假，想不到真是个醉鬼和尚。"说完，哈哈大笑起来。

后来，朱元璋猜忌有功之臣，原来的许多大将纷纷被他找借口杀掉了，而郭德成竟保全了性命。

郭德成之所以能在朱元璋的铁腕下保住自己的性命，是因为他能够从小的祸事看到以后事态的发展。因此，不贪恋官位，随机应变，提前避了祸。

俗话说，"人有失足，马有失蹄"。人的一生之中总会遇到种种困境，会有许多过失，有时，某些过失可能会给自己带来大祸。如何从这些祸事中脱身非常重要，而智者善于随机应变，利用现时条件培养避祸的急智，从而使自己处于安全的境地。

懂得迂回之道，兼顾灵活性和原则性

"设变致权，所以解结。"这句话的道理也很适用于人际关系的处理。在处理与别人的关系时，要懂得变通之道。如果自己的主张与别人有分歧，要避免与别人发生正面冲突，兼顾灵活性和原则性，既办好了自己的事，又处理好了与别人的关系。

曾国藩是晚清最有实力的大臣。一方面他靠自己的忠心，消除了朝廷的顾忌，敢于向自己放权。另一方面，他同时尽可能地扩大自己的权势，即使朝廷有顾忌，也不敢对他轻举妄动，但是，清朝毕竟是满洲贵族的天下。为了防止曾国藩离心离德，朝廷在重用曾国藩、林翼等人的同时，也安插了湖广总督官文、钦差大臣僧格林沁等满蒙贵族钳制他们。对此，曾国藩心知肚明。为了消除朝廷的疑忌，太平天国刚刚被镇压下去，他就下令将湘军大部分裁撤。

同治三年（1864年），正当曾国藩分期分批裁撤湘军之际，僧格林沁及其马队被捻军在湖北牵着鼻子走，接连损兵折将。清廷万般无奈，命令曾国藩率军增援湖北。朝廷的这次调遣，对湘军非常不利，所以，曾国藩的态度也十分消极。其一，攻陷天京以后，清廷咄咄逼人，大有卸磨杀驴之势，曾国藩不得不避其锋芒，自剪羽翼，以释清廷之忌，为此，曾国藩也满腹愁怨；其二，僧格林沁骄横刚愎、不谙韬略，向来轻视湘军。此时，曾国藩正处在十分无奈的两难之中，他只好采取拖延之法。

曾国藩十分清楚，僧格林沁大军在黄淮大地上穷追不舍，失败是注定的，只是早晚的事。因此，曾国藩按兵不动，静坐江宁，观其成败。

　　果然，高楼寨一战，僧格林沁全军覆没，这位皇亲国戚竟然被一个无名小辈杀死。捻军声势更加浩大，咄咄逼人。朝廷不得不再次请出曾国藩，命他办直隶、河南、山东三省军务，所用三省八旗、绿营及地方文武员弁均归其节制。两江总督由江苏巡抚李鸿章署理，为曾国藩指挥的湘军、淮军筹办粮饷。这本是曾国藩预料中事，当接到再次让他披挂出征，以解清廷于倒悬之急的命令时，他却十分惆怅。在这瞬息万变的政治生涯中，他很难预料此行的吉凶祸福。因此，还是采用拖延之法。

　　当曾国藩接到"赴山东剿捻"的旨令时，他明白清廷的着眼点是在于解救燃眉之急，确保京津安全。这是清廷的一厢情愿，而此时曾国藩所面临的出征困难却很大。湘军经过裁减后，曾国藩北上剿捻就不得不仰仗淮军。曾国藩心里也清楚，淮军出自李鸿章门下，要像湘军一样，做到指挥上随心所欲，是很难的。另外，在匆忙之间难以将大队人马集结起来，而且，军饷供应也不能迅速筹集。

　　曾国藩做事向来是未雨绸缪，对于清廷只顾解燃眉之急的做法，实在难以从命。况且，一个时期里，朝廷处处防范，若继续带兵出征，不知还将惹出多少麻烦。因此，他向朝廷推辞缓行。

　　尽管他向清廷一一陈述了不能迅速启程的原因，但又无法无视捻军步步北进而不顾，正在其左右为难之际，李鸿章派潘鼎新率鼎军十营包括开花炮一营从海上开赴天津，然后转道赴景州、德州，堵住捻军北上之路，以护卫京师，给曾国藩的准备和出征创造了条件。这样，经过二十几天的拖延后，曾国藩才于六月十八日登舟启行，北上剿捻。

　　曾国藩赢得了应付事态的时机，也避免了与朝廷上司的直接冲突，能够在骑虎难下、进退维谷之际，促使或者等待事态朝有利于自己的方向发展，于万难之中做到了游刃有余。对于现实中的左右为难之境，我们要根据情况，在坚持原则性的前提下，灵活变通，求得事情的圆满解决。

变通退避，趋福避祸

　　世人在解读《素书》"括囊顺会"时，认为此句在于告诫人们，在不利的形势下，要善于变通，断然退避。一个人在客观条件不允许继续前进，或再前进时就危及

自身的情况下，自觉地、主动地断然退避是一个人心怀博大、大智若愚的谋略的具体体现。

历史和现实都一再表明，善于退与善于进，具有同等的谋略价值，只善于进而不善于退的人，决非高明之人，而只有把两者有机地结合在一起并加以机动灵活运用的人，才称得上高明，从而趋福避祸。

明朝年间，在江苏常州地方，有一位姓尤的老翁开了个当铺，有好多年了，生意一直不错，某年年关将近，有一天尤翁忽然听见铺堂上人声嘈杂，走出来一看，原来是站柜台的伙计同一个邻居吵了起来。伙计连忙上前对尤翁说："这人前些时典当了些东西，今天空手来取典当之物，不给就破口大骂，一点道理都不讲。"那人见了尤翁，仍然骂骂咧咧，不认情面。

尤翁却笑脸相迎，好言好语地对他说："我晓得你的意思，不过是为了度过年关。街坊邻居，区区小事，还用得着争吵吗？"于是，叫伙计找出他典当的东西，共有四五件。尤翁指着棉袄说："这是过冬不可少的衣服。"又指着长袍说："这件给你拜年用。其他东西现在不急用，不如暂放这里，棉袄、长袍先拿回去穿吧！"

邻居拿了两件衣服，一声不响地走了。当天夜里，他竟突然死在另一人家里。为此，死者的亲属同这个人打了一年多官司，害得别人花了不少冤枉钱。

这个邻人欠了人家很多债，无法偿还，走投无路，事先已经服毒，知道尤家殷实，想用死来敲诈一笔钱财，结果只得了两件衣服。他只好到另一家去扯皮，那家人不肯相让，结果就死在那里了。

后来，有人问尤翁说："你怎么能有先见之明，向这种人低头呢？"尤翁回答说："凡是蛮横无理来挑衅的人，他一定是有所恃而来的。如果在小事上争强斗胜，那么，灾祸就可能接踵而至。"人们听了这一席话，无不佩服尤翁的聪明。

按常理，人们都会与故事中无理的邻居吵起来，但尤翁偏偏没有。他认为邻人蛮横无理地挑衅，必事出有因，所以，打破常规，故意笑颜避开争端，这就是巧妙避祸的智慧。

不过，讲究趋福避祸之道并不是说一看前方有危险，便急忙后退，一退再退，以致放弃原来的目标、路线，改变方向、道路（而这个方向、道路与原来坚持的方向、道路已有本质的区别），那就是知难而退了，就不具有什么谋略价值，而是逃跑主义了。所以，在趋福避祸的问题上也要分清勇敢与怯懦、高明和愚笨。一般来说，要做到这一点，就必须具备较高的修养，善于克制、约束自己。

所以，隐蔽不是消极地避凶就吉，而是要懂得变通，暂时收敛锋芒，隐匿踪迹，养精蓄锐，待机而动。

做雾里花为自己上一层"保护色"

古语有云："假作真时真亦假，无为有处有还无。"世间之事，真真假假、虚虚实实总是难以分辨。孙武在《孙子兵法》中多次强调的作战谋略，其实便是对这种真假虚实的巧妙利用：敌方的使者措辞谦卑却又在加紧战备的，是要准备进攻；措辞强硬而军队又做出前进姿态的，是要准备撤退；轻车先出动且部署在两翼的，是在布列阵势；敌人并未受挫而来讲和的，是另有阴谋；敌人急速奔跑并排阵的，是企图约期同我决战；敌人半进半退的，是企图引诱我军。

其实，不论是敌方放出的烟雾，还是我方采取的谋略，意图都是制造一种假象，产生一种雾里看花的效果，使对手猜不透自己真正的目的是什么。此种举动，用黄石公的话叫"括囊顺会"，即隐藏起自己的锋芒，待出现合适时机再进行表露。这就是"括囊而不见其美，顺会而不发其机"，将自己行动背后的真实意图巧妙地隐藏起来，为自己涂上一层"保护色"，低调、谨慎地进行自己的计划，才能让人们疏于防范，才有获得成功的可能。清朝皇帝康熙就深谙此理。

康熙皇帝即位时才八岁，朝政由四位顾命大臣辅佐，其中以鳌拜最为专横，他根本没把小皇帝放在眼里，贪赃枉法，自行其是。心计过人的康熙早有除去鳌拜的打算，但碍于他大权独揽，一招不慎恐怕会引来杀身之祸，绝对不能轻举妄动。

于是，康熙把一些满洲贵族子弟召进宫里练习武艺，鳌拜见小皇帝终日沉迷于小孩子们打打闹闹的游戏，果然放松了警惕，认为康熙胸无大志，不足为虑。康熙感到自己手下的这支摔跤队伍武艺已算纯熟，便做了一番周密布置，传鳌拜入宫。

疏于防范的鳌拜居然饶有兴趣地指点孩子们的摔跤技术，突然之间便全身受制，被掀翻在地。鳌拜被擒，康熙剪除了他的一干党羽，终于得以亲政。康熙在位六十一年，成为清代很有作为的皇帝。

康熙在少年时便表现出了过人的勇气与智慧。"大勇若怯，大智若愚"，他将自己的内心深深隐藏起来，表面上沉溺玩乐、不思进取，实则韬光养晦，不断地提升自己的实力，最终一举消灭了鳌拜这个亲政路上的绊脚石。

要想做个真正的强者与智者，就需要做到"真人不露相，露相非真人"。在当下竞争异常激烈的社会环境中，聪明人都很谨慎，不会轻易暴露自己的真实意图。那些"菜鸟"则往往因为修行未够，而在不知不觉间自毁前程，令人叹惜。

有一个叫刘干的人大学毕业后被分到一家研究所，从事标准化文献的分类编目工作。他认为自己是学这个专业的，自以为比同事懂得多，所以信心十足，想要在自己的岗位上干出一番惊天动地的事业来。

刚上班时，领导摆出一副"洗耳恭听"的虚心姿态，这让他受宠若惊，觉得无论如何都不辜负领导对他的殷殷期望。他头脑灵活，喜欢思考，很快就发现了研究所里存在的一些弊端。他冥思苦想，没几天便发表了不少意见，每次得到的答复总是："你的意见很好，我会在下次会议上提出来让大家讨论。"可结果呢？不但没有一点儿改变，他反倒成了一个闲置的"花瓶"，一年中，领导竟没给他安排什么具体工作。

他很不满，对领导的平庸和懦弱也很不服气，在一次全体大会上，他建议实行竞争上岗的制度，能者上、庸者下。会议结束后，他突然发现，自己变成了一个处处惹人嫌的主儿。后来，一位同事悄悄对他说："我当初也同你一样，你还是换个单位吧，在这儿你别想有出息，你把所有人都得罪了。"于是，一段时间后，他调走了。走时，领导拍着他的肩头，说："太可惜了！我真不想让你走，我还准备培养你当我的接班人呢！"刘干捉摸不透"太可惜"三个字的意思是什么，想来肯定含有"不该锋芒毕露"的意思。

没有人不想出人头地，每个人都有自己的"野心"，但是，切忌太过外露。只有适当保持低调，才能减少各种人为的阻力，成功才更容易些。人生并不是处处平坦大道，千万不要被别人看穿你的"底牌"。在适当的时候妙用一下"雾里看花"，将心中的目标与想法隐藏一下也无妨。

管理智慧

谦和是领导者的第一考验

黄石公言："高行微言，所以修身。"意在教导为官者，一个真正的伟人，其第一个考验即是谦和。"持盈履满，君子兢兢"，做事谦和方能赢得尊重。生活中有很多成功的人，他们越有成就越谦和。他们谦卑之时，也就是他们最高贵之时。

人有了一定"地位"，既是好事也是坏事。如果不懂得谦和待人，就无法赢得别人的尊重，结果只能是"高处不胜寒"。任何妄自尊大的人因瞧不起别人，自然也就不被人所尊重。如果你稍有成就，做人时就要学会谦逊，做事更要低调，千万不要被一时的胜利绊住双脚。因此，记住谦和是人生的一大美德，是我们日常要努力养成的一个重要习惯。

汉武帝时，卫青因姐姐卫子夫受宠于汉武帝，被任命为大将军，封长平侯，率大兵攻打匈奴。

右将军苏建在与匈奴作战中全军覆没，单身逃回，按军律当斩。

卫青问长史、议郎等属官："苏建应当如何处置？"

议郎周霸说："大将军出兵以来，从未斩过一名偏将小校，如今苏建弃军逃回，正可斩苏建的头，来立大将军之威。"

卫青说："我因是皇上的亲戚而带兵出塞，并不怕立不起军法的威严，你劝说我杀人立威，就失掉了做臣子的本分。我的权限虽可以斩杀大将，然而，我把专杀大将的权力还给皇上，让皇上来决定是否诛杀，来显示我虽在境外，受皇上宠爱，却不敢专权杀将，这不是更好吗？"

属官们都钦佩地说："大将军高见，属下等万万不及。"

于是，卫青便派人把苏建押回长安，汉武帝怜惜其才，并未杀他，让他出钱赎罪，而对卫青的处置大为满意。

苏建后来又跟随卫青出塞攻打匈奴，他劝卫青说："大将军的地位是至尊至重了，可是，天下的贤士名人却没人夸赞传扬您的威名。古时的名将都向朝廷推荐贤良才能之士，自己的名声也传遍四海，希望大将军能学习古时名将的做法。"

卫青摇头说："你只知其一，不知其二。以前，武安侯田蚡、魏其侯窦婴各自招揽宾客，结成朋党，以颂扬自己的名声，皇上常常恨得咬牙切齿。亲近贤士名人，进用贤良贬黜不肖，这都是皇上的权柄，我们做臣子的，只知道遵守国法，履行自己的职责而已。"

汉武帝特别宠爱卫青，谕令群臣见到卫青都要行跪拜礼，以显示大将军的尊贵。群臣都不敢抗旨，见到卫青无不匍匐礼拜，只有主爵都尉汲黯见到卫青，依然行平揖礼，有人好意劝汲黯："对大将军行跪拜礼是皇上的意思，您这样做不怕皇上恼怒吗？"

汉黯昂然道:"跪拜大将军的多了,多我一个不多,少我一个不少。难道说大将军有一个平礼相交的朋友,就不尊贵了吗?"

卫青听说后,非常高兴,登门拜访汉黯,谦虚地说:"久仰大人威名,一直没有机会和大人结交,现在有幸承蒙大人看得起,请把我当做您的朋友吧。"

汉黯见他态度诚恳,不以富贵骄人,便破例地交了这个朋友。卫青以后凡有疑难问题,都虚心向汉黯请教。

汉武帝也很欣赏卫青的谦逊,也就不计较汉黯的抗礼了,对卫青的宠爱也始终不衰。

领导者除了要虚怀若谷之外,对自己的言行举止也必须十分谨慎。古语讲"论言如汗",所谓的"论言"指一个人所说的话,"汗"指说出的话绝无收回的余地,就像身体流出的汗一样,一旦流出来了,就不可能再回到体内。正因如此,人人都应当谨言慎行,对于领导者而言,这更是不可或缺的品质。

从前,当周公的儿子伯禽受封为鲁国国君时,周公曾告诫他:"我身为宰相,碰到有人来访时,即使是正在进餐也得赶紧中断,尽量不要对客人太失礼。尽管如此,仍然担心有不周到的地方,或是疏忽了优秀的人才。现在,你到鲁国去,虽然身为一国之君,也绝不能有任何骄傲失礼的地方。"

这种谦虚态度对于一个领导者来说十分重要。除了周公,唐太宗也是少有的一位谦恭的统治者。

有一次,唐太宗告诉众臣:"有人说当了皇帝就可以得到最崇高的地位,没有任何畏惧。事实上,我却是常怀着畏惧之心,倾听臣下的批评与建议,晌以谦虚的态度处理政事。倘若因为自己是一国之君,就不肯以谦恭的态度来对待臣下,那么,一旦行事偏离正道时,恐怕就再没有能够指正过我的人了。

"当我想说一句话,做一件事的时候,必定先想一想如此一来是否顺了天意,同时,也要自问有没有违反了臣民的意向。为什么呢?因为天子是那样高高在上,对底下的事一目了然,而臣民们对君王的一举一动十分注意,所以,不仅要以谦虚的态度待人,更要时时反省自己的一言一行是否顺应天意与人心。"

他旁边的魏徵接着说:"古人说过靡不有初,鲜克有终。有好的开始并不一定能有好的结果。但愿陛下常怀畏惧之心,畏惧上天及人民,且谦虚待下,严格地自我反省,如此一来,吾国必能长保社稷,而无倾覆之虞了。"

谦虚的态度，也是唐太宗受后世景仰的原因之一。唐太宗说过："与人交谈实在是一件十分困难的事情，即使是一般百姓，在与人交谈时若稍微得罪对方，对方因而牢记在心，便会遭到报复。更何况是万乘国君，在和臣下交谈时绝不容许有一点失言。因为，即使是微不足道的失言，也有可能导致极重大的影响，这种影响是庶民的失言所万万及不上的，我心中一直牢记着这一点。"他还说："昔日，隋炀帝第一次进入甘泉宫时，对宫中的庭园十分喜欢，但是，认为有一美中不足之处，即庭园中看不到萤火虫。于是，隋炀帝下令捉些萤火虫来代替灯火。负责的官吏赶紧动员数千人去捕捉萤火虫，最后，捉了五百车的萤火虫。连这样的一件小事都能演变到这种田地，又何况是大事，更不知道要受到多大的影响呢。为人君王的又怎能不谨言慎行呢？"

　　领导者的言行体现着号召力和影响力，所以，更不能有戏言，因为他的每一句话都会对部下产生影响，甚至会影响一件事情的结局。态度谦虚，言行谨慎，不但是领导者修养的关键环节，也是个人修养的重要方面。

所有的事情开始之前需要仔细地谋划

　　张商英对《素书》"先揆后度，所以应卒"的解读是："执一尺之度，而天下之长短尽在矣。"可见，对事情有事先的谋划与预见对于行事有着重要意义。古人云："谋深，虑远，成之因也。"做人做事，只有深刻认识到谋与虑在成功中的重要地位和作用，谋得深，虑得远，才能拥有成功的人生。

　　《孙子兵法》也对"先揆后度"十分重视，《计篇》中说道："夫未战而庙算胜者，得算多也；未战而庙算不胜者，得算少也。多算胜，少算不胜，而况于无算乎。"此话是讲拉开战斗序幕之前，就已"庙算"周密，充分估量了有利条件和不利条件，开战之后就往往会取得胜利；拉开战斗序幕之前，没能进行周密"庙算"，很少分析有利条件和不利条件，开战之后就往往会失败，更何况开战之前无"庙算"呢？以此标准来判断，胜负已见分晓。

　　战争开始之前，需要仔细地谋划。所有的事情开始之前，都需要有全局的观念与考虑，正所谓"运筹帷幄之中，决胜千里之外"。只有见识高超、深谋远虑的人，不被眼前的事物所迷惑，才能站在更高的高度看问题，才能敏锐地察觉到生活中细微的祸机，预先计划好对策，以免祸患降临己身。

　　宋真宗时，后宫李妃生一子，就是后来的宋仁宗。当时，正得宠的刘皇后无子，

宋真宗便命刘皇后认仁宗为子。仁宗长大后，以为自己是皇后亲生。宫中人畏于皇后威严，没人敢对他说明真情，仁宗对刘皇后也极为孝顺。

宋真宗去世，仁宗即位，刘太后垂帘听政，大家更没人敢对仁宗讲明，李妃身处真宗的众多嫔妃中，对仁宗也不敢露出与众不同之处。

后来李妃病死，刘太后想把葬礼办得简单些，以免引起别人的疑心。宰相吕夷简却反对，在帘前争执说："李妃应该厚葬。"

当时，仁宗正在太后身边，刘太后吓了一跳。她忙令人把仁宗领出去，然后厉声问吕夷简："李妃不过是先帝的普通嫔妃，为何要厚葬？况且这是宫里的事务，你身为宰相，多什么嘴？"

吕夷简平淡地说："臣身为宰相，所有的事都该管。如果太后为刘氏宗族着想，李妃就应厚葬；如果您不为刘氏着想，臣就无话可说了。"刘太后沉思许久，明白了吕夷简的用心，下旨厚葬了李妃。

吕夷简出宫后，找到总管罗崇勋，告诉他："李妃一定要用太后的礼仪厚葬，丝毫不能有缺。棺木一定要用水银实棺，可别说我没告诉你。"罗崇勋见宰相少有的庄重与严厉，唯唯听命，对于葬礼用物丝毫不敢轻视。

刘太后死后，燕王为了讨好皇上，便告诉仁宗："陛下不是太后所生，而是李妃所生，可怜李妃遭刘氏一族陷害，死于非命。"仁宗大惊，忙传讯老宫人。刘太后已死，无人再隐瞒此事，便如实禀告。

仁宗知道后，痛不欲生。他在宫中痛哭多日，也不上朝，一想到亲生母亲朝夕在左右，自己却不知道。母亲在世之时，自己从未孝养过一日。最后，竟然不得善终。他越思越痛，自己下诏宣布自己为子不孝的大罪，改封母亲为皇太后，并准备为母亲以太后之礼改葬，待改葬后再查实、清算刘太后一族的罪过。

然而，宫闱秘事本来就是无法查实，也无法说明。刘氏宗族的人知道后惶惶不可终日，既无法申辩，只能坐待灭族大祸了。大臣们见皇上已激愤到极点，便没人敢为刘太后一族说上一句话。

改葬李妃时，仁宗抚棺痛哭，却见李妃因有水银保护，面目如生，肌体完好，所用的葬器都严格遵照皇后的礼仪。仁宗大喜过望，哀痛也减少许多，他对左右侍臣说："小人的话真是不能信啊。"改葬完后，仁宗非但不追究刘氏一族的罪过，反而待之更为优厚。

试想，如果仁宗打开母亲的棺木，见到陪葬的器物十分俭薄，仁宗痛上加痛，刘氏家族想要保留一条活命都不可能了。在处理仁宗生母葬礼的这件事情上，吕夷简显示出了常人难以企及的深谋远虑。

其实，无论是在生活中还是在工作中，人们要把自己的眼光放长远一点，才能获得长远的利益。成功属于那些有远见的人，想要有所成就的人，必须学会思考，从长远考虑，才会获得更大的成就和更长远的利益。

将合适的人放在适合的位置上

选用人才，能力固然是首要考虑的，但一个人的能力必须与相应的职位相结合，这就是用人中的适合原则。用人不能只看能力大小，更要看其适不适合某一职位。最好能做到人尽其才，既不能大材小用，也不能小材大用，也就是《素书》所谓的"任材使能"，唯有如此，才可"所以济物"。三国时期大思想家刘劭也说"人才各有所宜，非独大小之谓也"，"夫人才不同，能各有异"。人们的才能不一样，为官者应该了解每一个下级的工作能力、特长和爱好，在安排工作的时候，应该将合适的人放在适合他能力和特长的工作岗位上，因才施用。

在唐太宗李世民的用人思想中，能力与职位的匹配问题也一直是他关注的重点。他明确提出，要根据实际能力降职使用或提拔、根据能力加以任免，既不允许能力低下者长期混岗，也不容许大材小用、浪费人才的现象存在。

贞观二十年二月，刑部侍郎缺人担任，李世民要执政大臣"妙择其人"，执政大臣们提了几个都不能使其满意，于是，他想起李道裕是一个坚持实事求是的人——在处死张亮的问题上，李道裕力排众议，仗义执言，他说："亮反形未具，罪不当死。"这种不惧嫌疑的作为，证明了李道裕为人的原则性，于是，李世民深有感触，委任李道裕为刑部侍郎。

贞观二十年六月，李世民欲赴灵州招抚敕越诸部，要太子随行，少詹事张行成上疏说："皇太子从幸灵州，不若使之监国，接待百僚，明习庶政，为京师重镇，且示四方盛德，宜割私爱，俯从公道。"李世民甚觉妥帖，提拔张行成担任了较高的职务。

而贞观十一年，李世民对治书侍御史刘泊的上书中提到的废除"国戚制"、唯才是用、唯贤是举意见的赞同并大力推行改革，则更具有说服力。

刘泊主要针对尚书省而言，他在上书中说："尚书省是个日理万机的机构，它们是处理国家事务的关键部门，因此，寻求尚书省众官员的人选，授予官职，确实是件有难度的事情。一旦官吏任免出错，被不称职的人占据了，那就会牵一发而动全身。"

他这么说是有原因的。原来，尚书省的诏敕总是拖延滞留，公文都堆满在案桌上了还不能及时得到处理。为此，刘洎大胆地指出：

贞观初年，国家还没有设尚书令、左右仆射等官职时，尚书省的事务非常繁杂，比现在多出一倍以上。当时，任左右丞的戴胄、魏徵二人都很通晓官吏事务。他们本身胸怀坦荡，品性刚直，大凡遇到应该弹劾检举之事，无所回避。百官懂得自我约束，朝中弥漫着一种庄重严肃的气氛，这都是因为用人得当的缘故。到杜正伦任右丞的时候，也比较能勉励下属。而到了近来，国家的一些重要法纪已不能正常执行了。因为，功臣和国戚占据着要位，才不符职，而且，彼此又倚仗着功劳或权势相互倾轧。在职的官员，大都不遵循国家的法律准则，虽然，有的也想奋发努力，但是，一遇到讥谤就害怕得不行。这是尚书省官员效率低下的根源所在。

改变这一现状的办法，刘洎认为，需要选拔众多的优秀人才并授予官职，而且，必须非才莫举，精心选任尚书省的左右丞及左右郎中。如果，这些重要职务的官员选任真正做到了才职相称，就能消除积弊，国家的法纪就会得到完善的实施。

其实，当时李世民对尚书省的效率低下也有所闻，这份上书，句句说到了他的心里。于是，奏章上奏不久，他就任命刘洎为尚书省左丞，全力地支持他，让他在那里放手工作，清理积弊。领导者要根据人才的性格特点用人，让合适的人处于合适的位置上，使人尽其能，有效地发挥每一个成员的最大作用。

物尽其用、人尽其才是每个领导者孜孜以求的，这涉及一个人才及岗位价值的最大化问题。人人都是人才，就看放的是不是地方，这是一个人岗匹配的问题。不同的岗位有不同的人才需求，不同的人才有不同的岗位适应性。领导者在选拔或培养人才时，重在把部下放在与其能力相匹配的最适合的岗位，以便发挥他们的最大价值。

能说会道看似雕虫小技，却能改变人生

前文中提到的"括囊顺会，所以无咎"的含义，在宋朝宰相张商英看来是"君子语默以时，出处以道"之意。因此，为官者，或想上位者在与其上司沟通，懂得如何说话、说些什么、怎么把话说到对方心坎里很重要。

纪晓岚年纪轻轻就官至礼部尚书、协办大学士，这不仅是由于他出类拔萃的才学，更重要的是他心明眼亮，懂得凭借自己的才华，把对乾隆的称赞融于美言妙辞当中，正中其下怀，他不想平步青云都难。

清初，漠西准噶尔部原一直归服清廷，但自康熙中期以后却多次欲行分裂，康熙、雍正时期曾一度平复，但始终没有从根本上解决问题。乾隆十九年，准噶尔内部发生分化，次年二月，清军两路出兵，伊犁平定。

消息传来，乾隆皇帝特别高兴，特命颁示天下，并设盛宴庆贺。席间，乾隆皇帝命纪晓岚即席作赋。不多时，纪晓岚书成三千言《平定准噶尔赋》一篇，跪呈乾隆皇帝。乾隆皇帝喜不自禁，破例令纪晓岚当着众卿之面吟诵。

三千言赋文，吟诵起来也是要用不少时间的，可是，纪晓岚是即席所作，而且用典准确，文字优美，气势磅礴，一气呵成，实在是闻所未闻，令人惊奇。更重要的是，纪晓岚凭借自己横溢的才华，于美文妙辞中，巧妙地歌颂了清朝平定准部的武功之盛，特别是乾隆皇帝在其中的英明韬略，使好大喜功的乾隆皇帝听着非常舒服，所以，乾隆不由自主地高喊一声："妙！"群臣立即交耳赞叹，活跃起来。

或许，就因为此事太引人注目，给乾隆皇帝留下的印象太深刻，次年秋天，也即乾隆二十一年秋，纪晓岚"初登词苑班，即备属车选"，以纂修《热河》扈从承德。这在清代翰林院的历史上是少有的。

很多时候，如果没有良好的口才，那就可能被埋没。秦亡后楚汉之争时期陈平三易其主引得别人怀疑，遭众人背后非议，引得汉王也对他表示怀疑，倘若他是个"闷葫芦"，只会埋头苦干，而不善言辞，肯定做不到护军中尉。

当初陈平在投奔到汉王刘邦那里的当日，经过与刘邦的一番交谈，得到了刘邦的重用。刘邦任命陈平为都尉，并让陈平做自己的骖乘，主管监督联络各地将领，陈平很是高兴。

后来，陈平随刘邦东向进攻项明，但出师未捷，大败而退。许多人对陈平的才能表示了怀疑，尤其对刘邦一味地重用陈平感到不可理解，就连周勃、灌婴这样的老将都在说陈平的坏话。

他们说："陈平即使是美男子，也不过像装饰帽子的美玉罢了，他的肚子里未必有奇谋异策。我们听说陈平在家时，与他的嫂子私通；侍奉魏王不能容身，逃出来归顺楚王；归顺楚王又不如意，跑来投奔汉王。如今，大王器重他，授予他很高的官职，要他监督各部将领。我们听说陈平接受他们的贿赂，金钱给得多的得到的待遇就好，而金钱给得少的得到的待遇就差。陈平是个反复无常的乱臣，希望大王好好审查他。"

汉王听完这话后，也有些怀疑起来，于是，叫来引荐陈平的魏无知加以责问，魏无知说："我所说的是才能，而大王所问的是品行，这完全不是一回事。假如，有尾生、孝己那样的品行，然而，对于决定胜败的关键无益的人，大王又哪有空间去使用他呢？楚汉相持不下，我推荐奇谋之士，只考虑他的计谋果真能否有利于国家。至于私通嫂子，接受金钱，又何必如此加以怀疑呢？"

汉王于是又叫来陈平责问道："先生侍奉魏王不如意，便离开他而去侍奉楚王，如今又跟随我，谁知日后你又会投降到何处，讲信用的人原来都是这样三心二意的吗？"

陈平回答道："我侍奉魏王，魏王不能采纳我的主张，因此，我离开他去奉项王。哪知项王又不能信任人，他所信任和宠爱的不是姓项的本家就是他老婆的兄弟，即使有奇谋之士也得不到重用，我这才离开楚军的。听说汉王能够用人，因此，来投奔大王。我空手而来，没有金钱就没有可资一用的费用，因此，我接受他们的金钱。如果我的计谋有值得采纳的地方，希望大王采用；假如没有值得用的地方，金钱都还在，我可以封存起来送到官府，请求辞职。"

听罢这席话，汉王知道自己错怪了人，赶忙向陈平道歉，并且，给他更为丰厚的赏赐，任命他为护军中尉，所有将领都归他一人监督。将领们再也不敢说什么了。

可见，能说会道也是一种能力，埋头一声不吭的人，没有人看得见他的能力，即使他满腹经纶、才华横溢，道不出来也只是空留余恨，哀叹无人赏识。能说会道看似雕虫小技，却有可能因此改变人的一生。

常备忧患意识，未雨绸缪

中国有句古话说"生于忧患，死于安乐"，意思是人要有忧患意识。这是一个自古以来便时常被人提起的话题。黄石公就用"孜孜淑淑，所以保终"来告诫世人，必须怀谨慎之心，常备忧患意识才能确保无患。

危机如影随形，一个人如果没有危机意识，就肯定无法取得进步，因此，需要居安思危，不可一味地追求奢侈享受，挥霍浪费，不思进取。历史已经给了我们很多借鉴，唐朝由盛转衰就是很好的一例。

经过贞观之治和武则天的励精图治，以及唐玄宗李隆基开元时期的精心治理，大唐已经达到全面兴盛。自李隆基登基始，到开元二十九年，恰好是三十年。他第一年用的年号是先天，次年改为开元。古人以三十年为一世，李隆基为皇一世，天下太平富足，国家稳定，经济繁荣，农业和手工业都有较大的发展，达到了大唐开国以来的鼎盛时期。可凡事有兴盛必有衰亡，兴盛的巅峰也必是衰亡的开始。天宝以后唐玄宗用人失当，任李林甫、杨国忠为相，并且，迷恋贵妃杨玉环，"后宫佳丽三千人，三千宠爱在一身"，"春宵苦短日高起，从此君王不早朝"。政治腐败，奸臣当道，最终酿成安史之乱，大唐由兴盛走向衰亡，盛世的景象一去不返。

在唐玄宗统治下，整个帝国沉迷于富足的生活之中，完全抛弃了帝国建立之初的危机意识。于是，那个盛世帝国，便在歌舞升平中渐行渐远，留给人们的只有凄凉的背景和无尽的思索。而另一位古代的帝王，则是凭借着浓厚的危机意识，将帝国重新带入了辉煌，他就是东汉光武帝刘秀。

刘秀九岁丧父，叔父将他养大。他在叔父任职的萧县读书，完成启蒙教育，后到长安太学游学，专攻儒家经典。寄养的生活和所受的教育，使他形成了谨厚诚信、勤俭自励的性格。

游学长安后，刘秀回到南阳家乡，操持家业，从事农业生产。史称他"乐施爱人，勤于稼穑"。由于刘秀"长于民间，颇达情伪"，深知百姓稼穑的艰难和民情的好恶，所以，他为政宽简，并大力减轻百姓负担。

刘秀做了皇帝后，每日都是清晨即起，早早上朝，议政讲经，很晚才退朝。他处理政务，"兢兢如不及"。太子见他太辛苦了，便劝他注意休息，他却说："吾自乐此，不为疲也。"

身为一国之君的他生活俭朴，不事浮华。"身衣大练，色无重彩，耳不听郑卫之音，手不持珠玉之玩"。他屡次拒绝群臣"封禅泰山"的进谏，直到临死前一年，才带领百官，登封泰山。针对秦始皇时期开始形成并愈演愈烈的"厚葬"之风，他还屡次下诏提倡薄葬。他自己也是这么躬行实践的。在为自己修造寿陵的时候，他对窦融说："今所制地不过二三顷，无为山陵、陵池，才令流水而已。"他在临终前，又下了一道遗诏说："朕无益百姓，皆如孝文皇帝制度，务从约者。"因而《后汉书·循吏传》称颂这个时期是"勤约之风，行于上下"。

刘秀当政的时期，就是中国历史上有名的"光武中兴"时期。因国君的仁厚和提倡节俭，不劳民伤财，使得国泰民安。

"历览前贤国与家，成由勤俭败由奢"，这是一个已经被多次证明了的规律。虽然，我们身处和平年代，但要时刻保持清醒的头脑，要有居安思危的意识。愿我们每个人在日常生活中铭记，"常将有日思无日，莫待无时思有时"，尽可能地做到未雨绸缪，在心理上及生活上有所准备，好应付突如其来的变化，即便不能将问题消弭，也可以将伤害降到最轻。但万物皆有度，忧患意识常备的同时，还需注意不可过浓，否则，便走进了另一种"杯弓蛇影"的误区中。

低调，为壮大实力做出适当的牺牲

在与大型猛兽为伍时，狐狸通常都不会逞能，而是装作愚笨的样子，然后，让猛兽去捕猎，它则毫不费力地吃到猎物的残渣。狐狸这种低调行事的作风，令他活得格外自在。有时候，伪装弱者、显现低调并不是懦弱的表现，而是一种保护自己的方式。在生活当中，能够处处表现自己是抓住机遇的较佳的方式，但是，也常常会招致别人的妒恨，树木过于高大，风必摧之。这是自然界的规律，也是官场生存规律。所以，居上位者同样需要明白"高行微言，所以修身"的道理，身居高位依然要保持低调谨慎，这样才不致招致忌恨。

曾国藩的大名无人不晓，他作为"清末三杰"之一，一生功绩斐然。他的才智毋庸置疑，但他能身居高位而不被任何清高位者所忌，在于他为人低调却并不懦弱，能善于利用韬光养晦这招。

湘军是曾国藩一手建立的，这支军队实际上是"兵为将有"，从士兵到军官所有的人都绝对服从于曾国藩一人。太平天国起义后，为了尽快将起义镇压下去，在清朝正规军无能为力的情况下，清廷于1861年11月任命曾国藩统管江苏、安徽、江西、浙江四省的军务。对此，曾国藩并没有过于高兴。因为，他清楚，即使他现在自己身居高位，手握重兵，但相对于整个皇室来说，依然处于弱势地位，因此，他处处保持低调，时时怀着戒惧之心。

太平天国起义被镇压下去之后，曾国藩因为作战有功，被封为毅勇侯，世袭罔替。但是，曾国藩并未感到春风得意，相反却感到十分惶恐，更加谨慎。他写信给其弟曾国荃，嘱劝其将来遇有机缘，尽快抽身引退，方可"善始善终，免蹈大庾"。

湘军进了天京（南京）城后，大肆洗劫，城内金银财宝，其弟曾国荃抢得最多。

左宗棠等人据此曾上奏弹劾曾国藩兄弟吞没财宝。清廷本想追查，但曾国藩很知趣，进城后怕功高震主，急忙办了三件事：一是盖贡院，当年就举行乡试，选拔江南人士；二是建造南京旗兵营房，请北京的闲散旗兵来驻防，并发给全饷；三是裁撤湘军四万人，以示自己并不是在谋取权势。这三件事一办，立即缓和了多方矛盾，原来准备弹劾他的人都不上奏弹劾了，清廷也只好不再追究。他又上折给清廷，说湘军成立和打仗的时间很长了，难免沾染旧军队的恶习，且无昔日之生气，奏请将自己一手编练的湘军裁汰遣散。但对他个人的去留问题却是只字不提，原因便在于如果他于奏折中要求留在朝廷效力，必将有贪权恋栈之疑；如果在奏折中明确请求解职而回归故里，那么，会产生多方面的猜疑，既有可能给清廷以他不愿继续为朝廷效力尽忠的印象，同时，也有可能被许多湘军将领奉为领袖而招致清廷猜忌。

曾国藩的估计一点都不错，其实，太平天国被镇压下去之后，清廷就准备解决曾国藩的问题。因为，他拥有朝廷不能调动的那么强大的一支军队，对清廷是一个潜在危险。曾国藩的主动请求正中下怀，清廷借此机会下令遣散了大部分湘军。为了安抚曾国藩，清廷仍然委任他为两江总督。

曾国藩虽然战功彪炳，但他懂得在关键时刻功成身退，以低调行事保全了自己的性命，不致惨淡收场，他的这一点要远远比西汉初淮阴侯韩信要强得多。韩信就是因为过于耿直，结果功高盖主，被刘邦射杀。古今中外，过分张扬、锋芒毕露、居功自傲之人，不管功劳多大、官位多高，最终多数不得善终，这是尽人皆知的历史教训。

领导者放低姿态，表现得谦逊、低调、圆融、平和，才能赢得人心。居上位者低调做事，亦能在这段时间内培养自己的能力、经验、人际关系，令自己的羽翼更加丰满，进而展翅高飞，主宰自己的未来。

第四章 本德宗道

注曰：言本宗不可以离道德。

王氏曰：君子以德为本，圣人以道为宗。此章之内，论说务本、修德、守道、明宗道理。

修身处世，需要讲求方正，以德立身，这是一个成功者必须确立的内在标准。没有这个内在标准，人生之路就会失去支撑，最终导致失败。保持本色，坚守原则，不忘我们做人处世之根本，这样才能立得长久。

[原文]

夫志，心笃行之术。长莫长于博谋。安莫安于忍辱。先莫先于修德。乐莫乐于好善。神莫神于至诚。明莫明于体物。吉莫吉于知足。苦莫苦于多愿。悲莫悲于精散。病莫病于无常。短莫短于苟得。幽莫幽于贪鄙。孤莫孤于自恃。危莫危于任疑。败莫败于多私。

[译文]

个人想要做到志向坚定，必须懂得：

深谋远虑，这是最长久的方法；

忍辱负重，这是最安全的方式；

修德养性，这是首要任务；

乐善好施，这是最快乐的态度；

至诚至性，这是最神圣的态度；

了解事物本质，这是最明智的做法；

知足常乐，这是最吉祥的观念

最痛苦的缺点是欲壑难填；

最悲哀的状态是精神离散；

最病态的莫过于反复无常；

最无耻的妄想莫过于不劳而获；

最愚昧的想法即是贪婪卑鄙；

最孤独的念头莫过于自恃太高；

最危险的行为是任用自己不信任的人；

最失败的行为就是自私自利。

为人智慧

道德是智慧的约束

《素书·本德宗道》虽讲是的权谋之法，但却以"德"与"道"作标题，这是黄石公在警示后人，所有的权术、操控，其应用必须以"道"与"德"为基础，这正是"先莫先于修德"。中国古代士人特别强调修身。荀子在二千多年前就明确提出："君子博学而日参省乎己，则知明而行无过矣。"到了宋代，更是有人提出"修身、齐家、治国、平天下"，把修身放到了一个基础地位，先有高尚的品行，然后，在事业上才能获得最终的成功。

人的品行、德行就是"德"，自古"才"与"德"并重，形容一个人最好的词语就是"德才兼备"。

一个品行不端、德行糟糕的人很难结识到真正的朋友，也很难获得长久的事业成功。这样的人令人无法与之长期合作，因为，这种人不是搞一锤子买卖，就是过河拆桥。这种人在家庭中，也会做出不道德的事情，极有可能给另一方和孩子带来痛苦和不幸。他们甚至可能因为某种利益的驱动，铤而走险而落入法网……

要走向成功，需要讲求方正，以德立身，这是一个成功者必须确立的内在标准。没有这个内在标准，人生之路就会失去支撑，最终导致失败。

有一家钟表店门庭冷落，很不景气。一天，店员贴出了一张广告，上面说，本店有一批手表，走时不太精确，二十四小时慢二十四秒，望君看准择表。

广告一经打出，很多人都迷惑不解，更有店主的好友打电话询问。店主坦率地说："诚实是我开店的原则，我不会为了个人私利而损害大家的利益。"

出人意料的是，广告打出不久，表店的生意开始好转，门庭若市，生意兴隆，很快销了库存积压的手表。

正是因为店主有着非同一般的品格，他才能作出这样的决定。也许，很多顾客正是被店主诚实的做人态度所感动，才愿意走进这家表店。俗话说，做人要美，做事要精，立业先立德，做事先做人。做任何事情，都是从学做人开始的。如果连人都做不好，还谈何事业？

以德立身贯穿于每个人人生的全部过程，是一个人做人最根本的原则。在人生的不同阶段，道德对人的要求虽有着不同的变化，每个人体验和经历的内容也不一样。但是，"以德立身"的人生支柱是不变的，它对每个人的人生大厦起着支撑作用的定律是不变的。

荀子说过："人，力不若牛，走不若马，而牛马为用，何也？"人的力气不如牛大，跑起来没有马快，但牛和马却被人役使，为什么呢？"人能群，彼不能群也"。能够合作是荀子认为的根本原因。说得理论一些，人类社会是由人和人之间各种关系的组合，孤立的个人是不可能存在的，也做不成任何事。人类社会的移山填海、上天入地等许多伟大业绩，只是因为人能以"群"之，聚集群体的力量造成的，而能够在人群中立足，基础就是用方正去修身，做一个有道德的人。

恃才傲物的"独行侠"会被孤立

恃才傲物的人往往会被孤立。这是《素书》"孤莫孤于自恃"的本意。张商英评价恃才傲物者时说道："自恃，则气骄于外而善不入耳；不闻善则孤而无助。"的确，骄傲自大的人无意中会在自己与外界之间树起一道无形的"城墙"，形成与外界的隔阂，并因此变得目中无人。使自己脱离群体，与群体意识相悖，甚至会令人厌烦，被人孤立，成为为人处世的障碍，就如王氏所言："如独行一般，智寡身孤，德残自恃。"生活中也确有相当数量的人有自傲的毛病，不合群、难与人相处。

比如，嵇康就是魏晋风流名士竹林七贤的突出代表，也是魏晋之际著名的思想家、文学家和音乐家。他喜好老庄，卓然不群，傲骨铮铮，愤世嫉俗。正是这种与世人格格不入的个性决定了他一生悲剧性的结局。

钟会是魏国大臣钟繇的儿子，司马氏新贵刚一得势，他立即伏首依附，成为司马集团的重要人物。他对玄学颇为爱好。有一天，他带众宾客衣冠锦绣，乘骏马特地去拜访嵇康。嵇康精于锻铁，在宅内的大柳树下挥臂扬锤干得正欢，时值盛夏酷暑，他汗流浃背，却显神情怡然。竹林七贤之一的向秀在一旁鼓风。钟会一行人浩荡而来，嵇康非但不辍工相迎，连他们站立身边时也毫不理会，视若无睹，仍兀自叮当不止，仿佛锻铁真是件其乐无穷、令人不忍罢手的大事。

钟会久闻嵇康的怪异言行，又是专程前来讨教，初也不以为忤，与众宾客垂手默立一旁，静静等候。谁知一等就是一个时辰，而嵇康仍挥锤如初，丝毫无停歇之意。钟会心想，能让我这么耐心等一个时辰的，世上恐怕别无二人了，嵇康你也太张狂了。钟会心下怏怏不乐，正欲打道回府，不料一直不曾言语的嵇康在这时竟开口说道："何所闻而来？何所见而去？"这话不说倒也罢了，钟会一听恨从心底起：你小子当着这么多宾客的面给我冷脸我也就忍了，你非但无丝毫歉疚，竟还敢出言讥讽揶揄我！钟会强压怒火，硬邦邦扔下了句"有所闻而来，有所见而去"，上马就走。嵇康过后并未将此事放在心上，而钟会却一直耿耿于怀，伺机报复。后来，吕巽、吕安兄弟的纠纷终于让其遂了心愿。

吕巽和吕安都是嵇康的好朋友。有一天，一直垂涎于吕安妻徐氏美貌的吕巽，趁吕安外出之时，竟灌醉了弟妇将其奸污。事情败露，吕安非常愤怒，意欲与丧尽人伦的兄长对簿公堂。作为两兄弟好友的嵇康自然不愿看到二人不可收拾的结局，竭力从中和解，暂且平息了干戈。岂料事隔不久，吕巽竟然恶人先告状，诬说吕安不孝，虐待老母，并诽谤中伤吕安。由于吕巽是钟会的红人，吕安有口难辩，竟身陷囹圄，被判处发配边地。吕安激愤难抑，上诉申冤，言辞中提及嵇康。嵇康向来耿介，仗义忘危，挺身陈述事情的来龙去脉，因此，也牵连入狱。曾被嵇康冷落戏弄的钟会大喜过望，欲就此置之死地而后快。他在司马昭面前进谗说：忠于曹魏的将领毋丘俭起兵造反时，嵇康曾企图响应，并且，嵇康、吕安等人平时言论放肆，菲薄汤武，攻击名教，为帝者不容，应予除灭，以正风俗。司马氏对嵇康批评政治的激烈言论也早就不满，钟会这一搬弄口舌正中下怀，杀心顿起。

魏元帝曹奂景元三年（262年），嵇康被杀于洛阳东市，这不能不说是一个令人扼腕墓道的悲剧。

一个人有了一定的才气，自然身价倍增。但这并不是骄傲的资本，更不能因此而自恃清高，或不把别人放在眼里。低调不是一句口号，要切切实实地保持行为上的低调，就应明白为人不可恃才傲物的道理。要知道，任何人都有被瞧得起和被尊重的需求，否则，恃才傲物、目中无人，到头来可能因此而得罪了他人，断了自己的后路。

恃才傲物者多半是身怀一些常人所不及之本事的人，有的恃才傲物者是出于性格清高，有的则是故意与人"叫板"，但不管是属于哪一类，都不是明智之举，更非低调之人的低姿态行为。自视清高、恃才傲物只会令自己陷入困难的境地。

由于这种不合群，此类清高的人很容易刚愎自用，听不进别人的善意谏言，行事恣情纵意，三国时期的马谡就是这样的人。

马谡是"马氏五常"之一，幼负盛名，一直骄傲自满，恃才不旷，目无下臣。刘备早就看出了这一点，所以在白帝城向诸葛亮托孤之时就曾提出："马谡言过其才，不可大用。"可是诸葛亮却没有看透这位夸夸其谈的纸上军事家，就在与劲敌司马懿交兵时，派他去负责坚守军事要地街亭的指挥工作。不过，诸葛亮终究是诸葛亮，在马谡出兵之前，他不但指派"老成持重"的王平当马谡的助手，而且一再嘱咐他："街亭虽小，干系甚重。"并且请他安排就绪之后立刻画一张地理图来。但马谡自恃才高，一到街亭，他就大发议论，说是"此等易守难攻之地，何劳丞相如此费心"！同时决定就在山顶扎营，早把诸葛亮的嘱咐丢到脑后了。

王平提醒马谡不要忘记丞相的指示，按照街亭的情况来看，若扎营于山顶，实是死地。因为如果一旦魏军切断了我们的水道，大家成了"涸辙之鲋"，那就"不战自乱"了。但马谡板起面孔，摆出一副教师爷的身份训斥王平："你懂什么？如果魏军困住我们并切断水道，那我们就是置之死地而后生了。"结果魏军一到，果然切断水道，困住了马谡，马谡失去了水源，军心涣散，后来果然失去街亭被诸葛亮斩首。

这个问题并非只存在于一两个人身上。梁漱溟先生认为，资质平庸的人考虑的东西少，矛盾冲突也就少；而才气较高的人，虽然聪明些，但是"私欲也比旁人盛，比旁人多"，他们总是渴望做一些旁人所做不到的事。但是因为有一定的见识，所以又能够认识到自己身上的缺陷，看到可能导致自己成功不了的地方。

世界上有很多这样的理想主义者，在他看来，自己就像坠入凡尘的天使，周围的一切都应该根据自己的需要而设定，因此周围的人都可能会被他贬为"俗物"。《红楼梦》上给妙玉的判词是"好高人愈妒，过洁世同嫌"。这样的人，难免会惹人厌烦，何况他自己也未必真的能达到真正高洁的境界，妙玉不就是"云空未必空"吗？因此最后连自己也给否定了。

《红楼梦》中的宝玉其实也有一样的毛病，他说那些男的都是泥做的，说嫁了人的女子，就像死鱼眼珠子般可恶。所以对那些人他都远离之，而那些老妈子也在背后嘲笑他。但同时，他也知道自己不过是一个浊物，在面对女儿家时，他就会不自觉地厌恶自己，他所讨厌的一切又是他寄身的所在，所以最后只能是以

出家的方式来求得解脱。

一般而言，自恃太高的人大多存在着某种潜在的心理问题。自恃的动因多半是虚荣心在作怪。有人说虚荣是落后的根源、骄傲的渊薮，并非没有道理，正是虚荣心作怪，自恃者才自欺欺人，干出瞪着眼睛说瞎话的傻事。不管是自觉的自恃清高还是未被察觉的不自觉的自恃清高，都属于自己未能真正了解自己的范畴。自恃清高的人往往对社会的期望值过高，但是，由于这种期望本来就是建立在虚无基础上的，所以最终的结果必然是好梦难圆，要求落空，于是随之而来的就是懊丧、不平以及对于社会和各种机遇与人际关系的诅咒与抗争。这种情况，在文学领域可能早就屡见不鲜了。

悄悄为他人做点好事，快乐就能极大繁衍

我们要求自己健全人格，希望自己成为某种有思想的人，所以我们应加强自身修养，经常做些好事，对别人施以恩惠。正所谓"乐莫乐于好善"，好善乐施中，你善良的本性已经使你感觉愉快——你仁爱的意义即在于此。

既然要付出，就单纯地付出，不要图回报，这就是为什么要提倡"悄悄地为他人做点好事"的初衷。别人的感激与表扬并不是你最需要的，你真正得到的有意义的回报是你无私奉献的热情——只要你有了这种热情，你的生活就更加美好、更加惬意起来。所以，下次你为别人做好事的时候，不要声张——你的心情坦然了，你就能体会到奉献的乐趣。这是一种跟你的生活密切相关的处事方式，它不仅会带给你快乐，而且做起来也是轻而易举。

然而，在日常的生活中，无论我们是有意或是无意的，我们总是想从别人那里得到点什么，尤其是当我们为别人做了点什么事情的时候。比方说常常出现这样的情况，住在同一间寝室的人常说"既然我打扫了洗手间，那么他就应该将厨房清理一下"，或是邻居之间"我上周帮他们家照顾了一下午孩子，这次总该他们帮我了吧"。而每当出现这种情况的时候，都认为我们所付出的已远远超过所得到的回报。

实际上，一个真正有智慧、内心充满平和宁静的人，是不会刻意去期待他人的回报的。你所做的这些爱心行动也可以使你在情感上得到同等程度的愉悦，你感觉上的回报就是你意识到你做了这些"小小的"好事。

如果你感到替别人做了什么而得不到任何回报，那么导致你心理不平衡的根本原因是隐藏在你内心的互惠主义，它干扰你内心的平静，它使你老是在想：我

想要什么，我需要什么，我应当去索取什么。如果行善事而有所图，也许好事会变成坏事。

多在你的生活中试着真心真意地去帮助别人，别让你自己有意无意就想着"我将得到什么样的回报"，你最好渐渐地摒弃这种想法。当这一切完全发自你的意愿时，你一定可以体会到帮助他人而不在乎你所帮的人会给你什么样的报答，只是真心实意地去做你所能做到的，将是件快乐的事情。

用减法拨算生活，甩开欲望包袱

古人一直强调要清心寡欲，抛却执妄。庄子说："道与之貌，天与之形，无以好恶内伤其身。"意思是生活要顺其自然，要不增不减，抛却心中的妄情、妄念、妄想，保持一片清明境界，才是上天给我们的道。这个道就是本性，人活得很自然，一天到晚头脑清清楚楚，不要加上后天的人情世故。如果加上后天的意识上的人情世故，就会有喜怒哀乐，使得身体内部受伤害，就会有病不得长寿。黄石公说："苦莫苦于多愿。"这正如王氏在解读时所说："心所贪爱，不得其物；意在所谋，不遂其愿。二件不能，自苦于心。"

人生是一场旅行，当行囊过于沉重时，就应该拿掉一些累赘的东西，只有适当地放弃才能让你轻松自在地面对生活。

扬州有个商人，一天他和几个同伴乘船返回家乡。哪知小船到了河中间的时候，突然破了，水一个劲儿地漏进船里。眼看船就要沉了，于是大家干脆全都跳下船去，准备游到对岸去。但这个扬州人，虽然拼命地向前游，却游得很慢。

同伴问他："你游泳技术比我们都好，今天怎么啦，竟然落在我们后面？"这个人十分吃力地说道："我腰上缠着100块银元，很沉，我游不远。""赶快把它解下来，丢掉算了。"同伴们都劝告他。可是他摇着头，舍不得扔掉这些钱，渐渐地这个人越游越慢，几乎要精疲力尽了。

这时，同伴们都已经游到了对岸，看见这人马上就要沉下去了，于是就冲他大喊："快把钱扔了！你为什么这样愚蠢，连性命都保不住了，还要这些钱有什么用？"可是这个人终究还是舍不得这些钱。不一会儿，他就沉下去淹死了。

一个带着过多包袱上路的人注定不会走得快，只有卸下身上的包袱才可能走得更快，我们总是让生命承载太多的负荷，这个舍不得丢掉，那个舍不得丢掉，

最终被压弯腰的是我们自己。

有的人的欲望就像个无底洞，任万千金银也是难以填满的。欲望是需要用"度"来控制的。人具有适当的欲望是一件好事，因为欲望是追求目标与前进的动力，但如果给自己的心填充过多的欲望，只会加重前行的负担。人贪得越多，附加在心上的负担也就越重，可明知如此，许多人却仍然根除不了他劣根性的局限。对于真正享受生活的人来说，任何不需要的东西都是多余的。适当放下是一种洒脱，是参透人性后的一种平和。背负了太多的欲望，总是为金钱、名利奔波劳碌，整天忧心忡忡，又怎么能有快乐呢？只有放下那些过于沉重的东西，才能得到心灵的放松。

一个人需要的其实十分有限，许多附加的东西只是徒增无谓的负担而已，人们需要做的是从内心爱自己。曾有这么一个比喻："我们所累积的东西，就好像是阿米巴变形虫分裂的过程一样，不停地制造、繁殖，从不曾间断过。"如果工作、责任、人际、家务等占据了你全部的空间和时间，每天忙着应付这些事情，并已喘不过气来，每天甚至连吃饭、喝水、睡觉的时间都没有，那也就没有足够的空间享受生活。

拼命用"加法"的结果，可能会把一个人逼到生活失调，精神濒临错乱的地步。这时候，就应该运用"减法"了。这就好像参加一趟旅行，当一个人带了太多的行李上路，在尚未到达目的地之前，就已经把自己弄得筋疲力尽。唯一可行的方法，是为自己减轻压力，就像扔掉多余的行李一样。

著名的心理大师荣格曾这样形容道："一个人步入中年，就等于走到人生的下午，这时既可以回顾过去，又可以展望未来。在下午的时候，就应该回头检查早上出发时所带的东西究竟还合不合用，有些东西是不是该丢弃了。理由很简单，因为我们不能照着上午的计划来过下午的人生。早晨美好的事物，到了傍晚可能显得微不足道；早晨的真理，到了傍晚可能已经变成谎言。"或许你过去已成功地走过早晨，但是，当你用同样的方式走到下午时，却发现生命变得不堪重负，坎坷难行，这就是该丢弃东西的时候了。

旁观者清，当局者迷。对于人性的弱点，每个人都有足够的了解，而一旦置身其中选择取舍时往往就不是那么一回事了。这不识"庐山真面目"，只因"身在此山中"，这也是人性的一种悲哀。人生中该收手时就要收手，切莫让得到也变成另外意义上的失去。合理地放弃一些东西吧，因为只有这样我们才能得到更珍贵的东西。

欲望使世界上少了一个天使，满足一个人的欲望，就使世界上少了一个生命。抛却心中的"妄念"，才能够使你于利不趋、于色不近、于失不馁、于得不骄，进入宁静致远的人生境界。

物质的快乐，不等于心灵的幸福

黄石公在《素书》中说："吉莫吉于知足。"他认为知足者有吉庆之福，而老子在《道德经》中说："祸莫大于不知足。"意思是说一个人最大的坏处就在于他不知足，奉劝人们学会知足。孟子说："养心莫善于寡欲；其为人也寡欲，虽有不存焉者，寡矣；其为人也多欲，虽有存焉者，寡矣。"此话说的也是知足常乐的道理。一个人，活在世上，首先要学会知足，一个不知足的人，永远和幸福无缘。

在人的一生中，也会有许多的追求、许多的憧憬。比如：追求真理，追求理想的生活，追求刻骨铭心的爱情，追求金钱，追求名誉和地位。有追求就会有收获，我们会在不知不觉中拥有很多，有些是我们必需的，而有些却是完全用不着的。那些用不着的东西，除了满足我们的虚荣心外，最大的可能，就是成为我们的一种负担。

古人有句话叫"大道至简"，用今天的话来说，就是"越是真理就越是简单"。著名的美籍华裔数学家陈省身先生有一个很有趣的"数学人生法则"，数学的一个重要作用就是九九归一，化繁为简。智者的简单，并非因为贫乏或缺少内容，而是繁华过后的一种觉醒，是一种去繁就简的境界。简单的过程是一个觉醒的过程。大道至简，幸福的人生一定是一个去繁就简的人生，是一个节制自己欲望的人生。

财富也好，情感也罢，或是其他方面的欲望，都应把握有度，适可而止。多贪多欲，乃失败之根本。在有些人中，我们想要这个或那个，如果不能得到我们想要的，我们就不停地去想我们所没有的，并且保持一种不满足感。如果我们已经得到想要的，那仅仅是在新的环境中重新创造同样的想法，因此，尽管得到了我们所想要的，我们仍旧不高兴。当我们充满新的欲望时，是得不到幸福的。

一位心理学家指出：最普遍的和最具破坏性的倾向之一就是集中精力于我们所想要的，而不是我们所拥有的。对于拥有多少我们似乎并不为意；我们仅仅不断地扩充欲望的名单，这就导致了我们的不满足感。你心里会说："当这个欲望得到满足时，我就会快乐起来。"可是一旦欲望得到满足后，这种心理作用却不断重复。因而，幸福也随之变得越来越远，甚至成为一个遥不可及的梦。

柏杨先生曾说："一个人的欲望如果只是追求金钱或权势，他便永不能获得满足，而不满足便不能快乐……物质的快乐，不等于心灵的幸福，物质的不快乐，同样也不等于心灵的不幸福。"幸福与物质无关，它是一种心态，一种满足感。在世俗的生活中，柏老无疑是个幸福的人。

据张香华女士回忆，她初识柏老之时，柏老住在一个改装过的汽车间里，"写字间与客厅合并"，"一间小卧室，用一排高大的书架充当墙壁"，"一切的琐事都要亲自处理"。这与我们想象中的样子完全不同，但柏老就是在这样的环境中，进行着自己的写作，且生活得很惬意，如果没有一颗知足常乐的心，是无法达到这种境界的。幸福，其实就是这么简单：别勉强自己去做别人，知足常乐即可。

知足常乐是一种看待事物发展的心情，不是安于现状的追求态度。《大学》中的"止于至善"是说人应该懂得如何努力而达到最理想的境地和懂得自己该处于什么位置是最好的。只有知足常乐、知前乐后，透析自我、定位自我、放松自我，才不致好高骛远，迷失方向，碌碌无为，心有余而力不足，弄得心力交瘁。

知足是一种处世态度，常乐是一种幽幽释然的情怀。知足常乐，贵在调节。做到知足常乐，良好心态就会和为人处世并驾齐驱，充满和谐、平静、适意、真诚。这是一种人生底色，当我们都在忙于追求、拼搏而迷惘的时候，知足常乐，这种在平凡中渲染的人生底色所孕育的宁静与温馨对于风雨兼程的我们是一个避风的港口。休憩整理后，毅然前行，来源于自身平和的不竭动力。真正做到知足常乐，人生会多一些从容，多一些达观。

多贪多欲的人，纵然富甲天下，还是无法满足，等于是个穷人，他们拥有的是痛苦的根源而非幸福的靠山；而少欲知足的人，才是真正的富人。

处世智慧

精诚的心胜过其他一切技能

"神莫神于至诚"，真诚乃最明智的处世之道。因为情感是人们沟通、交流的桥梁。饱含真情的语言则是唤起情感的一种最具感召力的武器。运用真情流露的言语策略，可以顺利地使双方产生情感共鸣，关系融洽，形成良好的交际氛围，可以有力地推动人们将某种行为动机付诸实施，并作出积极的反应。

人贵以真，更贵以诚。如果把真诚的思想和感情直接表达和抒发出来，受话的一方一般也会动以真心，施以诚意。开诚布公法就是利用人间这种宝贵的"真诚"二字来发挥作用的。这就是说话的方中带圆，圆中有方。

　　只有实实在在、诚心诚意对待他人，才能获取他人真心实意的帮助与支持，才能达成预期的目标。真实、笃诚和真情是说实话时必须注意的三要素，以真实、笃诚为铺垫、为基础，以真情动人、以真情感人，才能达到打动人心的目的。

　　英国诗人乔叟曾说过："真诚才是人生最高的美德。"很多人总觉得周围的人难以信任，对一切都抱有一颗戒备的心，然后感叹世事难料，人心不古。其实，在抱怨别人没有真诚对待自己的时候，你是否问过自己，你以一颗真诚的心对待这个世界了吗？如果你对他人失去了真诚，又有什么资格获得真诚呢？

　　以学术为毕生事业的冯友兰先生，更习惯以学术的方式阐述人生的哲理。对于真诚，他用一些学术，甚至是文艺作品为例进行分析，他说："以文艺作品为例……为什么有些作品，能令人百看不厌呢？即因其中有作者的一段真挚精神在内。"不管是什么样的作品，真正打动人心的，是那份真诚的精神与情感，而不是那些华丽的文字。冯友兰先生还借用《周易》中的内容来说明真诚的重要：《周易》乾卦的《文言》说："修辞立其诚。"我们说话、写文章都要表达自己真实的见解，这叫"立其诚"。做人也是如此，唯有用一颗真诚的心，才能换得别人的真诚相待。

　　有一只乌龟在沙滩上晒太阳时，几只螃蟹爬过来，它们看到乌龟背上的甲壳，便嘲笑道："瞧瞧，那是一只什么怪物啊，身上背着厚厚的壳不说，壳上还有乱七八糟的花纹，真是难看死了。"

　　乌龟听后，觉得很羞愧，因为它自己早就痛恨这身盔甲。可这是娘胎里带出来的，它没法改变，只能把头缩进壳里，想来个眼不见、耳不听，还能落得个清静。

　　谁知螃蟹们见乌龟不反抗，便得寸进尺："哟，还有羞耻心呢，以为把头缩进去，你就能改变你一出生就穿破马甲的命运吗？"乌龟没有应答，螃蟹自讨没趣，于是走了。

　　乌龟等螃蟹们走后，伸出头，迈动四肢，找到一处礁石，把它的背部靠在礁石上不停地磨，想磨掉那件给它带来耻辱的破马甲。

　　终于，乌龟把背磨平了，马甲不见了，但它全身鲜血淋漓，疼痛不堪。

　　这天，东海龙王召集文武百官开会，宣布封乌龟家族为一等勋爵，并令它们全体来叩谢。

在乌龟家族里，龙王一眼就瞧见了那只已没有马甲的乌龟，大怒道："你是何方妖怪，胆敢冒充乌龟家族成员来受封？"

"大王，我是乌龟呀！"

"放肆，你还想骗我，马甲是你们龟类的标志，如今你连标志都没有了，已失去了本色，还有什么资格说是乌龟！"说完，龙王大手一挥，虾兵蟹将们就将这只丢掉本色的乌龟赶出了龙宫。

可怜的乌龟一味地想要改变自己，最后将自己弄得面目全非，被赶出了乌龟家族。只有用真诚的心对待别人，你才无愧于别人，也无愧于自己。真诚是一种自发、自愿的行为，真诚的心是透明的，没有杂质，它告诉身边的人，我没有撒谎，也没有伪装，我所说的和做的都是自然情感的流露。冯老的哲学作品便是如此，他是用最真诚的心在书写，因而能获得世人广泛的认可。

敞开心扉，真诚地对待他人，或许也会有一时被误解之时，但那段"真挚的精神"，终将落入世人的心目中。

巧诈不如拙诚

在黄石公看来，"神莫神于至诚"是最神奇的处世之道。《易经》上也说："诚可通天。"诚信是一个人的立身之本。一个人没有信用，就没有人相信，不被人相信的人，就不能在社会上立足，干不出什么大事。

梁漱溟先生曾说，中国文化的最大特征是"人与人相与之情厚"，就是说人和人在一起感情非常深厚，而这种感情的深厚以信用作为基础。所以孔子说："人而无信，不知其可也。大车无輗，小车无軏，其何以行之哉？"

唐朝元和年间，东都留守名叫吕元应。他酷爱下棋，养有一批下棋的食客。吕元应与食客下棋，谁如果赢了他一盘，出入可配备车马；如果赢两盘，可携儿带女来门下投宿就食。

有一日，吕元应在庭院的石桌旁与食客下棋。激战犹酣之际，卫士送来一叠公文，要吕留守立即处理。吕元应便拿起笔准备批复。下棋的食客见他低头批文，认为不会注意棋局，迅速地偷换了一子。哪知，食客的这个小动作，吕元应看得一清二楚。他批复完文件后，不动声色地继续与食客下棋，食客最后胜了这盘棋。食客回到住房后，心里一阵欢喜，企望着吕留守提高自己的待遇。

第二天，吕元应携来许多礼品，请这位食客另投门第。其他食客不明其中缘由，很是诧异。十几年之后，吕留守处于弥留之际，他把儿子、侄子叫到身边，谈起那次下棋的事，说："他偷换了一个棋子，我倒不介意，但由此可见他心迹卑下，不可深交。你们一定要记住这些，交朋友要慎重。"

棋品即人品，我们在日常生活中一些不守信用的行为，看似小事，却会为我们的品格印上很大的污点，成为阻碍我们人生发展的隐患。

欧洲某些国家公共交通系统的售票处大部分是自助的，也就是说你想到哪个地方可根据目的地自行买票。没有检票员，甚至连随机性的抽查都极少。据说逃票被抽检抓到的大约只有万分之三。

一位留学生发现了这个管理上的"漏洞"。他很乐意不用买票而坐车到处游玩，在他四年的留学期间，他因逃票被抓了两次。四年后，他大学毕业，试图在当地找份工作。他知道许多跨国大公司都在积极地开发亚太市场，就向这些公司投了自己的求职资料，可都被拒绝了。一次次的失败使他愤怒地认为这些公司有种族歧视。终于有一天，他冲进了一家公司人力资源部经理的办公室："先生，我想问一下贵公司为何不录用我。据我所知，我有一位各方面能力都不如我的同学已被你们录用。你们是不是歧视亚洲人？"

"先生，我们并没有歧视你，相反的，我们很重视你，因为我们公司一直在亚太进行市场开发，我们需要一些优秀的本土人才来协助我们完成这个工作，所以你刚来求职的时候，我们对你的教育背景和能力很感兴趣。老实说，你就是我们所要找的人。"经理回答。

"那为什么不录用我呢？"

"因为我们查了你的信用记录，我们发现你有两次乘公车逃票的记录。"

"我承认。但为了这点小事，你们就放弃了一个能为你们带来更大利益的人才？"

"小事？不，不！先生，我们并不认为这是小事。我们注意到了，第一次逃票你说自己还不熟悉自动售票系统，这有可能。但在之后，你又逃了票。这如何解释呢？"

"那时刚好我口袋中没零钱。"

"不，不！先生，我不同意这种解释。我相信你可能有数百次的逃票。对不起，我只是说可能。此事证明了几点：第一，你不仅不尊重规则，而且善于发现规则中的漏洞并恶意使用；第二，你不值得信任，而我们公司的许多工作的进行是必须依靠诚信来完成，如果你负责了某个地区的市场开发，公司将赋予你许多职权，但为了节约成本，我们不会设置复杂的监督机构，正如我们的公共交通系统一样。因此我们没办法雇用你，而且我可以断定：在这个国家甚至在整个欧盟，可能没有公司会冒险来雇用你。"

正如孔子所言，辁和轵都是车子的关键所在，如果大车没有横杆，小车没有挂钩，那车子是走不动的。对于人来说也是一样，不管做人、处世、为政，"信"都是关键所在。一个人失去了信用，就失去了做人的基础，长此以往，别人对其只会敬而远之。

相反，有些人自以为聪明，专门使用狡诈欺蒙的手段来达到目的。其实，这种伎俩是行不通的，或早或迟，总有骗局被揭穿、真相大白的一天，到时候骗人者轻则声名狼藉、众叛亲离；重则无法在社会立足，并受到法律的制裁，正如《红楼梦》中所说的："机关算尽太聪明，反误了卿卿性命。"

韩非子说："巧诈不如拙诚。"巧诈的行为虽然可能图得暂时的利益，可是一旦被人识破，换来的就是别人怀疑的眼光。以近乎愚笨的拙诚来待人处世，一时间或许他人无法感受到你的诚意，但经过长久的相处，必能获得他人的信赖。

表面的现象别轻信

客观世界里充满了矛盾和假象，所以，我们只有掌握了科学的思维方法，才能在错综复杂的矛盾面前识别假象，去伪存真，让自己立于不败之地，这正是"明莫明于体物"的道理所在。

以下的两个例子就是告知我们千万不要被假象蒙蔽而犯错。

晋文公在位的时候，曾遇到过一起发生在自己身边的陷害案。

一天，一个侍从在御膳间端了一盘烤肉，恭恭敬敬送到晋文公面前请其就餐。晋文公拿起餐刀正准备切肉尝鲜，忽然发现肉上粘着不少头发。他立即放下手中的小刀，命人去找膳吏。那个膳吏看到传召的侍从脸色不好，一路上不停地捉摸这次晋王召见的原因。究竟是刚送去的烤肉火功不够，还是烧烤时用料不当，口味欠佳呢？

他哪知道一见晋文公就遭到一阵责骂。晋王气势汹汹地说道："你是存心想噎死我吗？为什么在烤肉上放这么多头发？"膳吏一听，原来发生了一件自己没有料到的祸事。虽然他明知道这件事里面有鬼，但在君王的气头上是不能辩白的。

否则如果把握不好，很容易招致横祸。因此，膳吏急忙跪拜叩头，口中却似是而非、旁敲侧击地说道："请君王息怒，奴才真是该死。烤肉上缠着头发，我有三条罪责。我用最好的磨石把刀磨得比利剑还快，它能切肉如泥，可就是切不断毛发，这是我的第一大罪过。我在用木棍去穿肉块的时候，竟然没有发现肉上有一根毛发，这是我的第二大罪过。我守着炭火通红、烈焰炙人的炉子把肉烤得油光可鉴、吱吱有声、香味扑鼻，然而就是烤不焦、烧不掉肉上的毛发，这是我的第三大罪过。不过我还想补充一句，您是一位明察秋毫的贤明君主，您能不能把堂下的臣仆观察一遍，看看其中是否有恨我的人呢？"

晋文公觉得膳吏所言话外有音，所以对案情产生了一点怀疑。他立即召集属下进行追问，结果不出膳吏所料，真的找出了那个想陷害膳吏的坏人。晋文公下令杀了那个人。

三国时期，吴国的国君孙亮的思维判断能力也非常令人折服。孙亮非常聪明，观察和分析事物都非常深入细致，常常能使疑难事物得出正确的结论，为一般人所不及。

一次，孙亮想要吃生梅子，吩咐黄门官去库房把浸着蜂蜜的蜜汁梅取来。这个黄门官心术不正而且心胸狭窄，是个喜欢记仇的小人。他和掌管库房的库吏素有嫌隙，平时两人见面经常发生口角。他怀恨在心，一直伺机报复。这次，可让他逮到机会了。他从库吏那里取了蜜汁梅后，悄悄找了几颗老鼠屎放了进去，然后才拿去给孙亮。

不出他所料，孙亮没吃几口就发现蜂蜜里面有老鼠屎，果然勃然大怒："是谁这么大胆，竟敢欺到我的头上，简直反了！"

心怀鬼胎的黄门官忙跪下奏道："库吏一向不忠于职责，常常游手好闲，四处闲逛，一定是他的渎职才使老鼠屎掉进了蜂蜜里，既败坏主公的雅兴又有损您的健康，实在是罪不容恕，请您治他的罪，好好儿教训教训他！"

孙亮马上将库吏招来审问鼠屎的情况，问他道："刚才黄门官是不是从你那里取的蜜呢？"

库吏早就吓得脸色惨白，他磕头如捣蒜，结结巴巴地回答说："是……是的，但是我给他……的时候，里面……里面肯定没有鼠屎。"

黄门官抢着说："不对！库吏是在撒谎，鼠屎早就在蜜中了！"

两人争执不下，都说自己说的是真话。

侍中官习玄和张邠出主意说:"既然黄门官和库吏争不出个结果,分不清到底是谁的罪责,不如把他们俩都关押起来,一起治罪。"

孙亮略一沉思,微笑着说:"其实,要弄清楚鼠屎是谁放的这件事很简单,只要把老鼠屎剖开就可以了。"他叫人当着大家的面把鼠屎切开,大家仔细一看,只见鼠屎外面沾着一层蜂蜜,是湿润的,里面却是干燥的。孙亮笑着解释说:"如果鼠屎早就掉进蜜中,浸的时间长了,一定早湿透了。现在它却是内干外湿,很明显是黄门官刚放进去的,这样栽赃,实在是太不像话了!"

这时的黄门官早吓昏了头,跪在地上如实交代了陷害库吏、欺君罔上的罪行。

由此可见,对于复杂的形势和难以判断的事物,我们只有全面分析、推理,开动脑筋想办法,才不会被表面现象所迷惑,不被事物的复杂性所吓倒,也才能正确认识事物的现象和本质,作出公正的判断。

有些人为了达到个人的目的不惜造谣生事、诬陷诽谤,只有具有灵活的思维和准确的分析判断能力,才能够避免被人蒙蔽,犯下只看表象、不识本质的错误。

蛮力总是比不过巧劲儿

黄石公之所以强调:"长莫长于博谋。"这是因为做人需有勇有谋,凭借勇气横冲直撞,虽然能够取得一时的胜利,但是却不利于日后的发展。为人处世的技巧之一,就是要懂得巧用智谋战胜别人,而非凭借蛮力。

例如胡雪岩,他为了保护自己的利益,虽然和生意场上的人频频过招,但是在斗智斗勇的过程中却一直在寻求最好最省气力的解决方法。在他和盛宣怀的交手过程中,不难看出他智慧的一面。

为了打败盛宣怀,又不与其发生正面交锋,胡雪岩几经思量想出了釜底抽薪的好办法。胡雪岩开始打盛宣怀主管官员李瀚章的主意,希望这样能够牵制住盛宣怀的行为。

一天,胡雪岩去李瀚章处吹风,说湖北那边儿出事情了,其主要原因就是盛宣怀办事不力,希望李大人仔细考量。李瀚章听信了他的话,十分赞同他的看法,决定去向李鸿章反映情况。见李瀚章心动,胡雪岩赶忙再抽一把柴,说:"李大人,盛宣怀办矿,可以说是擀面杖吹火,一窍不通。这个尚且不说,他的资金从哪里来?单凭官款和十万元商股远远不够。"就这样直接点出问题的关键,李瀚章不免询问胡雪岩的看法。胡雪岩接着说道,"筹集资金之地,全国上下,莫过于上海;

而集上海之能人，莫过于唐廷枢、徐润。这煤铁轮船总局若能划归轮船招商局，所有问题就可以迎刃而解，也不必像现在这般挣扎在死亡线上。湖北煤铁若筹集不到资金，可在上海筹集，也可将轮船招商局的资本暂缓扩充。用到湖北煤铁开采总局来，这个办法虽说不是十分理想，却很有效。"

要说胡雪岩聪明，他虽然是想趁机打压盛宣怀的势力，并趁机将他的事业划给自己，但是却字字有力，分析得头头是道，对方如何不动心？胡雪岩一走，李瀚章左右思索一番，就将这段话说给弟弟李鸿章听。李鸿章听了之后，很是生气，又碍于是自己哥哥不好说什么。只能嘱咐盛宣怀多协调跟自己哥哥的关系。弄得盛宣怀好不难看，但是因为自己对李瀚章无可奈何，即便知道是胡雪岩捣鬼，也只好吃哑巴吃黄连了。

商场如战场，也存在惊险的博弈规则。就算不采用釜底抽薪的办法，能让对方出错招更省时、省力。

下棋的人都知道一句话，叫作"一着走错——满盘皆输"。为人处世要时刻牢记以智取胜，以免因一时疏忽导致前途尽毁。面对对手，就应该像胡雪岩之类的商人一样，要懂得从最佳的角度切入，用智谋取胜，毕竟蛮力总是比不过巧劲儿。

不要让精神先于身躯垮下去

都说哀莫大于心死，用黄石公的话来说即"哀莫哀于精散"。王氏认为黄石公此言在于说明："精神耗散，忧悲灾患自然而生。"的确，作为一个生理的躯体，人都要面临死亡，这是任何人都无法回避的事实。绝大多数的人畏惧死亡，都希望远离这一刻。其实，在很多时候，将人最终送上死亡的不是疾病、也不是灾难，而是绝望。当人们失去了活着的动力，与命运抗争的勇气、信心也就随即飘散，剩下的也就只有死亡。

有一句禅语叫掬水月在手。苍天的月亮太高，凡人的力量难以企及，但是开启智慧，掬一捧水，月亮美丽的脸就会笑在掌心。关键是人在生命的极点时，在完全不可能的情况下，主观是否奋力一搏，是否那么垂死挣扎一下？遗憾的是，很多时候，我们的精神先于我们的身躯垮下去了。

一个人经过两山对峙间的木桥，突然，桥断了，奇怪的是，他没有跌下，而是停在半空中。脚下是深渊，是湍急的涧水。他抬起头，一架天梯荡在云端。望上去，

天梯遥不可及。倘若落在悬崖边，他绝对会乱抓一气的，哪怕抓到一根救命小草。可是这种境地，他彻底绝望了，吓瘫了，抱头等死。渐渐地，天梯缩回云中，不见了踪影。云中的声音说，这叫障眼法，其实你踮起脚尖儿就可以够到天梯，是你自己放弃了求生的愿望，那么只好下地狱了。

踮起脚尖儿，就是另一条生命，另一种活法，另一番境界。人在任何时候都不应该放弃信念和希望，信念和希望是生命的维系。只要一息尚存，就要追求，就要奋斗。其实，大自然始终在启迪着人们——在春花秋叶舞蹈般潇洒的飘落里，蕴含着信念和希望；巨大岩石的裂缝中钻出的小草，昭示着信念和希望；不断被山风修改着形象的悬崖边的苍松和手心水中的明月无不向我们展示着信念和希望。

从生到死是每个人都必须经历的过程。有些人能够把这个过程演绎得多姿多彩，充满希望，而有些人却只能带来悲凉、灰暗，而决定这一切的有时就在人的一刹那之间，面对生活中的种种不如意，只要心存希望就能够照亮前行的征程。

生活在贫困山区的一个孩子，自幼生活中就充满了艰难，地处山区，物质生活极为匮乏，每到恶劣天气，还经常爆发泥石流、滑坡、塌方。为了躲避地质灾难，一家人只能经常处于四处漂泊的生活。只可惜，在一年夏天，在一家人行走在山间的时候，突发泥石流，父亲、母亲被泥石流所掩埋，他和五岁的妹妹走在前面恰好躲过了这一场灾难。他被眼前的惨状惊呆了，妹妹哇哇大哭，附近的村民赶来救援，用了几天的时间终于挖出了父母的遗体。他悲痛万分，已经没有了生存的勇气，只想抱着妹妹追随父母而去。当他抱着妹妹准备跳下山崖的一刻，看到五岁的妹妹拼命地哭，奋力要挣扎出他的怀抱，他动摇了。这个幼小的生命似乎觉察出了哥哥的意图，她在极力挣扎不愿就此离开。是的，自己不能剥夺妹妹生存的希望。此后，这个男孩带着妹妹开始了打工的艰难生活。若干年后，他已经成家立业，有妻子和两个可爱的孩子。妹妹在他的资助下，已经大学毕业，留学美国，并组建了自己的小家庭。当他们各自带着自己的爱人、孩子，再去当年父母逝去地方祭奠的时候，他感慨万千。以前那两个弱小的生命如今已经为人父母，转折点就在当年准备跳崖时妹妹的奋力挣扎而改变的。

绝望会扼杀掉强大的生命。只要心存希望，希望的光芒能够乘风破浪，化解一切艰难、险阻，就会有勇气面对人生的各种艰难坎坷，历经生活的挑战，迎来属于自己的精彩人生。

管理智慧

能够忍耻的安全，能够忍辱的可以生存

老子曰："大直若屈，大智若拙，大辩若讷。"身处逆境之时，应通晓时事，沉着待机，这才是智者的做法。"伏久者飞必高，开先者谢独早。"只有长久潜伏修智，才能成就大事，才能一鸣惊人。与老子所言相呼应，黄石公在《素书》中提到："安莫安于忍辱。"他认为一个人如果不能忍耐，控制不住自己情感的冲动而鲁莽行事，就可能会进一步陷入苦痛与困难中。一个人如果懂得了这个道理，也就通晓了忍的功效。

杜牧在《题乌江为庙诗》中说："胜负兵家不所期，包羞忍辱是男儿，江东子弟多豪俊，卷土重来未可知。"此诗婉转地批评了项羽，这位大英雄如果当时知忍能忍，只要抱定这种信念，忍而后发，卷土重来未必不成。《说苑·丛谈篇》写道："能够忍耻的安全，能够忍辱的可以生存。"因此，黄石公劝导世人，想要成大事则须忍得一时之辱。

西汉时的韩信，是淮阴人，家里贫穷，没有事干，他便在城下卖鱼，肉铺里有个人欺侮韩信说："虽然你长得高高大大的，还老喜欢带着把剑游来荡去的，其实只是个胆小鬼罢了。"并且当众辱骂韩信说："你如果不怕死，就刺我一剑；如果怕死，就乖乖地从我裤裆下钻出去。"此时周围的人都非常气愤，纷纷叫嚷着让韩信宰了这狂妄的小子。韩信仔细看看，想了一下，俯身从那人裤裆下爬了过去，全街的人都笑韩信怯懦。

后来，滕公向汉高祖刘邦说起韩信，开始时刘邦对他并没有很好的印象，因而也就没有重用他，所以韩信感到无用武之地就偷偷地逃跑了。萧何亲自追他，并对汉高祖说："韩信是无双的国士，你要争得天下，非要韩信不可。和计事的人都要拜请他，选一个日子，要斋戒、设立坛位、完备礼教才行。"刘邦答应了他，拜韩信为大将军。再到刘邦取得天下之后，韩信被封为楚王。

忍可以促使一个人的身心成熟，以便大展宏图。韩信受"胯下之辱"时显示了巨大的忍耐力，尔后才官拜淮阴侯。

所以，如果有大志向，就不要纠缠小事的过节。当忍的地方，就忍耐。如果什么事情都不想忍耐，什么亏都不能吃，这样的人势必会在一些小的过节中浪费很多的精力，他的生活中也会是非不断。只有适当地忍耐，才能养精蓄锐，给自己足够的时间和空间，去实现更大的梦想。当然，在没有足够的实力的时候，更加需要忍耐。因为弱者的生存之道就是隐忍。

朱元璋在取得基本胜利后广积粮、高筑墙、缓称王是忍耐；韩信甘愿受胯下之辱是忍耐；司马迁受到宫刑忍耐而出《史记》；刘备与曹操青梅煮酒论英雄是忍耐。曹操说天下英雄唯使君与操尔，刘备巧借闻雷来掩饰韬光养晦，日后才有三足鼎立之局面。中国有句俗语"大丈夫能屈能伸"，说的便是忍辱负重。试想，假如当时韩信逞一时之勇而与对方打斗，哪还有后来的常胜将军呢？

一次，滕文公面临强大的齐国将在邻国薛筑城时，心里非常恐慌，于是请教孟子应该怎么做。孟子回答说："昔者大王居邠，狄人侵之，去之岐山之下居焉。非择而取之，不得已也。苟为善，后世子孙必有王者矣。君子创业垂统，为可继业。若夫成功，则天也。君如彼何哉！强为善而已矣。"孟子举出了同朝先祖太王的例子，即太王为避狄人的侵犯，体恤百姓，到岐山避难。意在劝谏滕文公面临强敌时，不要与人争强斗胜，而是自己勉励为善，巩固内部，然后自立图强。

孟子在这里提出了使国家保存下来的最实用的办法，也就是忍道。当国力不够强，无法与外敌抗衡时，为了生存下去就要忍。勾践灭吴的故事就是忍道的最好体现。当他被吴国打败，困于会稽山上时，他忍了下来，自己成为夫差的马夫，妻女沦为侍婢。后来终于麻痹了敌人，使夫差放他回去。回国后，他卧薪尝胆，励精图治，终于一举灭吴。这正是勾践忍的结果。

"忍字心头一把刀"，事物总是在不断地运动和变化，机会存在于忍耐之中，对于垂钓者来说，最好的进攻方式就是忍耐。大机会往往蕴藏在大忍耐之中，所谓天将降大任于斯人也，必先苦其心志，劳其筋骨，饿其体肤……就是这个道理。大丈夫志在四方，岂可为鸡毛蒜皮的小事而乱了大谋！忍不是停止，不是逃避，不是无为，而是守弱、蓄积，迂回前进。当命运陷入无可掌控之时，就要心平气和地接纳这种弱势，坚强地忍耐弱者的地位，在守弱的基础上累积实力，发奋图强，使自己脱离弱者的不利地位，适时出击，争取赢得新的成功机会。

忍耐是一种执着，一种谋略；忍耐是一种意志，一种修炼；忍耐是一种信心，一种成熟人性的自我完善。小不忍则乱大谋。人在一生中，难得事事如意。学会忍耐，婉转退却，可以获得无穷的益处。凡事有所失必有所得，若欲取之，必先予之。居上位者不妨谨记之，善用之。

见小利时思大害

元代的一位文人曾作《正宫·醉太平》，其中道有"夺泥燕口，削铁针头，刮金佛面细搜求，无中觅有。鹌鹑嗉里寻豌豆，鹭鸶腿上劈精肉，蚊子腹内剜脂油，亏老先生下手"。这是讥讽贪小利者，其刻画真是入木三分，令人拍案叫绝。也许有夸张之嫌，但也足够引人思考。人生如梦，弹指一挥间。在这个过程中，无数人为蝇头小利算来算去，终究一事无成，如一粒尘土来到世间，庸碌过后，仍旧是尘归尘，土归土。他到来那一刻，世界似乎在打盹，没有被他激起一点涟漪，这样的人生无疑是可悲的。其悲剧的根源，便在于其致命的弱点：贪小利。

贪小利在的危害实际上是《素书》"短莫短于苟得"的第二层含义。意思是，人若没有长远眼光，贪图眼前小利，则会因小失大。有权势或者富贵的人，应酬十分频繁，朋友、熟人之间请客送礼也如家常便饭。这中间除了友情之外，也免不了夹杂个人利害。所以，在接受别人厚礼的时候，要三思而行，千万勿贪利而使自己陷于被动的处境之中。

从前，鲁国的宰相公仪休非常喜欢鱼，赏鱼、食鱼、钓鱼、爱鱼成癖。

一天，府外有一人要求见宰相。从打扮上看，像是一个渔人，手中拎着一个瓦罐，急步来到公仪休面前，伏身拜见。公仪休抬手命他免礼，看了看，不认识，便问他是谁。

那人赶忙回答："小人子男，家处城外河边，以打鱼为业糊口度日。"

公仪休又问："那你找我所为何事，莫非有人欺你抢了你的鱼了？"

子男赶紧说："不不不，大人，小人并不曾受人欺侮，只因小人昨夜出去打鱼，见河水上金光一闪，小人以为定是碰到了金鱼，便撒网下去，却捕到一条黑色的小鱼，这鱼说也奇怪，身体黑如墨染，连鱼鳞也是黑色，几乎难以辨出。而且黑得透亮，仿佛一块黑纱罩住了灯笼，黑得泛光。鱼眼也大得出奇，直出眶外。小人素闻大人喜爱赏鱼，便冒昧前来，将鱼献于大人，还望大人笑纳。"

公仪休听完，心中好奇，公仪休的夫人也觉纳闷。那子男将手中拎的瓦罐打开，果然见里面有一条小黑鱼,在罐中来回游动,碰得罐壁乒乓作响。公仪休看着这鱼,忍不住用手轻轻敲击罐底,那鱼便更加欢快地游跳起来。

公仪休笑起来,口中连连说:"有意思,有意思,的确很有趣。"

公仪休的夫人也觉别有情趣,那子男见状将瓦罐向前一递,道:"大人既然喜欢,就请大人笑纳吧,小人告辞。"公仪休却急声说:"慢着,这鱼你拿回去,本大人虽说喜欢,但这是辛苦得来之物,我岂能平白无故收下。你拿回去。"

子男一愣,赶紧跪下道:"莫非是大人怪罪小人,嫌小人言过其实,这鱼不好吗?"

公仪休笑了,让子男起身,说:"哈哈哈,你不必害怕,这鱼也确如你所说奇异喜人,我并无怪罪之意,只是这鱼我不能收。"

子男惶惑不解,拎着鱼,愣在那里。公仪休夫人在旁边插了一句话:"既是大人喜欢,倒不如我们买下,大人以为如何?"

公仪休说好,当即命人取出钱来,付给子男,将鱼买下。子男不肯收钱,公仪休故意将脸一绷,子男只得谢恩离去。

后来又有好多人给公仪休送鱼,却都被公仪休婉言拒绝了。

公仪休身边的人很是纳闷,忍不住问:"大人素来喜爱鱼,连做梦都为鱼担心,可为何别人送鱼大人却一概不收呢?"

公仪休一笑,道:"正因为喜欢鱼,所以更不能接受别人的馈赠,我现在身居宰相之位,拿了人家的东西就要受人牵制,万一因此触犯刑律,必将难逃丢官之厄运,甚至会有性命之忧。我喜欢鱼现在还有钱去买,若因此失去官位,纵是爱鱼如命怕也不会有人送鱼,也更不会有钱去买。所以,虽然我拒绝了,却没有免官丢命之虞,又可以自由购买我喜欢的鱼。这不比那样更好吗?"

众人不禁暗暗敬佩。

公仪休身为鲁国宰相,喜欢鱼,却能保持清醒,头脑冷静,不肯轻易接受别人的馈赠,这实在很难得。那些身居高位的领导者,更是要懂得洁身自好,为人榜样。

由此可见,有些事,表面看来能获得暂时的利益,但从长远来看,却"因小失大",损失惨重,做事灵活的人绝不会被眼前的利益所迷惑。

不要轻易动摇对下属的信任

俗话说:"用人莫疑,疑人莫用。"领导者在不违背团队运行程序和规则的前提下,要能信任团队成员,而不是怀疑或否认。如果用人多疑,则"上不信下,下不信上，上下离心，以至于败"。也就是黄石公所言："危莫危于任疑。"

用人，信任人，就可以使被用人与用的人把心思和力量共聚于一个焦点，共同创造伟业，取得胜利和成功。《资治通鉴·唐纪》记载：

有人向唐太宗告发魏徵结党营私，太宗就派御史大夫温彦博去查办。几天后，魏徵朝见太宗时说，您应当知道，国家的命运与你我是联系在一起的，您把相位交给我，是相信我会诚心诚意地治国，如果我们之间心存疑忌，那么，我们怎么能治理好国家呢？太宗醒悟，承认了错误。魏徵在上疏中强调：领导者与被领导者之间相互信任，才能使国家得到大治。管仲为齐桓公治理齐国以成霸业，就在于用而有信。可见，"用人不疑"是古今明哲众口一词的见解。

信任，不是只挂在口中的，而是要把它牢记于心，并且时时处处能做做到这一点，这才是领导者的英明。

春秋战国时期，魏文侯打算征伐中山国，上朝讨论的时候，就叫众人举荐能人。堂下就有一位大臣举荐一个叫乐羊的人，说他文武双全，一定能够胜任。但旁边的一位说乐羊的确能征善战，但他的儿子在中山国里做大官，所以就怕他不忍心下手。魏文侯也不好作决断。后来，魏文侯听说乐羊曾经拒绝了儿子要他到中山国任职，还听说乐羊劝说儿子不要再跟着荒淫无道的中山国君的事。魏文侯当下不顾群臣的反对，决定重用乐羊，派他带兵去攻打中山国。

乐羊率领军队一直打到中山国的国都，然后驻扎在城下，按兵不动。几个月过去了，乐羊还是没有起兵攻打。这时的魏国，议论四起，可是魏文侯都不听他们的，并不断派人给乐羊送去吃的喝的。一个月后，乐羊发动攻势，没过几天，终于攻下了中山国的都城。魏文侯听到消息很高兴，亲自为乐羊接风。筵席完毕，魏文侯送给乐羊一个只大箱子，笑着说要让他回家之后再打开看。乐羊回到家打开箱子一看，原来全是自己在攻打中山国时，大小群臣诽谤自己的奏章。

如果当时魏文侯听信了群臣的话，中途对乐羊采取行动，那么自己托付的事也就无法完成，也就不可能攻下中山国。一个领导者正确的判断是信任的前提，也是至关重要的，如果无法作出正确的判断，也就无法对下属信任，那么，就会走上怀疑的道路，这比直接的指责下属更严重。

三国时的孙策，十几岁就统率千军万马横扫江东，声震四方，年纪轻轻就干出了一番大事业。他的下级对他忠勇，愿意为了他连命都不要。孙策为什么能得到下级的拥护呢？史书上记载："策为人，美姿颜，好笑语，性阔达听受，善于用人，是以士民见者，莫不尽心，乐为致死。"只因为他信任下级。如果没有他对下级的信任，他也不会取得那么大的成就。

孙策对太史慈的重用充分地表明了他对下属的信任所产生的良好效果。当刘繇被孙策杀得大败，残兵败将逃散四方的时候，孙策派太史慈去招纳刘繇的部下。这时身边的人都担心太史慈会恋旧主而一去不返。而孙策却说："太史慈不是那种人。你们放心好了。"并亲自为太史慈设宴送行，握住他的手问："什么时候能完成任务？"太史慈说："不过两个月。"果然过了五十多天，太史慈就率领着浩浩荡荡的队伍回到了孙营。

孙策毫无顾忌地信任太史慈，甚至到了有点犯傻的境界，正是因为这样，充分信任下属，才促使他们死心塌地为他努力工作，能最大限度地发挥其才能。

信任你的下属，实际上也是对下属的爱护和支持。古人云：木秀于林，风必摧之。特别是对于担当拓展、探索者角色的下属而言，容易受人非议，蒙受一些流言蜚语的攻击的；那些敢于直谏领导错误，提建议、意见的；那些工作勤勉努力犯了错误并努力改正的，领导的信任就是他们最后的精神支柱，柱倒而屋倾，在此种状态下，领导者切不可轻易动摇对他们的信任。

求富贵应以方正作为准绳

俗话说：没有不透风的墙。违背道义，不走正路，一旦东窗事发，必定引起万人唾骂，名利两失。所以，从正道出发，赚取正当的利益，才能有更长远的发展。可是，人为财死，鸟为食亡，总是有人为了满足私欲而取不义之财。"幽莫幽于贪鄙"，贪婪是最受人鄙视的人性弱点。它让人心晦暗，品德变得鄙陋。

"三年清知府，十万雪花银"。历史上贪污之事层出不穷，其中最具代表性的人物当属清朝乾隆年间的大臣和珅。曾有一位叫汪如龙的官员，送给和珅几十万银两，想谋个肥缺，和珅马上让汪如龙当上了两淮监政。而这个职位，之前一直由一名叫征瑞的官员担任。

征瑞每年也都向和珅进献银两万，看着汪如龙霸占了自己的官职，他心中有些不悦，跑去询问和珅："大人，我每年也向国家贡献白银十万，贡献如此之多，怎么就把我给换了呢？"和珅拉着征瑞的手，笑眯眯地对他说："别人的贡献更大嘛。"和珅如此赤裸裸的回答，让征瑞哑口无言。

有位山西巡抚派下属携银二十万两，专程赴京给和珅送礼。可是连去了几次，也没人接待。后来，下属专门拿出五千两白银送给接待的人，这才出来一个身穿华服的少年仆人，一开口就问："是黄（金）的，还是白（银）的？"来人告知是白的，少年仆人吩咐手下将银子收入外库，给来人一张写好的纸束，说："拿这个回去为证，就说东西已收了。"送去二十万两银子，连和珅的面也没见上，可见和珅的胃口有多大！

和珅把持朝政二十余年，金钱交易的事俯拾皆是。和珅为官，弄权耍奸，朝野骂声不绝。故而当他的靠山乾隆帝死后不久，他就被新皇帝嘉庆宣布二十条罪状，令其自裁。一代贪官终于不得善终。

子曰："富与贵，是人之所欲也，不以其道得之，不处也。贫与贱，是人之所恶也，不以其道得之，不去也。"孔子又说："不义而富且贵，于我如浮云。"他提出不论是富贵的获得和贫贱的摆脱，都必须严格地遵照一定的道德标准来实现，如果违反道德标准，就是"不义"的行动，应受到人们的鄙视。

明《七修类稿》中记载了弘治年间一个吏部尚书写在门上的一副对联："仕于朝者以馈遗及门为耻，仕于外者以苞苴入都为羞。"馈遗、苞苴，都指贿赂。就是说，在朝里做官的接受别人的非法馈赠，在外地做官的向朝里进贡行贿，这都是可耻可羞的。明代一度贿风盛行，而兵部尚书于谦在做巡抚时"每入京，未尝持一物交当路"，他赋诗抒怀："手帕蘑菇及线香，本资民用反为殃；清风两袖朝天去，免得闾阎话短长。"

宋代张商英认为："以身殉物，过莫甚焉。"也就是说，贪婪之人无一不是被物欲所奴役，因身外物而迷失了灵魂。俗话所说："天下熙熙，皆为利来；天下攘攘，皆为利往。"其实，就像庄子所说的那样，贪、腐者们追求的那些东西其实不外身体的安适、丰盛的食品、漂亮的服饰、绚丽的色彩和动听的乐声这些东西，到头来其实都是一场空。

发财做官是有些人都想得到的，不用正当的方法得到的，不要接受；贫穷和地位低贱是人人厌恶的，不能用正当方法摆脱。君子扔掉了仁爱之心，怎么能成就君子的名声？君子时时刻刻都不离开仁道，紧急时不离开，颠沛时也不离开。这是孔子关于义、利的看法，直白地说，即是君子得财，要来得正当，不正当的钱财，离开仁道去苟取的钱财，是令人生厌的。

"君子爱财，取之有道"，人们对阳光下的财富心怀敬意，只有阳光下的财富才有明亮的光泽，而阴暗中的财富自然会遭到人们的质疑。求富贵、去贫贱都应以义为准绳，以义导利，以义去恶，否则将适得其反。

朱元璋曾给他的臣子们算过一笔账：老老实实地当官，守着自己的俸禄过日子，就好像守着"一口井"，井水虽不满，但可天天汲取，用之不尽。

朱元璋的这个账算得颇有哲理，"一口井"哲学形象地点明了明哲保身的财富哲学，靠自己的劳动获取财富最踏实，不义之财最终葬送的是整个人生。

战国时代，孟子名气很大，府上每日宾客盈门，其中大多是慕名而来的求学问道之人。有一天，孟子府上接连来了两位神秘人物，一位是齐国的使者，一位是薛国的使者。对这两位贵客，孟子自然不敢怠慢，小心周到地接待他们。

齐国的使者给孟子带来赤金一百两，说是齐王所赠的一点小意思。孟子见其没有下文，坚决拒绝齐王的馈赠。使者灰溜溜地走了。

隔了一会儿，薛国的使者也来求见。他给孟子带来五十两金子，说是薛王的一点心意，感谢孟先生在薛国发生兵难的时候帮了大忙。孟子吩咐手下人把金子收下。左右的人都十分奇怪，不知孟子葫芦里装的是什么药。陈臻对这个件事大惑不解，他问孟子："齐王送你那么多的金子，你不肯收；薛国才送了齐国的一半，你却接受了。如果你刚才不接受是对的话，那么现在接受就是错了，如果你刚才不接受是错的话，那么现在接受就是对了。"

孟子回答说："都对。在薛国的时候，我帮了他们的忙，为他们出谋设防，平息了一场战争，我也算个有功之人，为什么不应该受到物质奖励呢？而齐国人平白无故给我那么多金子，是有心收买我，君子是不可以用金钱收买的，我怎么能收他们的贿赂呢？"

孟子不收不义之财，因为他明白收受贿赂的钱财，自己就将永远受制于人。人生的辩证法是无情的，有得必有失，想得到更多，反而失去更多。过于贪心的人不仅享受不到"一口井"给自己带来的幸福，弄不好还会把自己的生命也搭进去。爱财之心人皆有之，而君子爱财取之正道。这样的财来得心安理得，来得理所当然，对自己、对他人都没有坏处，用起来自然身心舒坦，别人也无从挑剔。

靠邪恶之道上位者必不能长久

这世界上什么人都有，通过背信弃义而取得成功的人不在少数。有时候，偏偏是被我们所唾弃的骗子成了富翁，但是骗子的路肯定走不长久，他们迟早会被揭发，落下骂名，我们也从不认为他们是有能力的人。这也是"短莫短于苟得"在贪图眼前小利与安于现状外的第三层含义。

一个君主，如果他想成为明君，笃守信义、讲究人道就是他必须具备的品质和意识，没有这种人道意识，他不过是个暴君而已，绝不是个有成就的伟人。例如西西里人阿加托克雷，他是个卓越的领袖，但他的人格遭到后世的唾弃。

阿加托克雷本来是个平民，而且是个下等、卑贱的人，但他却崛起成为意大利西西里岛锡拉库萨的国王。阿加托克雷是陶工的儿子，但从少年时期已经满怀野心。他投身军界之后，几经擢升，成为锡拉库萨地方执政官，至此，他决心要当上国王，依靠暴力而不依靠他人的帮助走上征伐之路。他先是佯装召集锡拉库萨的富翁和元老，表面称同他们商讨关于共和国国事，实则把他们围困起来闪电般地屠杀殆尽，然后控制了城市统治权力。继而他做出国家内乱的样子，然后诱惑对锡拉库萨有所图谋的迦太基领袖阿米尔卡雷进攻当地。不知已经中计的阿米尔卡雷果然上当，带着大量兵马进攻锡拉库萨。阿加托克雷一面进攻迦太基在西西里的部队，一面派兵渡海去打迦太基的另一个老巢——非洲。结果腹背受敌的迦太基人不得不与阿加托克雷言和，阿米尔卡雷无奈之下将西西里岛给了阿加托克雷。

仔细考察阿加托克雷的行动与生涯，人们不难发现这个人从不依靠幸运，而是完全依靠实力和狡诈取得成功；他欺骗了相信他的人，同时他把自己的敌人玩弄于股掌，手段可谓毒辣。

有人说，想要成功就必须让自己变得卑鄙，但绝大多数有成就的人都有一颗大度的心。大凡心狠手辣的统治者，骂名远比盛名来得响亮，后人虽一度试图为其辩护，但永远掩盖不了他们的恶性。在现代社会，毫无美德，依靠欺骗、掠夺而获得成就，则更加不可行。这种人所得的或许是利禄，但绝不是名誉，而且一旦被发现，他将沦入万劫不复之地。

当你不谨慎时失去了品格中的任何一样，你的人格之塔便开始崩塌。你每丢掉一样，就会令自己变得岌岌可危。当你放弃了大半时，你将轰然而倒。中国的古人笃信仁、义、礼、智、信，认为每一样都非常重要，它们就如同君主应当具备的"慈悲为怀、笃守信义、讲究人道、虔敬信神"等道德一般。这几种品质都应该被人们牢牢地坚守，他们是有成就者人生的试金石，一旦失去其中一样，你将永难成为纯真的至宝。

第五章 遵义

注曰：遵而行之者，义也。

王氏曰：遵者，依奉也。义者，宜也。此章之内，发明施仁、行义，赏善、罚恶，立事、成功道理。

孔子教诲世人，富有而爱好礼义；孟子告诫世人，图致富也要施行仁义。大凡行仁义的人完全可以保持幸福而消除灾祸，爱好礼义的人完全可以保持已有的成就而防止失败。

[原文]

以明示下者暗。有过不知者蔽。迷而不返者惑。以言取怨者祸。令与心乖者废。后令缪前者毁。怒而无威者犯。好众辱人者殃。戮辱所任者危。慢其所敬者凶。貌合心离者孤。亲谗远忠者亡。近色远贤者昏，女谒公行者乱。私人以官者浮。凌下取胜者侵，名不胜实者耗。略己而责人者不治，自厚而薄人者弃废。以过弃功者损，群下外异者沦。既用不任者疏。行赏吝色者沮。多许少与者怨。既迎而拒者乖。薄施厚望者不报。贵而忘贱者不久。念旧恶而弃新功者凶。用人不得正者殆，强用人者不畜。为人择官者乱，失其所强者弱。决策于不仁者险。阴计外泄者败，厚敛薄施者凋。战士贫，游士富者衰。货赂公行者昧。闻善忽略，记过不忘者暴。所任不可信，所信不可任者浊。牧人以德者集，绳人以刑者散。小功不赏，则大功不立。小怨不赦，则大怨必生。赏不服人，罚不甘心者叛。赏及无功，罚及无罪者酷。听谗而美，闻谏而仇者亡。能有其有者安，贪人之有者残。

[译文]

　　总是向人显示聪明，其实是愚蠢的行为；有过错而不能反省的人，必会陷入愚昧；陷入迷途而不知返者，必然昏乱、迷惑；因言语招致埋怨，必然产生祸患；政令与心愿不一致，则必然导致政令偏废；号令前后不一，无法执行，必然导致失败；发怒却没有威严，无人畏惧，必然会受到侵犯；喜欢当众侮辱别人的人，必然要遭殃；对自己的部下过分责难的人，必然会令自己处于危险的境地；怠慢其所敬重的人，必然会招致不幸；貌合神离者，必然陷入孤独；亲近奸馋小人，远离忠良之士者，必然遭遇灭亡的厄运；亲近女色，疏远贤人者，必然昏庸无能，一事无成；女子干政，必然会使社会产生动乱。

　　私下买卖官位，让庸碌之辈掌权，就会导致政事虚浮，误国费事；欺凌属下、以势压人者，也必将受到属下的侵犯；名不符其实者，虽耗尽精力，亦不能办好事情；对己宽容，对别人求全责备者，什么事情也办不好；对己宽厚，对别人刻薄者，必将被人所唾弃；因为属下微小的过失就忽略其功劳的，必将大失人心，最后损害其自身利益；上下离心，内外异志，必定沦亡；任用属下却不加以信任，必然导致上下关系疏远；奖赏属下时吝啬小气，则会令人沮丧、失望；许诺多，实际兑现少，必然招致众人的埋怨；起初热情欢迎，之后又将人拒的做法，必然

会使双方的情义断绝。

总想用小恩惠换大回报的人，必不能得偿所愿；富贵之后就忘了贫贱时的情况，这样的富贵必不会长久；对别人的旧恶耿耿于怀，对其新立功勋却视而不见，这样的人必将遭遇凶险；任用不正直的人，必将产生危险；勉强用人，一定留不住人；任人为官却徇私徇情，则必将导致政事混乱；失去自己的优势，强者就变成了弱者；作决策时，向仁德缺失者咨询，是一件非常危险的事情；隐秘的计划被泄露出去，则会导致事情失败；横征暴敛、薄恩寡施，必将导致社会凋敝；战士出生入死，却生活贫困，享乐之徒无所事事，却安享富贵，这样国势一定会衰败。贿赂政府官员成风，则社会政治必然昏暗、愚昧；对别人做的好事不加重视，对其错误却耿耿于怀，这样的人乃粗暴之人；其所任用的人不值得信任，信任的却又不能胜任其职，这样的政治必定混浊。

依靠道德来教化臣民，则臣民必将聚集在他的周围，若依靠刑法来维持统治，则将导致人心离散；对小功劳不加以封赏，则不能产生大功劳。对小埋怨不宽恕，则必将产生大怨恨；行赏不能服人，处罚不能使人甘心，则必将引起叛乱；无功之人受赏，无罪之人受罚，这是残酷的行为；听到谗言就十分高兴，听到逆耳忠言就心生怨恨，这样国家必然灭亡；各人满足于其所拥有的，则社会安定有序，若贪得无厌，总是贪求别人所拥有的，人民会变得残暴，社会就开始动乱。

[智慧点拨]

为人智慧

心性是一株需要时时修剪的树苗

关于"迷而不知返者惑"，宋代张商英有另一种解读角度，他认为，此句意在劝诫人们莫玩物丧志。沉迷于自身喜好的人终一事无成。的确，人生于天地之间，要想成就一番大事业，就必须不断战胜人自身所具有的各种劣根性，克服各种不良嗜好，严格自制。只有时时修剪心性之苗，对其进行约束，它才能健康成长。

自制是成功者的共同特征，但太多的人不能克制自己，不能把自己的精力全部投入到他们的工作中，完成自己伟大的使命，这便可以解释成功者和失败者之间的区别。

14世纪，有个名叫罗纳德三世的贵族，是祖传封地的正统公爵，他弟弟反对他，把他推翻了。弟弟需要摆脱这位公爵，但又不想杀死他，便想了个办法。罗纳德三世被关进牢房后，弟弟命人把牢房的门改得比以前窄一些。罗纳德三世身高体胖，胖得出不了牢门。弟弟许诺，只要罗纳德能减肥并自己走出牢门，就不仅能获得自由，连爵位也能恢复。可惜罗纳德不是那种有自制能力的人，他无法抵挡弟弟每天派人送来的美食的诱惑，结果不但没有减肥，反而更胖了。

没有自控力，使得罗纳德三世被关在牢房中，只能当一辈子的囚犯。没有控制力，就可能一生都走不出失败的牢笼。反之，能够驾驭自己的人，才能造就机遇，造就成功。正如传记作家兼教育家托马斯·赫克斯利所说："教育最有价值的成果，就是培养了自控力，不管是否喜欢，只要需要就去做。"有了自控力，才能有掌控人生的可能。

秦朝末年。陈胜、吴广在大泽乡揭竿起义以后，各地的英雄豪杰纷纷响应，没多久，反秦的风暴席卷了大半个中国。公元前206年，刘邦率领着一帮人马最先开进了秦王朝的首都咸阳。都城中恢宏壮丽的建筑群、奢华无比的陈设、数以千计的美丽宫女，让刘邦喜得头晕目眩，忘乎所以。刘邦正浮想联翩之时，他的部将樊哙闯了进来。一见刘邦那神不守舍的样儿，便直着嗓子喊了起来："沛公。""什么事？"刘邦头也不回，心不在焉地问道。樊哙说："你是要打天下还是只想当个富家翁？""我当然想打天下。"刘邦口中说着，眼睛却没有离开婀娜娇羞的宫女。樊哙说："臣下跟着沛公进了秦皇宫，您留意的不是珠玉珍宝，就是美女，而这正是秦朝皇帝丢失天下的原因。沛公留此，就是重蹈亡秦的覆辙！恳请沛公立即出宫，到郊外驻扎。"

刘邦很不高兴地说："我们从关东打到关中，太累了。我只想在这儿歇几天，你就把我比作亡国的秦朝皇帝，真是胡说八道！"樊哙又急又气，找来张良。张良对刘邦说："沛公，您想过没有，您是怎样得以进入这座宫殿的？"刘邦说："是举义旗，兴义兵，一路攻杀进来的。"张良说："这正是秦王朝君臣荒淫无度、声色犬马，触怒了天下的老百姓，才使您得到举义旗，兴义兵的机会啊。秦朝皇帝因为骄奢失去了民心，沛公想取秦而代之，就要反其道而行，以节俭有度来争取民心。现在，我们的人马刚刚进入秦朝首都，沛公就带头享乐，老百姓会怎么看？他们会认为我们与秦朝君臣是一丘之貉，就会转而憎恨我们、反对我们。失去民心，您就失了天下啊！"刘邦听了悚然动容。

人们难免会产生放纵自己的思想，而控制自己则更需要下一番工夫。学会控制住自己的各种欲望，才能不被欲望所诱惑，才能有一颗理智清醒的头脑。李嘉诚说："自制是修身立志成大事者必须具备的能力和条件，希望每个人都能做到自制！"而那些沉溺在自己的欲望当中不能自拔的人，必然会颓废不振，空耗一生。

莫在失去目标的人生中沉沦

世事难料，纷乱的世界中有人常常会失去人生目标，陷入迷途。如果在这个时候无法振作，就是如黄石公所言的"迷而不知返者"。这样的人最终会昏乱，迷惑。就好像胡适先生曾在一篇文章中说到的："少年人的理想主义受打击之后，反动往往是很激烈的……我在新公学解散之后，得了两三百元的欠薪，前途茫茫，毫无把握，哪敢回家去？只好寄居在上海，想寻一件可以吃饭养家的事。在那个忧愁烦闷的时候，又遇着一班浪漫的朋友，我就跟着他们堕落了。"

胡适在《四十自述》中回忆，1909 年，各地学生运动陆续失败，中国新公学也与中国公学合并了。他和几个朋友意气消沉，离开了学校，在外租了房子，靠索债、借债、典质衣物为生。

那是胡适生命的沉沦期。跟着那帮"浪漫的朋友"，不到两个月，什么打牌、吃花酒，胡适都学会了。他的生活一片混沌，学问没进步，只写了几首《酒醒》《纪梦》之类的诗。后来，王云五介绍胡适去华童公学教国文，不过胡适放荡的生活依然没有结束。

一天夜里，朋友们又约胡适去喝酒，酒后还一起打牌。回去的路上，拉车的见胡适大醉，就把他推下车去，拿走了他的马褂和帽子。

胡适东倒西歪地在路上走，遇到一位巡捕。他向巡捕问路，随即撒起酒疯，巡捕只好吹哨子，叫来了一部空马车，由两个马夫帮忙捉住他送到了巡捕房。

第二天早晨胡适醒时，发现身上没盖被子，只盖着一件潮湿的裘衣，急忙起来，看到铁栏和巡捕，才知道自己进了巡捕房。

胡适被送去审讯，因为是华童公学的老师，法官给留了面子，只罚款五元。

这件事给胡适触动很大，他第一次对自己几个月的放荡生活进行了反省，最终决定打起精神从头开始。

他与那帮不上进的朋友断了交往，闭门读书，考上了"庚款"留美官费生，开始了海外求学之路。

胡适与不好的朋友结交，学坏堕落，是为可耻；然而，他年纪轻轻就迷途知返，并奋而向更高的目标努力，却让人敬佩。这个故事让我们看到了一个真实的、与普通人一样懦弱的胡适，也让我们看到了一个拼搏向上、不与堕落的生活妥协的胡适。

遇到挫折并不可怕，谁还不会遇到不如意的事情呢？强者与弱者的区别就是"君子知而必改，小人迷无所知"。没有人能安享一帆风顺的人生，总是会在生活中遇到各式各样的挫折。谁能想过，即使是少年得志、一生严谨积极的胡适也曾有过堕落的生活。不过，强者与弱者的不同就在于，弱者会被迷茫的人生所淹没，强者却不会在堕落的生活中沉沦醉死，他们会清醒振作，走上新的生活道路。

弱者妥协于生活，而强者挑战生活。人生会经历许许多多的拐点，这些拐点你把握不好是挫折，把握好了就是转折。

道本连自己的名字都不会写，却在大阪的一所中学当了几十年的校工。尽管工资不多，但他已经很满足生活中的一切。就在他快要退休时，新上任的校长以他"连字都不认识，却在校园工作，太不可思议了"为由，将他辞退了。

道本恋恋不舍地离开了校园。像往常一样，他去为自己的晚餐买半磅香肠，

但快到食品店时，他想起食品店已经关门多日了。而不巧的是，附近街区竟然没有第二家卖香肠的。忽然，一个念头在他脑海里闪过——为什么我不开一家专卖香肠的小店呢？他很快拿出自己仅有的一点积蓄开了一家食品店，专门卖起香肠来。

因为道本灵活多变的经营，十年后，他成了一家熟食加工公司的总裁，他的香肠连锁店遍及了大阪的大街小巷，并且是产、供、销"一条龙"服务，颇有名气的道本香肠制作技术学校也应运而生。

一天，当年辞退他的校长得知这位著名的董事长识字不多时，便十分敬佩地称赞他："道本先生，您没有受过正规的学校教育，却拥有如此成功的事业，实在是太不可思议了。"

道本诚恳地回答："真感谢您当初辞退了我，让我摔了跟头，从那之后我才认识到自己还能干更多的事情。否则，我现在肯定还是一位靠一点退休金过日子的校工。"

如果当时道本被辞退后，委靡不振，就此沦落，等待他的将是什么我们不可而知，至少不会有成功的事业。没有几个人是含着金汤勺出生的，更多的成功者首先要做的事情是从困境中崛起。困境可以锻炼一个人的品格，也可以激发一个人向上发展的勇气和潜力。在困境中，当被逼得退无可退、无路可走时，人们往往会想出办法来自救，无形之中反而促成了人生的辉煌。

有这么多人能抓住机会成功，还有更多的人没有抓住机会而啜饮人生的苦酒。胡适总是对人传达这样的思想：不要在渺茫的人生中沉沦，要时刻记得奋发向上的决心。苦海无涯，要想出头，就得奋力挣扎。苦海中没有渡人的舟，若在这一片苦难的茫然中呆坐，是等不来救助的，只能等到灭顶的沉没。

调节好严律己与宽待人的心秤刻度

古人历来强调严于律己，宽以待人。正如《增广贤文》中所言："以责人之心责己，以恕己之心恕人。"亦是提倡人们要以严格要求别人的态度来严格要求自己，而以宽容自己的心态来宽容他人。黄石公在《素书》中表达了同样的理念，即："略己而责人者不治，自厚而薄人者弃废。"意思是，对自己放松要求，而对他人却求全责备，这样的人无法治理好天下，会受人唾弃。治理天下如此，对待他人也是一样的道理。但是在生活中，人们更习惯于宽待自己，苛求他人，这并不利于自身发展，也不能与他人和谐相处。苛求他人，必定会在人际交往中产生摩擦；宽待自己，必然导致自高自大，难以发现自身的缺点，也失去了学习的机会。这种做法并不能给我们带来真正的成功。

宽容是一种美德。能够宽容别人的人，可以和各种人和睦相处，同时也可以反映出其自身的人格修养和广阔胸襟。面对自己，既不要总看长处而自高自大，更不可以只看短处而妄自菲薄，客观地看待自己和他人，同时保持一种谦逊和宽容的精神，是最有利于个人成长的做法。

清朝乾隆年间，郑板桥正在外地做官。忽然有一天，他收到在老家务农的弟弟郑墨的一封来信。弟兄俩经常通信，然而这一次却非同寻常。原来弟弟想让哥哥出面，到当地县令那里说说情。这一下子弄得郑板桥很不自在。这郑墨粗识文墨，原也不是个惹是生非之人，只是这次明显受人欺侮，心里的怨恨实在咽不下去。原来，郑家与邻居的房屋共用一堵墙。郑家想翻修老屋，邻居出来干预，说那堵墙是他们祖上传下来的，不是郑家的，郑家无权拆掉。其实，这契约上写得明明白白，那堵墙是郑家的，邻居借光盖了房子。这官司打到县里，尚无结果，双方都难免求人说情。郑墨自然想到了做官的哥哥，想来有契约在，再加上哥哥出面说情，官官相护嘛，这官司就必赢无疑了。郑板桥考虑再三，给弟弟写了一封劝他息事宁人的信，同时寄去了一个条幅，上写"吃亏是福"四个大字。同时又给弟弟另附了一首打油诗：

千里告状只为墙，

让他一墙又何妨。

万里长城今犹在，

不见当年秦始皇。

郑墨接到信，羞愧难当，当即撤了诉状，向邻居表示不再相争。那邻居也被郑氏兄弟的一片至诚所感动，表示也不愿继续闹下去。于是两家重归于好，仍然共用一墙。这在当地一直传为佳话。

一个人在做人做事方面应该顺应自然，胸怀博大，宽以待人。人心是一杆秤，如果你能使自己做到不斤斤计较，对别人不过分苛求，待人宽厚，你周围的人就会信赖你、尊重你，你就会有一个宽松和谐的生活氛围，时时有很快乐的感觉。

2004年8月17日，雅典奥运会男子三米板双人跳水决赛现场。当中国选手彭勃和王克楠以领先十二分多的优势进入最后一跳时，人们似乎已经看到金牌握在他们手中了。因为他们的劲敌萨乌丁明显状态不佳，前面已经有动作失误得了低分，而澳大利亚名将纽贝里连续出现低质量动作。积分排在王彭二人后面的，都是些名不见经传的选手。

然而，王克楠鬼使神差般地走板失误，"打死板"了，跳起时获得的向上动力不足，在半空中无法完成动作，身体没能完全打开，直接跌入了水中，零分！之后，萨乌丁在做最后一个动作时因为脚碰跳板，只得了零点五分的低分，俄罗斯组合也退出了奖牌的争夺，金牌就这样做梦一般落到了希腊人的手里。有人说，这是雅典城的守护神雅典娜在显灵，成全了希腊人在跳水池里的神话，王克楠和彭勃是输给了神。否则，如果不是神灵的意思，为什么最后成全的偏偏是希腊人？而且是根本没有任何大赛成绩、只是因为东道主选手才得以参赛的两个人呢？唾手可得的金牌飞了，透心的沮丧，王克楠有，彭勃更甚。本来彭勃的状态非常好，要不是搭档拖了后腿，金牌怎么会落入别人囊中？要是换了别人，很有可能就埋怨起队友了，至少不会给王克楠好脸色看。然而，人们看到的却是赛场上感人的一幕——彭勃走过去拍拍王克楠的肩膀说："没事。"之后，不管接受任何媒体的采访，彭勃在谈到这件事时，不但恳请媒体多给失误的队友鼓励，而且始终用"我们"来解析这次失利，主动分担责任，和队友一起面对失败。从"我们"二字中，可以读出彭勃胸襟的宽厚、人格的美丽。

宇宙是一个整体，其中所有的事物都有微妙的联系，不要对一些看似与你无关的事物漠不关心，一切事物都同属于一个系统、同一形式，那些在你身边的人和事，都是宇宙分配给你的，是最适合你的，有利于你的发展的，要在理性的思维下加以正确地对待，真正爱这些人和事，要像爱自己一样。用宽广的胸怀对待一切人和事物，那别人也会用同样的胸怀来对待你，就像你面对镜子微笑，镜子也会回送给你一个笑脸一样。

当然，我们在宽以待人的时候，还要记得严于律己。因为人的灵魂的确可以摧残自身，如果一个人对自己过于放纵，以致灵魂成为宇宙的一个肿块，或者变成一个赘生物，那么它就会开始摧残自身。

严于律己的品质，是一种内在的高修养、高境界，是自我与外界和谐的融合。人需要道德自律，时时检讨自己的行为，在不断的完善中获得真正有价值的东西，这也是一种自我实现价值的过程。一个对自己放松要求的人，就像一辆失去了方向盘和制动的汽车；而一个有自制力的人则不易被人打倒，通常能够做好分内的工作，不管是多么大的挑战皆能予以克服，都能给自己交上一份满意的答卷。

计算已经拥有的，我们都是富人

如何把自己活成一个富翁？有的人觉得应去赚别人的钱当然是个办法，但人生最大的创意不是去占有，而是知道自己已坐拥的所有物。张商英说："有吾之有，则心逸而身安。"的确，不管你是穷人还是富人，都必须知道当下的生活中已经拥有的东西，跳出"我没有"的思维定式，计算一下自己已拥有的，你会发现我们每个人都是富人。用黄石公的话说就是："能有其有者安，贪人之有者残。"

有一天，走过一个须发俱白的老人，问一年轻人："年轻人，干吗不高兴？"

"我不明白我为什么老是这么穷。"

"穷？我看你很富有嘛！"老人由衷地说。

"这从何说起？"年轻人问。

老人没有正面回答，反问道："假如今天我折断了你的一根手指，给你一千元，你干不干？"

"不干！"年轻人回答。

"假如斩断你的一只手，给你一万元，你干不干？"

"不干！"

"假如让你马上变成八十岁的老翁，给你一百万元，你干不干？"

"不干！"

"这就对了，你身上的钱已经超过了一百万元呀！"老人说完，笑吟吟地走了。

年轻人无法欣赏到自己真正拥有的东西，因为用"我没有"或"别人有的比我多"被打造成一把思维的枷锁。只想到我们所没有的，而很少想到我们已经拥有的，这便是他的悲剧。如果换一种模式思考自己的人生，细数上天已经赐予的恩典，我们便会发现人生的财富。

有一个村庄，里面住着一个独眼的瞎爷。

瞎爷的左眼是在他九岁那年瞎的。一次高烧之后，他忽然对他的爹娘说："我的左眼看不见东西了！"两位老人一惊，忙过来用手在他左眼前晃，而那只左眼果然像坏了的钟摆一样一动不动。他爹娘顿时泪流满面，仅有的儿子瞎了一只眼睛可怎么办呀！没料到爹娘哭得伤心的时候，他却缓缓地说："爹娘，你们哭啥，应该笑才对！这场病不是只弄坏了我一只眼吗？左眼瞎了，右眼还能看得见呢！总比两只眼都弄坏了要好啊！你们想一想，我比起世界上那些双目失明的人，不是强多了吗？"儿子的一番话，把两位老人惊呆了，但后来想想也有理，于是停止了流泪。

瞎爷的家境不好，爹娘无力供他读书，只好让他去私塾里旁听。爹娘为此十分伤心，瞎爷却劝道："我如今也已识了些字，虽然不多，但总比那些一天书没念，一个字不识的孩子强多了吧！"爹娘一听，觉得安然了许多。

后来，瞎爷娶了个嘴巴很大的媳妇。爹娘又觉得对不住儿子，瞎爷劝他们说："能娶到这样的一个媳妇已经很不错了，和世界上的许多光棍比起来，简直可以说是好到天上去了！"这个媳妇勤快、能干，可脾气不好，不温柔，把婆婆气得心口疼。儿子劝道："娘，你这个儿媳妇是有些不大称你的心，可是你想想，天底下比她差得多的媳妇还有不少。你的儿媳妇脾气虽是暴躁了些，不过还是很勤快的，又不骂人。"爹娘一听真有些道理，就不生气。

可是，瞎爷家确实很贫寒，妻子实在熬不下去了，便不断抱怨。瞎爷说："你只跟那些住进深宅大院、家有万贯资财、顿顿吃肉喝酒的人家相比，自然是越比越觉得咱这日子是没法过了。但是你只要瞧瞧那些拖儿带女四处讨饭的人，白天饱一顿饥一顿，晚上睡在别人家的屋檐下，弄不好还会被狗咬一口，就会觉得咱家这日子还真是不错。"

瞎爷老了，想在合眼前把棺材做好，然后安安心心地走，可做的棺材属于非常寒酸的那一种，妻子愧疚不已，瞎爷劝说："这棺材比起富豪大家们的上等棺木是差远了，可是比起那些穷得连棺材都买不起，尸体用草席卷的人，不是强多了吗？"

瞎爷死的时候，面孔安详，脸上还留有笑容……

瞎爷失明一只眼睛，没有知识，没有漂亮的媳妇，没有万贯家财，死时也没有一副好棺材，但他摆脱了去"占有"而使自己获得一切的想法，却见到了"无中之有"。他还有一只眼睛，他识得字，他有个妻子，他有可供栖身之所，这都是他的财富。不去占有的人生创意是一种境界，也是一种大度。有时，你所拥有的那一部分也许因为缺陷而不那么可爱，但却也是你生命的一部分，接受它并善待它，自己的人生便会多一份财富。斯宾塞说，善恶乃在一念之间，喜乐贫富亦复如是。

想让世界爱你之前，要先爱世界

黄石公在《素书》中提醒世人，世界公平的，你如何对待他人，他人也会如何对待你。因此，如果一个对别人施了一点小小恩惠却想要得到他人丰厚的回报，那他一定会失望，即"薄施厚望者不报"，因为"祸福无不自己求之"。人的事情之所以做得顺利，能得到很多人的帮助，是因为这个人以前做过很多好事，也帮助过别人。因此，若想得到好的果报，不肯先付出是不可能的。只有善始才能善终，若想事情有好的结果，就应该先付出，这样才会有相应的收获。

　　一位商人遇到难处，他的生意越做越小，于是，他去请教智尚禅师。

　　禅师说："后面禅院有一个压水井，你去给我打一桶水来！"

　　半晌，商人汗流浃背地跑来，说："压水井是枯井。"

　　禅师说："那你就到山下给我买一桶水来吧。"

　　商人去了，回来后仅仅拎了半桶水。禅师说："我不是让你买一桶水吗？怎么才半桶水呢？"商人红了脸，连忙解释："不是我怕花钱，山高路远，实在不容易。"

　　"可是我需要的是一桶水，你再跑一趟吧！"禅师坚持说。

　　商人又到山下买了半桶水回来。禅师说："现在我可以告诉你解决的办法了。"他带商人来到压水井旁边，说："你把半桶水统统倒进去。"商人非常疑惑，犹豫着。

　　"倒进去！"禅师命令。

　　于是商人将那半桶水倒进压水井里，禅师让他压水看看。商人压水，可是只听到那喷口呼呼作响，但没有一滴水出来，那半桶水全部让压水井吞进去了，商人恍然大悟，他又拎起另外的半桶水全部倒进去，再压，清澈的水果然喷涌而出。

　　所有人都会想着要得到点什么，但却很少有人愿意付出。可是，正如种庄稼一样，春种一粒粟，秋收万颗子。给予是得到的前提。同样，待人也和种庄稼一样，种瓜得瓜，种豆得豆，给予别人什么，也将得到什么。

　　弘一大师曾说："我在泉州草庵大病的时候，承诸位写一封信来，各人都签了名，慰问我的病状，并且又承诸位念佛七天，代我忏悔，还有像这样别的事，都使我感激万分！"弘一大师能得到别人的关怀，是因为他先给予了别人关怀，他种下了善因，所以收获了善果。

　　一个猎人上山打猎，看见一头狼卧在山坳里，当他举起猎枪瞄向狼的时候，狼站起来没跑却又卧在那里，猎人不明，近前一看，发现是只怀孕的母狼，而且显得有些可怜，狼看着猎人像是在乞求猎人饶它不死。原来这只狼一条腿折了。猎人心软了下来，不但没有杀它，还将它的折腿进行了敷药包扎。

　　冬天到了，一场大雪封住了家门，猎人一连好多天无法上山打猎。一天夜里，猎人听到自家靠山根的后院里，传来"扑通、扑通"声，像是有人往院里扔东西。

第二天，猎人开门一看，院里扔了几只野兔和山鸡。以后每逢下大雪不能出山的时候，都是这样，原来是狼在报恩。

"若你会发现造成伤害，就不要依此伤害别人。"你若想别人怎样对待你，你先要怎样对待别人。这是个简单的、永恒的真理。

美国波士顿犹太人屠杀纪念碑上，铭刻着一位名叫马丁尼莫拉的德国新教牧师留下的短诗："在德国，起初他们追杀共产主义者，我没有说话——因为我不是共产主义者；接着他们追杀犹太人，我没有说话——因为我不是犹太人；后来他们追杀工会会员，我没有说话——因为我不是工会会员；此后他们追杀天主教徒，我没有说话——因为我是新教教徒；最后他们奔我而来，却再也没有人站出来为我说话了。"

若想得到，必先付出，如同《诗经》所说："投我以木桃，报之以琼瑶。"不付出，只会一无所得。

有过能改即有福

有句古话叫"知耻近乎勇"。从曾经的误区中一步步走出来，你依然能寻觅到生活的路径与幸福的踪迹。莎士比亚也说："一个人知道了自己的短处，能够改过自新，就是有福的。"如果有了过失却不及时纠正，那就如同黄石公所言的"有过不知者蔽"，是个愚蔽之人。

在西晋时期，有一个名叫周处的人。他自小没了父母，又不听长辈的管教，到处惹是生非，打架斗殴，横行乡里，当地的百姓都很讨厌他。当时，百姓们将村子旁边河中的蛟龙、山上的白额虎和周处并称为"三害"。

后来有人就问周处："既然你这么有本事，何不去杀死蛟龙和猛虎，证明一下你自己的实力呢？"周处听了，为了证明自己比蛟龙和猛虎更厉害，决定去和蛟龙、猛虎搏斗。他上山击毙了猛虎，又下河斩杀蛟龙。经过了三天三夜，终于将蛟龙杀死了。周处三天没有回来，乡亲们都以为他已经死了，都高兴地互相庆祝。正在此时，周处提着蛟龙的脑袋回到村里，看到乡亲们互相庆贺，这才明白，自己已经被大家痛恨到了极点。于是，他痛改前非，最后终于成为一个清廉的好官，被家乡的人们称颂。

人人都有犯错的时候，关键在于不要重犯同一个错误。这样不但会使自己的自信心受挫，而且别人也会对你丧失信心，不再给你机会了。不在错误中找到实质因素，你的道路将越走越窄，最终进入死胡同；倘若一犯错便能痛定思痛地反省，及时纠正错误，你的道路将越走越宽。人非圣贤，孰能无过？在错误面前我们应该勇于承认，并且努力去改正，以免下次犯同样的错误。

唐太宗李世民常常对官员们说："我如果刚愎自用，自以为比别人聪明，你们一定谄媚我。一旦我失去国家，你们也活不了。因此，你们一定要以国家为重，为把国家建设得更美好，多进言进策啊。"他这样说，也这样做，他的大臣们也因此敢于提出意见。

有一次，他下令男子不满十八岁，若体格健壮也应征集当兵。魏徵拒绝在诏书上签字。李世民说："奸民总是逃避兵役，所以故意少报年龄。"魏徵说："你常以诚信待天下，要人民不可欺诈，你却先失去诚信。"李世民一脸愕然。魏徵接着说："你不以诚信待人，所以先疑心人民欺诈。"李世民立即收回了命令。

还有一次，李世民的儿子李恪亲王打猎时伤了农民，被御史柳范弹劾。李世民责备亲王长史权万纪，说是权万纪不能规劝亲王，罪应处死。刘凡说，房玄龄还不能阻止你打猎，怎么能单单责备权万纪呢？李世民大怒回宫，过了很久才平息了怒气，发现自己不对，于是马上召见柳范，嘉勉了他。

承认错误，就意味着对自己曾经不正确的言行的否定。李世民的勇气令人钦佩。知道自己错了，如果能勇于承担，那么你还有挽回的余地。虽然这并不容易，需要很大的勇气，但这是唯一不让错误变得更为严重的做法。

其实，承认错误就好像一个人在路上走，当发现自己走错路时，很自然就要寻找正确的路。问题在于有的人宁愿一错再错，这样的人实际上是真正的懦弱者，只有勇敢的人才能坦诚地面对自己的错误并想办法纠正。

处世智慧

为富贵不可不仁义

为富为贵者应该记住黄石公在《素书》对世人的提醒："凌下取胜者侵。"意即倚杖自己的财势欺弱霸强的人，其结果必然走上毁灭之道。这也应了一句俗话："多行不义必自毙。"

战国时的晋国，其大权被智伯瑶、魏桓子、赵襄子和韩康子四位大夫掌握着。后来，四位大夫间发生了矛盾，势力最大的智伯瑶便倚仗自己的势力胁迫其余三家将各自方圆一百里的土地交给他。韩、魏两家自知财势逊于智家，无法与之抗衡，为了绝后患，不得不忍气吞声地交了出来，唯有赵襄子不愿屈服，便以维护祖先的基业为借口，拒绝了智伯瑶的无理要求。

智伯瑶为此恼羞成怒，于是联合起交出了土地的韩、魏两家共同发兵攻打赵家。赵家也不示弱，由赵襄子亲自率领自己的兵马坚守在晋阳城内与之抗衡。

晋阳城中有充足的粮草，百姓们十分痛恨智伯瑶恃强凌弱的卑劣行径，为了捍卫自己的领土，几乎是全城皆兵，支持赵襄子。

面对城外智、韩、魏三家的重重围攻，军民们同心协力抵抗，斗志高昂、众志成城，一直坚持了两年多。

晋阳城久攻不下，令智伯瑶头疼不已，凶残狡诈的他又想出另一个办法：命士兵们将晋河改道，让河水直冲晋阳城，准备水淹晋阳城。此计实施后，晋水淹没了大半个晋阳城，眼看晋城将毁于一旦，满心欢喜的智伯瑶以为这次一定能让赵襄子投降，攻下晋阳城，并将之据为己有。可惜的是，面对如此险境，晋阳城中的军民依然没有一人肯出城投降，使他的如意算盘落了空。

虽然城中军民们仍誓死抵抗，可晋阳城却已是危城一座，破城在即，危在旦夕了。

智伯瑶眼见不免得意忘形起来，肆无忌惮的他无意中便说出了在日后必要时，将用同样的方法消灭韩康子和魏桓子两家的话。

说者无心，听者有意。韩康子与魏桓子为此不寒而栗，思之再三，唇亡齿寒的道理终于使韩康子和魏桓子两家下定决心反戈一击。于是他们暗中与被围困在晋阳城中的赵襄子商量好，以其人之道，还治其人之身，将晋水反引入智家的营寨中，里应外合攻打智伯瑶的兵马。

最后，智伯瑶被杀，其所有的财产、土地及户口由赵、韩、魏三家平分了。形同虚设的晋国国君也被赵、韩、魏三家的后代废除，取而代之的则是赵、韩、魏三国。这也就是历史上有名的"三家分晋"。

智伯瑶在当时虽是势力最强大的一家，却因凶残霸道，最终走上自取灭亡的不归路。"千古一帝"的秦始皇，横扫六国，一统江山，天下财富皆归于他。为了满足自己的奢欲，他在首都附近大兴土木，制造阿房宫，修造骊山墓，民夫徭役者竟达七十万人以上。据记载，阿房宫的前殿东西宽达七百多米，南北差不多一百一十五米。殿门用磁石砌成，目的是防止来人带兵器行刺秦始皇。除此以外，秦始皇单在咸阳周围就建宫殿二百七十多座，在关外的行宫竟有四百多座，关内有三百多座。

修建这样庞大的工程当然需要大量的劳力、物力、财力。据估算，当时服兵役的人数远远超过二百万，占当时壮年男子人数的三分之一以上。庞大的工程开支加上庞大的军费开支，造成了"男子力耕，不足粮饱，女子纺织，不足衣服，竭天下之资财以奉其政"的悲惨局面。民不聊生，百姓们过着"衣牛马之衣、食犬口之食"的痛苦生活。最终，他的万世皇帝梦只维持了短短十五年。

古人说："富而好礼，孔子所诲；为富不仁，孟子所戒。盖仁足以长福而消祸，礼足以守成而防败。怙富而好凌人，子羽已窥于子晢；富而不骄者鲜，史鱼深警于公孙。庆封之富，非常实殃；晏子之富，如帛有幅。去其骄，绝其吝，惩其贫，窒其欲，庶几保九畴之福。"

这段话的大意是：富有而爱好礼义，这是孔子对人的教诲；贪图致富便不能施行仁义，这是孟子对人的告诫。大凡行仁义的人完全可以保持幸福而消除灾祸，爱好礼义的人完全可以保持已有的成就而防止失败。自恃富有而喜欢欺侮别人，结局不会好，正如子羽已观察到子晢的结局；富有而不骄傲的人很少，史鱼曾对公孙提出深刻的警告。庆封的富有不是上天赏赐，实为灾祸；晏子的富有如同布帛那样有一定的限度。舍弃骄傲，根除吝啬，控制怒气，节制情欲，这样才能保证享受人间的福分。

沉默是宁静的处世哲学

在《素书》传达的处世哲学中，表达了沉默是金的理念。黄石公说："以言取怨者祸。"的确，自古以来以言取祸者并不在少数。在不合说之处若强说，必然会招惹麻烦。因此，由这句话所传达的思想我们应该懂得，沉默是有时是一种宁静的处世哲学。

在现实生活中，不善言谈的人，容易给人以厚道的印象，不善言谈的人，使人无法捕捉他内心世界的秘密。这就是沉默的力量。沉默可以显示一个人的深邃，一个人的修养，一个人的学识。话不在多，关键是分量，是恰到好处的无言。

梁实秋先生在《沉默》中谈道："居贵之士多半有一种特殊的本领，两眼望天，面部无表情，纵然你问他一句话，他也能听若无闻，不置可否。所谓贵，一定要有一副高不可攀的神情，纵然不拒人千里之外，至少也要令人生莫测高深之感。"沉默是金"事实上是一种修养，一种处世之道。

苏格拉底是古希腊哲学家，聪颖异常，机智善辩。一天，有位年轻人来找苏格拉底，说是要向他请教演讲术。年轻人为了表现自己，滔滔不绝地讲了许多。待他讲完，苏格拉底说："可以考虑收你为学生，但要收你双倍的学费。"年轻人很惊讶，问苏格拉底："为什么要加倍呢？"

苏格拉底说："我在教你怎样演讲之前，必须给你加一门课，那就是怎样闭嘴。"

苏格拉底不喜欢滔滔不绝的人，他说："上帝给了我们两只耳朵，而只有一张嘴，显然是希望我们多听少说。"庄子也说："天地有大美而不言，四时有明法而不议，万物有成理而不说。"庄子本人虽然好学深思，富有雄才大略，但是他不爱说。庄子一旦说起来，也并非慷慨激昂、豪气冲天，而是通过身边的小故事，让对方心领神会。

南唐广陵人徐铉以学识渊博和通达古今闻名于北宋朝廷。有一次，江南派徐铉来纳贡，照例要由宋廷派官员去作陪伴使。宰相赵普不知究竟选谁为好，就去向宋太祖请示。太祖想了想，令殿前司写出十个不识字的殿中侍者的名字，太祖御笔一挥，随便圈了其中一个名字说："这个人就可以。"这使在场的所有官员都大吃一惊。赵普也不敢再去请示，就催促那侍者马上动身。那位侍者得不到任何明确指示，只好莫名其妙地前去执行命令。

一见面，徐铉就滔滔不绝，口若悬河，所有人都叹服他的能言善辩。那位侍者大字不识，当然无言以对，只好频频点头称是。徐铉不知他深浅，更加搜索枯肠喋喋不休地想和他辩论。但是在一起住了好几天，那个侍者无一言相对。徐铉口干舌燥，疲惫不堪，只好闭嘴不说了。

实际上，当时宋廷上有陶毅和窦仪等博览群书的大儒，说起论辩之才，未必就输给徐铉。但宋太祖作为大国之君，接待小国使臣，没有派他们去争口舌之长短。因为两强相争，谁也不会服谁，反而有失大国体面。

可见，在生活中，我们不能过分地依赖雄辩的作用，有很多纠葛与问题，再雄辩的语言都解决不了，但是沉默却可以轻而易举地为事情画上圆满的句号。

学会沉默，能够为你带来一方宁静。沉默并不是性格内向人的专利。事临头上用三思，话到嘴边留半句，以不变应万变，沉默是人格、品质等方方面面的综合，是成功的哲学之一。

梁实秋先生曾感慨道："所谓知者不言，言者不知，有道之士，对于尘劳烦恼早已不放在心上，自然更能欣赏沉默的境界。在有发言自由的时候而甘愿放弃这一项自由，这也是个人的自由。在如今这个时代，沉默是最后的一项自由。"

请利用好自己"自由"的权利，守望一方难得的宁静。在宁静来临时，轻轻合上门窗，隔去外面喧嚣的世界，默默独坐在灯下，平静地等待身体与心灵的一致，用自己的思想去解读世间百态，思考人生历程，宁静成了享受，在宁静中聆听沉默的音符，感受灵魂深处的自由。

舌乃斩身刀，藏舌缄口免伤身之祸

了解"以言取怨者祸"的道理后，我们就必须谨言慎行，才能避免麻烦。其实，我们说得越多，你这个人看起来就越是平淡无奇，你所能控制的也就越少。因为说得越多，说出更多愚蠢的话的可能性也就越大。与别人谈话时，必须讲究方圆曲直，该说的说，不该说的就不要出口，否则口无遮拦，很容易让自己陷入危险境地。

纪晓岚中进士后，当了侍读学士，陪伴乾隆皇帝读书。

一天，纪晓岚起得很早，进宫后等了很久，还不见皇上到来，他就对同来侍读的人开玩笑说："老头儿怎么还不来？"

话音刚落，只见乾隆已到了跟前。因为他今天没有带随从人员，又是穿着便服，所以没有引起大家的注意。皇上听见了纪晓岚的话，很不高兴，就大声质问："老头儿三字作何解释？"

旁边的人见此情景都吓了一身冷汗。纪晓岚也吃了一惊，说这话本无其他恶意，但却被皇上听到了，且还当着众臣的面。纪晓岚突然灵机一动，战战兢兢地说："万寿无疆叫做老，顶天立地叫做头，父天母地叫做儿。"

乾隆听了这个恭维自己的解释，才转怒为喜，不再追究了。纪晓岚这才把提到嗓子眼的心收了下来。

虽然这只是个民间传说，我们不需要去考证它的真实性，但它给我们带来一个启发：即使你是铁嘴铜牙，说话也不可口无遮拦。

言语谨慎对于一个人立身、处世具有很重要的意义。处世戒多言，多言必失。与世人相处切忌多说话，说话太多必然有失误。说话犯了随便胡扯的毛病就会听起来荒诞不经；说话犯了繁琐啰唆的毛病就会使人感到支离破碎，不得要领。说话不小心会招致祸患，行动不谨慎会招来侮辱，君子处世应当谨慎。

提起"刘罗锅"——刘墉，人们脑海里立刻出现了一个聪明机智、正直勇敢、不失几分幽默的人物形象。他凭着自己的正直和聪明周旋于危机重重的封建官场，左右逢源，游刃有余。但很少有人知道，刘墉也曾遭遇重大转折，受到乾隆皇帝的申斥，本该获授的大学士一职也旁落他人。究其原因，不过是刘墉守口不密，说话不周，酿成了祸患。一次乾隆谈到一位老臣去留的问题，说若老臣要求退休回籍，乾隆也不忍心不答应。刘墉便将这话泄露给了老臣，而老臣真的面圣请辞。乾隆大为恼火，认为这是刘墉觊觎补授大学士的明证，是"谋官"的明证，因而对他训斥一通，将大学士一职改授他人。

武则天《臣轨·慎密》中有言：嘴巴好比一道关卡，舌头好比射箭的弩机。一句不妥当的话说出去，即使用四匹马拉一辆车那么快的速度也不可能追回来。嘴巴和舌头犹如一柄双刃剑，一句话说得不恰当，就会反过来伤害到自己。因为话虽然是自己说的，别人既然听到了，你就无法阻止别人去传播，由此所带来的影响你根本没办法控制。刘墉由于说话不慎，而将到手的大学士丢了，就是最好的明证。

"言多语失"，说话应谨慎，舍弃那些不可说的话，即使是可以说的话也应该按需要的程度，能省则省。要知道，虽然有时你说话并无恶意，但对听者而言，却可能伤及他的自尊心。诸多事实证明，话说得得体，则让人高兴；反之，只会让人伤心。就是同一个意思的话，出自两个人之口，听起来也有区别。你自己信口开河，根本意识不到会伤害人，但别人却认为你是有意的，如俗话所说"口乃心之门"，你明显是故意伤害他。很多不爱多说话的人，他内心并不是糊涂得无话可说，而是他明白话说多了鲜有不败事的道理。

日常生活中，一个人光说不做、只会说话不能付诸行动，久而久之，只会让人生厌。多说话比起多做事往往给人以夸夸其谈的印象，倒不如少说话，踏踏实实地多做实事则让人感觉勤奋踏实，值得信任。一个人只有做行动上的巨人，少言多思，才能取得成就。

懂得保守机密

为人处世，要懂得保守机密。比如商业策划、军事计划等，不能外泄，否则会有严重损失，所以我们必须谨记黄石公的告诫："阴计外泄者败。"这里的"阴计"指的是机密的计划。因此，商战总是要懂得保守商业机密，不让对手趁虚而入；人生也是一样，在人生残酷的生存竞争中，也要像商战一样懂得运用计谋。

春秋时期，楚国的宰相公子元在兄长楚文王死了之后，非常想占有漂亮的嫂子文夫人。他用各种方法去讨好她，文夫人却无动于衷。于是他想建立功业，来显示自己的能耐，以此讨得文夫人的欢心。公元前666年，公子元亲率兵车六百乘，浩浩荡荡攻打郑国。郑国国力较弱，都城内更是兵力空虚，无法抵挡楚军的进犯。

郑国危在旦夕。群臣一片慌乱，不知如何是好，打还是和皆不统一，众说纷纭。上卿叔詹说："求和与决战都非上策，固守待援倒是可取的方案，郑国和齐国订有盟约，而今有难，齐国会出兵相助。只是固守也难守住。不过那公子元伐郑，实际上是想邀功图名讨好文夫人。他一定急于求成，又特别害怕失败。我有一计，可退楚军。"

郑国按叔詹的计策，在城内做了安排，命令士兵全部埋伏起来，不让敌人看见一兵一卒，令店铺照常开门，百姓往来如常，不准露一丝慌乱之色，并大开城门，放下吊桥，摆出完全不设防的样子。楚军先锋到达郑国都城城下，见此情景，心里起了怀疑：莫非城中有了埋伏，诱我中计？于是不敢妄动，等待公子元。公子元赶到城下，也心生好奇，率众将到城外高地眺望，见城中确实空虚，但又隐隐约约看到了郑国的旌旗甲士。公子元认为其中有诈，不可贸然进攻，应先进城探听虚实，于是按兵不动。

这时，齐国接到郑国的求援信，已联合鲁宋两国发兵救郑。公子元闻报，知道三国兵到，楚军定不能胜，好在也打了几个胜仗，所以赶快撤退为上策。他害怕撤退时郑国军队会出城追击，于是下令全军连夜撤走，人衔枚，马裹蹄，不出一点声响，所有营寨都不拆走，旌旗照旧飘扬。第二天清晨，叔詹登城一望，说道："楚军已经撤走。"众人见敌营旌旗招展，不信已经撤军。叔詹说："如果营中有人，怎会有那样多的飞鸟盘旋上下呢？他也用空城计欺骗了我们，急忙撤兵了。"

这就是历史上最早的空城计。在郑国和楚国的这场战斗中，从兵力上讲，楚国占据绝对优势，但是在信息上，郑国更占优势。郑国对楚军的各种情况了如指掌，从而对症下药，以空城计夺得胜利，实在是高明的对策。这一对策之所以生效，正是因为没有人知道"城里"到底有没有埋伏，而万一这计策外泄，恐怕历史将会被改写。

在实战和商战史上，向敌人透露假信息，而影响其决策，最终将其打败的例子不胜枚举。

南北朝混战时代，中国北方有东魏和西魏相互对峙。东魏大将段琛据兵于两国交界的宜阳（今河南宜阳西），派下属牛道恒招募西魏边民，以扩大自己，削弱西魏。牛道恒招募有方，使得大批西魏边民迁移到东魏来。西魏大将韦孝宽非常忧虑。后来，韦孝宽想出了一招"钩鼻计"。他先派人打入牛道恒的内部，获得了牛道恒手迹。又命令手下擅长书法的人模仿牛道恒笔迹，伪造出了一封牛道恒的信。信中写牛道恒对西魏如何向往，对韦孝宽如何崇拜，并表达了伺机投诚的心愿。信写好之后，故意抖落上一些灯灰在信上，以使得天衣无缝。然后利用间谍，把信转到了段琛的手中。段琛因此对牛道恒产生了怀疑，对他不再信任。这样一来，牛道恒对招募工作也就没劲了。

王氏言："机密之事，不可教一切人知。"向别人透露信息时切莫太过单纯。要懂得保守机密，既让对手不能小看了自己，也让自己在这场"战争"中多了胜出筹码和资本。

正身洁行，预防中"美人计"

黄石公生活在两千年前的封建社会，对女子的观念难免会产生些偏颇，比如他在《素书》中提出："女谒公行者乱。"即女子不可参与政事，否则朝政必乱。这种观念是中国封建社会的必然产物，但是中国历史上也不乏参政的英明女子，她们也为中国历史的发展作出了突出的贡献，其中最著名的当属武则天，另外还有如清孝庄太后等。随着时代的发展、女性地位的提高，女性越来越多地参与到原本以男性为主导的行业中参政、从商，并且也取得了不凡的成绩。因此，在今天看来，黄石公所说的"女谒公行者乱"一语有另一种更具现世意义的含义：即贪色者亡。黄石公在《素书》中也强调了色不可贪的原则，如"近色远贤者昏"。

老子在《道德经》中说："天下莫柔弱于水，而攻坚强者莫之能胜，以其无以易之也。"这决定了千百年来，总有王朝毁于美人之手，如商纣贪妲己美色，终失道寡助。这也决定了美人计在历史上总在不断地上演：貂蝉之柔，引吕布杀董卓而扶汉室；西施之柔，诛伍子胥灭吴王而兴越国。

战国四君子的春申君无人不晓，他乃楚国人，原名黄歇。春申君能言善辩，很有学问，是楚国的贵族，在楚考烈王的时候，当了宰相，掌握楚国的大权达二十五年之久。春申君礼贤下士，门下有食客三千多人。楚考烈王没有生儿子，春申君为此担心，怕楚考烈王死后，他的兄弟会坐上王位，影响自己的地位。这时有一位赵国人，名叫李园，想把妹妹进献给楚王。他知道楚王不能生育，便先将妹妹进献给春申君。

李园的妹妹李嫣长得倾国倾城又聪明伶俐，是一个美貌与智慧并重的女子，她博学多才，具备了所有女子应有的传统美德，琴棋书画、刺绣美工，样样精通。春申君立刻被李嫣所迷。后来李嫣怀孕了，李园就叫她劝告春申君，将她进献给楚王，既能保住荣华富贵，春申君的儿子又可以捡个便宜皇帝坐。

春申君一想，这是一箭双雕的好事，就答应了。果然楚王非常宠爱李嫣，后者在不久就生下男孩，立为太子，李园也受到春申君的重用。但是李园怕春申君言语泄密，令楚王知道太子不是真王子，就暗中培养杀手准备杀他。有人知道此事，告诉春申君，但春申君不相信。公元前238年，楚考烈王死了，春申君前去王宫奔丧，在棘门受到李园刺客的伏击，当即被斩头扔在棘门外。同时，李园派官兵前去春申君的家中，将春申君的家人满门抄斩。同年太子熊悍继位，是为楚幽王，李园取代了春申君，被任命为楚国令尹。

"美人计"不只适用于古代，近现代、当代的多少间谍都是由美人或美男子来担当。爱美之心人皆有之，能不为美色所迷惑的人又有多少。"设想英雄垂暮日，温柔不住住何乡。"自古多少英雄难过美人关。所以，以"美"设圈套的人数不胜数，而且此招永远不会老。因此，我们在自己的行为中，只有把握好自身，才能不被"美人"击倒。

管理智慧

用共同的职业追求来吸引人才

当年曹操爱关羽之才，封官授爵，但因关羽与曹操道不同不相为谋，于是终归刘备，这就是《素书》中所说的"强用人者不畜"。只有与人才的价值观和奋斗相互兼容的企业才能留住人才，单单凭靠地位与待遇无法挽留人才离去。因此，

如果企业管理者能把企业的远景升华为企业文化，即用远景来吸引人才，并且培养出一种吸引人才的文化，就能吸引那些价值观与企业价值观兼容的人才。

唐太宗在这方面是非常有成就的。历史上最强大的丞相集团出现在唐朝的贞观年间，凌烟阁二十四功臣文武兼备，是唐太宗对天下人才之感召力、凝聚力的写照。唐太宗的智慧和人格魅力使他周围群星璀璨。

贞观年间，"夜不闭户、路不拾遗"，一个多民族的大中华也在此期间初具规模。文成公主在吐蕃与松赞干布完婚，弘化公主嫁给了吐谷浑可汗，少数民族人才也被大量启用，唐太宗被西北各少数民族领袖共同尊为"天可汗"。这时，唐王朝对外交往四通八达，出现了"九天阊阖开宫殿，万国衣冠拜冕旒"的景象。丝绸之路贯通东西文化，各种宗教也在此时传入中国，日本的"大化改新"正是在"遣唐使"的影响下发生的……成就这一切盛世景象的，可以说是整个唐太宗的领导集团，也可以说是唐太宗一人。因为他为人才提供了舞台，这在等级森严的封建社会中已是最珍贵的意识。

唐太宗善于通过和大臣交流来阐发自己的愿景，除了贞观元年的"为君之道，先存百姓"之外，《贞观政要》中关于他的领导思想的段落随处可见。越是交流沟通，就有越多的人才来归附于他。四方俊杰都因为他的美好愿景而赶来。

提到企业文化，很多人会觉得司空见惯，但是又觉得华而不实。很多企业对文化有自己的叫法，类似"企业文化塑造""企业文化突破""企业文化落地"等等。其实，叫什么并不重要，重要的是知道通过这种文化，让队员了解领导者的愿景，了解自己的职责和存在的价值，并且变成行动的驱动力。

世界上大多数成功的企业，除了物质技术设备优越之外，更重要的是在员工个人价值观与企业价值观兼容上的成功——共同的价值观能够促进组织全体成员在对企业、战略、任务和执行的认识上趋于一致，从而提升企业的战斗力。

认准了人才就要大胆地使用

对人才而言，重要的不仅是善于识别其长处，而且要敢于大胆地使用。但有时候，企业管理者虽然肯定员工的能力，但却出于种种顾虑而不委以重任，从而出现了黄石公所说的"既用不任"的现象。"既用不任"就好像一个请客吃饭的人在客人到达后又用借口将人赶走。这种"既迎而拒"的管理者在黄石公眼中是乖戾的表现，又怎么可能不让人才心生怨恨呢？

之所以会出现对人才既用不任，既迎而拒的现象，通常是由于管理者的戒心。

正所谓妒能"毁"人。有些领导功名心和虚荣心十足，容不得别人超过自己，对有才能的人大加压抑和冷落，宁愿舍弃良材而重用朽木，使能者被压在底层，平庸者反而青云直上。有的领导者为彰显自己，一味地压制别人，抬高自己，把自己看作"小人园"中的巨人。这种"武大郎开店——比我高的不用"的心理意识，狭隘至极，危害极大。在黄石公看来，这样做的结果会让人才疏远管理者，企业最终也将失去栋梁之才。

然而，管理需要理性。管理者如果不能正确对待自己的情感，在管理工作中被情绪所主导，那么管理工作就会进入误区，甚至是管理失效。尤其是在人员任用和提拔上，管理者一定要理智地按照德才标准进行选拔，如果符合晋升的标准，就算是不喜欢员工也要提拔。

柯克和小沃森是老对手，伯肯斯托克则是柯克的心腹下属，IBM 的上上下下都知道这些。柯克刚刚去世，所有人都认为伯肯斯托克在劫难逃。伯肯斯托克本人也这么认为，因此他破罐破摔，心想与其被小沃森赶跑，不如自己先辞职，这样还能够走得体面些。

有一天，IBM 的总裁小沃森正在办公室里，伯肯斯托克闯了进来，并大声嚷道："我什么盼头都没有了！干着一份闲差，有什么意思？我不干了！"

现在的小沃森与当年的老沃森一样，脾气都非常暴躁，如果一个部门经理这样无礼闯入，按照平时的习惯，他一定会毫无顾忌地让伯肯斯托克出去。但令人意外的是，小沃森不但没有发火，反而笑脸相迎。

他知道，伯肯斯托克是一个难得的人才，比刚刚去世的柯克还要胜过一筹，留下来对公司有百利而无一害，尽管，他曾是柯克的下属，是柯克的好友，并且性格桀骜不驯。从这一点来看，小沃森不愧是用人的专家，他知道什么时候该发火，什么时候不该发火，对伯肯斯托克就属于后一种情形。

小沃森对伯肯斯托克说："如果你真的有能力，不仅在柯克手下能够很出色，在我和我父亲手下也照样能够成功。如果你认为我对你不公平，你可以走人，如果不是这样，那你就应该留下来，因为 IBM 需要你，这里有你发展的空间。"

伯肯斯托克扪心自问，觉得小沃森没有对他不公平的地方，并没有像别人想象的那样柯克一死就收拾他。于是，伯肯斯托克留了下来。

事实上，小沃森留下伯肯斯托克是极其正确的。小沃森在促使 IBM 进军计算机业务方面，曾受到公司高层的极力反对，只有伯肯斯托克全力支持他，正是有

了伯肯斯托克与小沃森的共同努力，IBM 才能渡过重重难关，才有了今天的辉煌。小沃森后来在回忆录中说："挽留伯肯斯托克，是我最有成就的行动之一。"

小沃森不仅留下而且还重用伯肯斯托克，在他执掌 IBM 帅印期间，他还提拔了一大批他不喜欢，但是具有真才实学的人。他后来回忆说：

"我总是毫不犹豫地提拔我不喜欢的人，那些讨人喜欢的人，可以成为我一道外出垂钓的好友，但在管理中却帮不了我的忙，甚至给我设下陷阱；相反，那些爱挑毛病、语言尖刻、几乎令人讨厌的人，却精明能干，在工作上对我推心置腹，能够实实在在地帮助我，如果我把这样的人安排在自己身边，经常听取他们的意见，对自己是十分有利的。"

对人才多鼓励、少埋怨，多理解、少责备，充分授权、充分信任，才能调动人才的积极性、主动性，实现"谋者尽其职，勇者竭其力，仁者播其惠"。

放胆引进人才，放手使用人才，知人善任这也是世界优秀企业发展壮大的不二法门。

让一线员工得到应有的奖赏

黄石公生活的年代是个战乱纷扰的年代，因此他对战乱的年代有着自己特殊的看法。在他看来，时代动乱国运衰败的标志之一，是那些冲锋陷阵的战士贫困潦倒、生活艰难，而那些游士说客却得享荣华、富贵显赫。这种"战士贫，游士富"的时代在中国历史上以战国最为典型。战国时代，纷纷扰扰。中国的那段历史就和一战前欧洲几个大国的关系一样，错综复杂，利益纠结。然而这也是一个人才辈出的时代，在众多星级人物中，苏秦最耀眼，他几乎成了战国的代名词。

苏秦是一个游士、说客。他执掌六国相印，是名副其实的国际政府最高首脑，过问各国事务，整合多国力量，六国领导者对他的意见想法洗耳恭听。后世人给了他纵约长、纵横家、外交家、说客、谋士等一大堆称呼，对他的口舌功夫佩服得五体投地。

第一次出山的苏秦带着他的"连横"论调在秦惠王面前碰壁而归，回家后在家人的挖苦与白眼中，一盏油灯、一本《阴符》伴着苏秦度过了那段艰难的日子。连横不成的他重新审视时局，构建另一套方案——合纵。当他再次出山时，选中的突破口是广纳贤士，力求摆脱国家困境的燕昭王。

苏秦的新理论和莲花舌使燕王折服，燕王资助他一切费用带着他的合纵理论前去游说赵，一起联合起来抗击秦国。苏秦总算扬眉吐气了，他威风凛凛地周游列国，说得韩、魏、楚、齐各路诸侯频频点头，言听计从。从此，苏秦先后说服赵、韩、魏、齐、楚五国国君，赵国国君很高兴，赏给苏秦很多宝物。苏秦得到赵国的帮助，又到韩，游说韩宣王；到魏，游说魏襄王；至齐，游说齐宣王；又往楚，游说楚威王。诸侯都赞同苏秦的计划，于是六国达成联合的盟约，苏秦被推举为纵约长，佩六国相印。

苏秦握住了六个国家的大印，一呼百应，强秦虽蠢蠢欲动，却不敢随意出手，不得不投鼠忌器地忍了二十年。如今，翻开战国史书，当年苏秦周游六国，滔滔不绝、口若悬河的风采，威风凛凛、叱咤风云的气度跃然纸上。

像苏秦这样掌控七国十几年的人物，恐怕只能出在战国；一人身兼六相的奇事也只能出在战国；为了保证自己策略的实施而去壮大敌人的思路更是只能出在战国。在黄石公看来，说客的才华只有于动乱之中方可彰显；相反对于战士而言，他们需要在前线杀敌，浴血奋战。每一次战争都是一场生命的豪赌。战士与说客相比，更渴望和平年代的到来。因此，一个动乱的年代中，往往是靠嘴皮子游说的说客掌握了决策权，获得了至高的荣誉与地位，而战士却埋骨他乡。

这一原理如果应用在企业中，可作出如下引申：真正出力的员工得不到奖赏，而实际上无甚作为的人却得到名誉和地位。这样的情况是一旦出现，就是企业走向衰败的开始。

每个人都希望自己的才华与劳动得到别人的肯定，更希望这种肯定公正、公平。因此，对于企业管理者而言，如果想要留住人才就必须在奖励制度上做到公正合理。当奖者必奖，让多劳者多得，让才华出众者得到应有的肯定。这样才能让员工觉得自己得到了重视与尊重，自己的价值与才华得到了肯定；也只有这样，真正优秀的人才愿意留在企业中，为企业效力。

当一线员工作出令领导者引以为荣的事情，这时领导者应及时地给他们喝彩，调动业务骨干的积极性，让他们更加努力地干好每件工作。

美国一家有限公司是发展迅速、生意兴隆的大公司。这个公司办有一份深受业务骨干欢迎的刊物《喝彩·喝彩》。《喝彩·喝彩》每月都要通过提名和刊登照片对工作出色的员工进行表扬。

这个公司每年的庆功会更是新颖别致：受表彰的业务骨干于每年8月来到科罗拉多州的维尔，在热烈的气氛中，一百名受表彰的业务骨干坐着架空滑车来到山顶，领奖仪式在山顶举行，庆功会简直就是一次狂欢庆典。然后，在整个公司播放摄影师从头到尾摄下的庆功会全过程。工作出色的业务骨干是这种欢迎、开心和热闹场面中的中心人物，他们受到大家的喝彩，从而也激励和鼓舞全体业务骨干奋发向上。

美国一家纺织厂激励业务骨干的方式也很独特。这家工厂原来准备给女工买些价钱较贵的椅子放在工作台旁休息用。后来，老板想出了一个新花样：规定如果有人超过了每小时的生产定额，则在一个月里她将赢得椅子。奖励椅子的方式也很别致：工厂老板将椅子拿到办公室，请赢得椅子的女工进来坐在椅子上，然后，在大家的掌声中，老板将她推回车间。

美国的一些公司，就是这样以多种形式的表扬和丰富多彩的夫祝活动，来激发业务骨干的积极性和创造精神。

这两家公司都能注重运用荣誉激励的方式，进一步激发业务骨干的工作热情、创造性和革新精神，从而大大提高了工作绩效。荣誉激励，这是根据人们希望得到社会或集体尊重的心理需要，对于那些为社会、为集体、为公司作出突出贡献的人，给予一定的荣誉，并将这种荣誉以特定的形式固定下来。这既可以使荣誉获得者经常以这种荣誉鞭策自己，又可以为其他人树立学习的榜样和奋斗的目标。因而，荣誉激励具有巨大的社会感召力和影响力，能使公司具有凝聚力、向心力。

赏罚不明，一切制度都成了虚设

孙子说："赏罚孰明？"在孙子眼里，赏罚更为公正严明的一方必然是胜利的一方。所以黄石公说："赏不服人，罚不甘心者叛。赏及无功，罚及无罪者酷。"对于军队而言，赏罚分明可以提升军队战斗力；对于公司而言，赏罚分明可以提升企业的市场竞争力。如果赏罚不明，一切制度都成了虚设。只有赏罚分明，制度才能得到巩固和完善。

综观历史，但凡有名的军事家，在治军上都是法纪严明的，诸葛亮更是如此。作为三国时期最为著名的领导者之一，诸葛亮管理所有军政事务，显然，假如没有一些手段，他是办不成事的，而诸葛亮的手段之一就是赏罚分明。对有功者，他施以恩惠，不断激励；对犯错误者他严肃法令，秉公执法。有两件事可以反映诸葛亮的赏罚分明：

第一件事：诸葛亮首次北伐时，马谡大意失街亭，致使诸葛亮北伐之旅遭到彻底失败。诸葛亮退军后，挥泪斩了马谡。同时，诸葛亮对在街亭之战立有战功的大将王平予以表彰，擢升了他的官职。

第二件事：作为托孤重臣的李严，一直为诸葛亮所器重。但在北伐时，李严并没有按时将粮草提供给前线，反而为了逃避责任在诸葛亮和刘禅之间两头撒谎，诸葛亮不明就里，只得退军。后来诸葛亮了解到了真相，将李严革职查办。

街亭一战，可以说是诸葛亮平生最为狼狈的一次。街亭战后，诸葛亮对马谡的罚以及对王平的赏，都充分地体现了诸葛亮恩威并施的不凡智慧，通过他的举措，军纪得到了整肃，士兵的士气也被大大地鼓舞了。

在现代企业管理中，领导者也应该像诸葛亮一样，有奖有罚、奖罚分明，这也是对员工很重要的一个激励手段，要使员工明白，努力工作就能获得奖励，犯了错误也会受到惩罚。

摩托罗拉每年的年终评估以及业务总结会一般都是在次年元月进行。公司对员工个人的评估是每季度一次，对部门的评估是一年一次，年底召开业务总结会。根据一年来对员工个人和部门的评估报告，公司决定员工个人来年的薪水涨幅，并决定哪些员工获得了晋升机会。每年的 3 月份，摩托罗拉都会挑选一批优秀员工到总部去考核学习，到 6 月份会定下哪些人成为公司的管理职位人选。

摩托罗拉员工评估的成绩报告表很规范，是参照美国国家质量标准制定的。摩托罗拉员工每年制定的工作目标包括两个方面，一个是宏观层面，包括战略方向、战略规划和优先实施的目标；另一个是业绩，包括员工在财政、客户关系、员工关系和合作伙伴之间的一些作为等等。摩托罗拉员工的薪酬和晋升都与评估紧密挂钩，虽然摩托罗拉对员工评估的目的绝不仅仅是为员工薪酬调整和晋升提供依据，但是在摩托罗拉根据评估报告进行员工薪酬调整和晋升的过程中，评估报告已经扮演了表现摩托罗拉赏罚分明的一个最为重要的工具。

在企业里，领导者只有"赏罚分明"，才能不断强化正确的行为、抵制错误的行为。"赏"是对员工正确行为的一种肯定，帮助领导者旗帜鲜明地表明，员工哪种行为是自己所赞同的；"罚"是对员工错误行为的否定，表明哪种行为是被领导者所禁止的。

企业领导者在赏罚分明方面要注意四个问题：

第一，有功必有赏。员工有功劳而不能获得奖赏，他会心生怨气，陷入懈怠。

第二，有过必有罚。有过不罚，等于说企业领导者自动放弃了惩罚机制。

第三，奖罚一定要双管齐下。有赏有罚，赏才能起到激励作用，罚才能发挥警示之功能。

第四，赏罚一定要讲求公平，否则会引起员工的抵触心理。

团队最大的悲哀是成员貌合神离

"貌合心离者孤"用于职场可以解释为，团队最大的悲哀是成员貌合神离。如果团队领导无法让成员齐心协力团结一致，那么他就必然陷入势孤力单的状况中，无法成就事业。因为一件事情能否成功，绝大多数不是由一个人的力量所能完成的，它需要众人的配合与共同努力。正所谓：土帮土成墙，人帮人成城，只要齐心协力，便能产生"兄弟同心，齐利断金"的强大威力。

北京奥运会让全世界看到了中国人上下同心的氛围，汶川地震再次证明上下同心就会无坚不摧。大家积极捐款捐物，"帮助灾民"成了所有人的心愿。为什么大家的行动如此一致？正是因为我们心中有一个相同的目标：把爱传递给受灾的人，让他们有勇气生活下去。

每个人都有自己的性格和习惯，在平时的生活中也有自己的原则、对待问题的方法。当大家为一个目标共同努力的时候，就会自动地隐藏不合群的部分，彼此之间变得默契、友善。正所谓"人心齐，泰山移"，目标指向哪里，哪里就会产生惊人的力量，如《孙子兵法》中所言：上下同欲者胜。

众人合力在战争中也是获胜的一个重要因素。《孙子兵法》提到：用把马并缚在一起、深埋车轮这种显示死战决心的办法来作战，是靠不住的；要使部队能够齐心协力、奋勇作战如同一人，这才是治理军队的方法；要使强弱条件不同的士卒都能够发挥作用，关键在于恰当地利用有利的地形。所以，善于用兵的人，能使全军上下团结。

要想做到上下一心，众人要有共同的原则、目标与理想，也就是《孙子兵法》一开始《计篇》中指出的"道"，它可以让队伍上下一心、生死与共、不惧危险。做任何事情都需要一个明确的目标，对于一个团队来说更是如此。如果领导者不能够提出一个大家为之奋斗的目标，不论是在思想上，还是在行动上，整个团队都会气势大跌。联想就是靠着这种"上下同欲"的力量，得以发展壮大至今日之势。

联想刚建时，为了让联想早日成长起来，众人付出了难以想象的艰辛。

没有办公室，所有人都是不分职位地挤在两间阴冷的小平房里办公。没有地方住，大家自己动手将自行车棚改造成了家。公司一个女员工，为了拿到生意上门恳求人家，敲门的时候手都在打哆嗦，还在心里想着怎么在脸上挂着笑容。四十多岁的甘鸿老师，为了拿到一张计算机的"进口许可证"，发着三十九度的高烧还往外跑，他从上午九点到下午五点，在北京东西两个对角跑了两个来回。当他终于拿到"进口许可证"的时候，腿一软从五楼滚到四楼，摔得遍体鳞伤。他为了到机场迎接香港来的贵客冒雨出门，因为舍不得花钱坐出租车，就蹚着水走到公共汽车站，结果一不留神掉进了井里，水没过头顶差点被淹死。柳传志的妻子得了甲亢，自己一个人躺在友谊医院里做手术，而柳传志远在外地不能陪在她身边……

正是这样目标一致、上下同心的精神和不畏困难、勇于挑战的行为，将联想一点点地推到了知名企业的行列中。没有目标的行动就像一趟没有目的地的远行，有力却不知如何使。作为领袖，必须为大家提供一个共同的目标与努力方向，将大家紧紧地团结在一起，为目标与方向而奋斗、拼搏。《孙子兵法·九地篇》中指出，指挥作战的人，要像"率然"蛇一样。"率然"，是古代传说中的一种蛇，打它的头部，尾巴就会来救助；打它的尾巴，头就会来救助；打它的腰身，头尾都会来救助。试问："可以让军队如率然一样吗？"答曰："可以。"吴国人和越国人是互相仇视的，但当他们同船渡河而遇上大风时，他们相互救援，配合默契就如同人的左右手一样。

如若人人都能如"率然"蛇和身处险境的吴国、越国人一样，将目标视为生死存亡之要事，自然就不愁不能"上下同欲"了。

为官不为财，只为尽责任

为官者最重要的是什么？公心。

翻开人类的历史，公心对人，平心对事，为人处世，最好是天平轻重，以求公平二字，则人们没有不服从的。不能以公为私，以私害公，这两点为官者定要铭记在心。为官者的公心最直接的体现之一即是清正廉洁。黄石公说："货赂公行者昧。"如果为官受略必然法度昏乱，黑白颠倒。私心胜者，可以灭公。

不以公为私，就在于廉而不贪。这不但要观察他的从前，尤其要观察他的后来。顾亭林在《日知录》中说："季文子死时，以大夫礼节入殓，以他用过的家用器具陪葬。没有锦衣的妾婢，没有吃粮食的马，没有家藏的金银，没有贵重家器。君子这就知道季文子是忠于王室了。辅佐三代君主，而没有家私积蓄，难道说不忠吗？"

为官不为财，只是为了尽自己的责任，发挥出自己的最大作用。像这样的人，还有很多，诸葛亮就是其中之一。

诸葛亮呈表给后主刘禅说："我家在成都有八百棵桑树，薄田十五顷，子孙的穿吃二事，全靠自家，我觉得宽裕有余。至于我在外面，没有别的调度，只有随身衣物，食用之类，全都仰仗官府，不另索取，以长尺寸。我死的时候，不要使内有余帛，外有赢财，以辜负陛下。"到诸葛亮死的时候，正像他所说的那样。廉洁，不过是人臣的一节，而史家称他为忠。诸葛亮是以无为自负的人而已。

读过诸葛亮的表言，可以看出他的操守、志趣、肝胆，他的赤诚之心，无不字字见血，句句心长，可以与日月同辉。读了他的表言，几乎没有人不为他的精神所感动的。

因为清廉，所以受人尊敬，也因为清廉，所以能够流传千古。诸葛亮的这种精神，不仅为自己的人生亮了一盏明灯，更是对后人起到了深远的影响。所以曾国藩在面对自己的学生时，曾经这样强调："当学诸葛，两袖清风，以贪赃枉法、受贿自富作为大戒，人情馈赠，也宜当免除。"

道光二十八年，曾国藩因为处理满族秀才闹事的案子，遭到了满族大臣的弹劾。为了熄众怒，道光皇帝对曾国藩采取了惩罚，从二品官员降职为四品。官位虽然不及以前，但是曾国藩的实权却大了起来。当时，曾国藩的名声被传得越来越响，京城之中，就没有人不知道他的，所以前来拜访的人也越来越多，求字求文的人也不少。

在官场中，曾国藩一直怀着"当官以发财为耻"的信念，所以每年除了那一点俸禄，也就没有什么额外的收入了。曾国藩遭贬职以后，虽然权力大了，可是俸禄却减少了，一段时间下来，曾府的生活变得更加拮据了。

对于生活上的事情，曾国藩是不操心的，可是他的管家唐轩却急得不行。这天，唐轩拿着账本给曾国藩过目，还没等他说话，曾国藩就问："是家里没钱了吧？"唐轩说："大人英明。不瞒您说，您上个月光给人写字用的纸墨钱就二十两银子，可是给出去的字却分文未收，这就是白扔钱啊。咱们的账上现在只有十二两银子了。"曾国藩笑着抚慰唐轩说："没关系，咱们省着点用，够撑到下个月发俸禄的时候了。以后每顿饭可以只吃素菜，这样可以节省一些钱，也可以再裁下去两个轿夫，省几个大钱。"

唐轩听了，忙跟曾国藩说："大人，咱们家的轿夫能用几个钱啊？他们都比别家大人的轿夫少挣很多钱的，之所以不离开大人，是因为看重大人的人品。如果大人就这么把他们裁了，恐怕对不住人家的这份心啊。"曾国藩闻言，心里又是一阵感触："大家何苦跟我受这个苦呢！"

唐轩说："大人，同样的为官，恐怕只有您的收入最少了。"曾国藩点了点头，"我要是想挣更多的钱，就不会做官了，像左宗棠那样开几个店铺，哪年不赚几万两银子啊？当官要的就是名声，如果为了一些钱而毁了自己的名声，那还不如不做了。很多人看不透这一点，所以不能做一个廉明的好官。其实廉和贪就好像是一对兄弟一样，一不小心就可能将自己送入万劫不复的深渊啊。"

唐轩听了大人的话，被大人为官不贪的品质深深地感动了。

曾国藩说得没错，要想发财就不要去做官，以做官而发财，终究会有凄凉之日。作为一身之计，就不必为财；为了子孙之计，就不必留财。财多，必然累己、害己，还不如清廉自守，留个好名声，留个好榜样给子孙后代。

有威严才有威慑力

《素书》云："怒而无威者犯。"意即没有威严的人即使是大声斥呵他人也不会有人尊重，可见领导者的威严十分重要。古人云："杀一人而震三军者，杀之！"为了一个组织的生存，过分宽容后进者往往是对整个集体的犯罪，因为这些人只会使得整个集团的利益受到极大的折扣。从这个角度上说，领导者必须保持一定的威严，这就是"王者风范"。

当年吴王委派孙子训练宫中嫔妃成为娘子军。起初，宫妃们觉得好玩，视同儿戏。

孙子一再劝说，并告诫如不听命，即要严惩。其中吴王最宠爱的两个妃子根本听不进去。三日过去，孙子果然行使无情军法，斩掉了那两个妃子，宫妃们肃然起敬，立即军容整肃，井井有条。

在领导者与下属关系上，没有令对方与下属感到畏惧的震慑力，就不容易行使职责。只是有一张和蔼的脸、一番美丽动听的言辞有时并不能起到令行禁止的作用。保持王者风范，在工作中才能保持客观性。关于自己的观点、情感、主意、思想，不是说全部封闭，只是要注意合适的界限。本田车系的创始人——本田宗一郎就是一个具有王者风范的人，他铁面无私，备受下属敬重。

本田公司的技术干部都曾受到本田先生的严格训练。如果他们不注意，违背了本田的方针，那就会随时遭遇一场暴风雨的袭击。前董事长杉浦在任技术研究所所长的时候，在其部属面前便被本田揍了一顿。

一天，杉浦正在办公室工作，突然一部属通知他说董事长找他。杉浦急忙赶到本田那里，以为有什么好差事要指示。本田二话不说，出乎意料伸出右手，打了杉浦一巴掌。杉浦不知何故，忙问："董事长，到底出了什么事？"

"谁叫他们这样马虎地设计？是你吧！"杉浦还没来得及开口为自己辩护，又挨了本田一巴掌。杉浦很气愤："董事长，你怎么不听解释就动手打人？"他心想，设计问题，自己固然有责任，但我是有一千名部属的研究所所长，至少有一点权力，没必要当众羞辱我，以后让我在部属面前如何立足？他于是想辞掉这个差使。

杉浦正要提出辞职的时候，猛然发现本田的双眼湿润润的，他有些怀疑，难道董事长也会自责自己过于鲁莽，还是恨铁不成钢？似乎都有。杉浦顿时领悟到，董事长是诚心诚意要帮助他，哪怕一个零件也不能粗心大意，必须严谨、认真、细致，防止任何差错出现，否则，不可能生产出顾客信赖的商品。这是董事长的"机会教育法"，打他是为了要大家了解技术、质量的精益求精性。一想到这儿，杉浦的怨恨情绪也烟消云散了，于是对本田说：

"对不起，我错了！我要好好改过……"

"我也有错，不该随便打人。"本田脸上现出坦率的歉疚，并拍拍杉浦的肩膀。

本田利用王者风范即保护了自己的形象与威严，又教育了下属，更主要的是挽救了公司的声誉与利益。领导者保持王者风范，最重要的就是给自己找好定位，与下属的距离不能太近也不能太远。近了，就可能让下属没大没小，从而淹没你的职位；远了，则可能让人不敢靠近，让下属把你供起来。威严也不是恶言相对，整日板着面孔训人。与下属保持好一定的距离，领导者才能保持王者风范，才能在工作时对待下属说一不二，让下属滋生敬畏之心。

个人魅力的边界是权威能达到的境界

为什么有的领导者会出现《素书》所言"怒而无威"的窘态？因为威严是一种内在的修养，是个人魅力的集中体现。一个领导者的威严取决于他的个人魅力所能达的高度。对于一个拥有极大个人魅力的领导者而言，并不需要用发怒来体现其威严，却能够不怒自威。这是威严的最高境界。然而，这并非所有人都能轻易达到，因为它需要以个人的深厚修养为基础。个人魅力力可以发挥"正无穷"的力量，因此，营造个人的这种影响力十分必要，也只有这样的权威才能让下属真正倾心，甘愿会聚在领导周围为其效力。

要塑造这样的威信，需从以下几方面入手：

1. 以德树威

"德"包括政治，也包括道德品质。除了要有坚定的政治立场、正确的政治方向、鲜明的政治态度、敏锐的政治眼光外，还要坚持原则、秉公执政、办事公道、赏罚分明，不做"老好人"。领导者要严于律己，以身作则，言行一致，表里如一；要清正廉洁，不搞以权谋私；不去玩弄权术，也不搞吹吹拍拍、拉拉扯扯、瞒上压下；要道德高尚，品性正直，等等。以此形成领导者独特的魅力，达到捕捉公众的想象，凝聚其战斗力，鼓励大家忠心耿耿地为达成群体目标而奋斗。

2. 以信树威

信即信用。言必信，行必果。言必信，就是说一定要讲信用，不食言，不说空话、大话。如果一个领导者事先不作考虑，盲目空头允诺，久而久之，他肯定得不到同属和下属的信赖，并对其"威信"不屑一顾。

商鞅变法曾有这么一段前奏：国家颁法令，谁若能移动南门立着的巨木到别的地方，就赏给五十金，人们驻足观看，怀疑政府重赏之下只为移动一块木头是否能够兑现，后来政府真的奉上许诺的五十金给了移木的勇士。从此，商鞅变法能够令必行、禁必止、坚决果断地施行，秦国也因此崛起于西方。

因此，领导者一定要说话算数，没把握的事切勿说绝，以防万一，有把握的事情也要留有通融余地，给自己日后行动留下空间，懂得"沉默是金"，慎言慎行维护自己的信誉。

3. 以情树威

情、信、德都属于个性品德的范畴。领导者如果能够满腔热情地关心他人，设身处地地理解他人，尽己所能地帮助他人，诚意真心地尊重他人，那么被领导者就会由衷地信服领导者，领导者的威信则自然而然地树立起来了。这些来自领导者的理解、同情、尊重、信任和关心，会使人受到鼓舞和振奋。哪怕是领导者的主动的招呼、一句亲切的寒暄、一次温暖的询问，都会使他感到这是领导者对自己的关心，从而达到心理相融，感情相通，激发出"好好干"的决心，以不辜负领导的期望。

因此，一个称职的领导者必须及早察觉下属的心灵状态，同时收集他们的个人资料，适时给予援助、慰藉等。

4. 以识树威

识主要指领导者渊博的学识和丰富的经验阅历。知识和经济是一种力量，是一种丰富的权力资源。它可以分为两种：一种是专业技术的知识和经验，另一种是领导管理的知识和经验。两种都重要，但后者更重要。要树威最好是把两种知识经验结合起来，具备这两种知识经验。一个才华横溢的领导者可以使人产生领事感和安全感，即使在困难和极端危急的情况下，广大职工也会跟他同心同德地战胜困难。不过也过分地依赖过去的知识和经验极容易我行我素，听不进别人任何意见，因而丧失下属的信赖和支持。

5. 以才树威

以才干能力树威比以知识经验树威更重要。以识树威使人信服，以才树威使人佩服。这里的才干主要指领导者的认知才能、决策才能、决断才能、协调才能、管理才能、总揽全局的才能、激励和思想政治工作的才能、公关宣传才能、应变才能和处理问题的才能，当然也包括专业技术的才能。具备以上才能，被领导者会认为你像个领导者，跟着你干没错，于是你就有了号召力，有了威信。

6. 以绩树威

以绩树威是树威的根本。知识再渊博，能力再强，但最终没干出实绩，下属还是不买你的账，不听你的话。只有说实话、办实事、求实效，成绩实实在在地摆在那儿，让员工感觉跟随这样的领导是有前途的才最有说服力。

一个领导者光是洁身自好，不干工作，或整天忙忙碌碌，没业绩，下级充其量说你是"好人"，决不会说你是能人。作为领导者，千道理、万道理，政绩才是硬道理。如果政绩平平、山河依旧，甚至成事不足、败事有余，不仅无威望可言，还要被下属鄙视责骂，因此领导者必须树立绩效意识。

这六个方面的权威都属于非强制性影响力的范畴，而整个影响力包括强制性影响力和非强制性影响力两大部分。因此，任何一个领导者在树立上述六个方面的权威时千万不要忘了那个权力阀的存在，千万不要忘记适时适度地运用强制性影响力。两相结合，宽严相济，平时多培养非强制力，关键时不忘强制力，如此了解轻重缓急才能相得益彰。

容人的雅量拓展宽事业的边界

王氏在解读《素书》中"以过弃功者损"时认为："求其小过而弃大功，人心不服，必损其身。"因此，英明的领导者不会因人才的一时小过而对其求全责备，无视人才的才华与作用；而器小易盈，不能容人之过的领导者，最容易刚愎自用、骄矜自大，无法让人才放心归属。领导者如果肚量宽广，能容人之过，自能免于刚愎骄矜，收罗大量人才。这样的领导者，一方面，通过容人之短的表象，吸引更多的良才；另一方面，能欣赏人才的表现，人才才能真正为我所用成功亦唾手可得。

领导者在工作中难免要与各类下属打交道。由于每个人的个性、爱好和生活方式都不同，所以在交往的过程中，不可能每一人都与你处于同一节拍，尽随你的心愿。这个时候就需要领导者拥有开阔的心胸，做到大度容人。

凡是胸怀大志、目光长远的仁人志士，无不能够大度为怀，置区区小利于不顾。反过来，若是鼠肚鸡肠，对几句话也耿耿于怀的人，极少能够成就大事业。

要成大事者，需要各种各样的人才，需要团队的同心协力，需要听取不同的声音。如果领导者不能虚心听取下属的意见，不能容忍下属的一些特立独行的行为，不能对下属的一些过错示以宽容，那么就不会有长远的发展。

"宰相肚里能撑船"不是一句虚话，但凡真正的大人物，都有相对广阔的胸襟，斤斤计较之辈，一般难有太大的出息。

领导归根结底是对人的领导，只有自己对人性的理解全面时，才能把握好人才。南怀瑾先生在与彼得·圣吉谈管理的时候曾经说："想做个领导者，你必须是个真正的人，你必须先认识生命真正的意义。"领导者要成为一个真正的人，必须要有博大的胸襟。一个胸襟宽广的人，才能不被狭隘偏私所限制，才能认识生命真正的意义，成为识人才的伯乐，眼光高远，千金买马骨。

对于现代人来说，能原谅下属对自己偶尔的冒犯就很难得了。

对领导者而言，下属首先是个人，是人就有小毛病，可能还会犯点小错误，这都是很正常的。因此，宽容地对待下属和员工，这是每一个领导者应具备的美德。没有一个下属愿意为斤斤计较、小肚鸡肠，犯一点小错就抓住不放，甚至打击报复的领导者卖力。

尽可能原谅下属不经意间的冒犯，这是一种重要的交往策略。能原谅下属的冒犯，就是对下属人性的把握。那些无关大局之事，不可同下属锱铢必较，当忍则忍，当让则让。要知道，对下属宽容大度，是制造向心效应的一种手段。

战国时期，楚庄王赏赐群臣饮酒，日暮时正当酒喝得酣畅之际，一阵狂风吹来，灯烛灭了。这时有一个人因垂涎于庄王美姬的美貌，加之饮酒过多，难于自控，便乘黑暗混乱之机，抓住了美姬的衣袖。美姬一惊，左手奋力挣脱，右手趁势抓住了那人帽子上的系缨，并告诉庄王说："刚才烛灭，有人牵拉我的衣襟，我扯断了他头上的系缨，现在还拿着，赶快拿火来看看这个断缨的人。"庄王说："赏赐大家喝酒，让他们喝酒而失礼，这是我的过错，怎么能为此而辱没人呢？"于是命令左右的人说："今天大家和我一起喝酒，如果不扯断系缨，说明他没有尽欢。"群臣一百多人都扯断了帽子上的系缨而热情高昂地饮酒，一直到尽欢而散。过了三年，楚国与晋国打仗，有一个臣子冲在前面，最后打退了敌人，取得了胜利。庄王感到惊奇，忍不住问他："我平时对你并没有特别的恩惠，你打仗时为何要这样卖力呢？"他回答说："我就是那天夜里被扯断了帽子上系缨的人。"

从这里，我们不仅看到了楚庄王的宽宏大度、远见卓识，也可以洞悉他驾驭部下的高超艺术。人性层面有感激之情，我们常说："滴水之恩，当涌泉相报。"就是这个道理。对别人的好，以后都会反馈回来的。楚王了解人性，因此他的部下都归顺于他，一时间震烁一方。按照南怀瑾先生的标准来看，算是真正的人了。

《孙子兵法》里最妙的要数"攻心"。而要攻心，就非得有一颗有容乃大的心，能原谅下属偶尔的冒犯。很多有大才的人，都是不拘小节的，他们不遵循社会上的规则，我行我素，不买领导者的账，在领导者面前也是腰板挺得直直的，偶尔会毫不客气地顶撞。如果领导者不能容忍这样的冒犯，那很可惜，他会因此错失某些真正的人才。

念旧恨是愚蠢的

心有大志之人在求才时，即使是对自己以前的敌人、仇人也会重用。如果"念旧恶而弃新功"，总是记恨着他们过去的不是，而否定了他们的才华，这是愚蠢的。因为人才永远都是最重要的。

齐桓公即位后，即发令要杀公子纠，并把管仲送回齐国治罪。因为管仲做公子纠的师傅时，想用箭射死齐桓公，结果他假死逃过一劫。管仲被关在囚车里送到齐国。鲍叔牙立即向齐桓公推荐管仲。齐桓公气愤地说："管仲拿箭射我，要我的命，我还能用他吗？我恨不得杀之而后快！'"鲍叔牙说："以前他是公子纠的师傅，所以他用箭射您，这不正好体现了他对公子纠的忠心吗？而且要是论起本领来，他比我强多了。主公如果要干一番大事业，我看管仲可是个用得着的人。"

齐桓公也是个豁达大度的人，听了鲍叔牙的话，不但不治管仲的罪，还立刻任命他为相，让他管理国政。管仲帮着齐桓公整顿内政，开发富源，大开铁矿，多制农具，后来齐国越来越富强了。

齐桓公既往不咎，原谅了管仲的冒犯，原因在哪儿呢？一是管仲当时各为其主，二是管仲确有大才，还有最重要的一点是齐桓公确实是一个有胸襟的人。化敌为友，让原来的政敌成为自己最得力的干将，进而帮助自己成就一番伟业，这是古代英明领导者共同的特性，其中最经典的还是要数唐太宗李世民对魏徵的重用。

最初，魏徵是东宫李建成手下的核心成员，他的官职是太子洗马。洗马是东宫专门管理图书的职务，常跟太子讨论学问文章。李建成与弟弟李世民的争斗由来已久，李建成的嫡长子地位和李世民出众的才华之间，是水火不容的关系。魏徵主张对李世民采取极端手段，这一点也被李世民知晓。在玄武门事变时，列入秦王府黑名单的东宫人马有将近百名，魏徵自然位列其中。玄武门之变和李世民正式登基之间，还有一段距离，但政变取代了这段距离，武力帮助李世民控制了政权。如何对待过去的敌对势力，在当时是头等大事，天下人似乎都在担心议论新的合理的屠杀开始。但是令人惊讶的是，新皇帝及时采取和解政策，对原来的敌对势力采取宽容政策，化敌为友。

魏徵聪明有谋断，也是一个忠肝义胆的臣子。他凭借自己的刚直和大胆，渐渐赢得了唐太宗的信任。只要是于国有害的，他敢冒天下之大不韪，置身家性命于不顾，在皇帝面前屡屡"犯颜"直谏。魏徵的直言谏诤，大多是持反对意见，常常给太宗当头泼下冷水，弄得太宗很扫兴。从《贞观政要》中的记载可以看到，魏徵对李世民一直都是不客气的，但是又一直是忠心耿耿的。直到魏徵去世，李世民都没有因为他言语过激而降罪，甚至因为他的去世而痛感自己少了一面反省的镜子。

李世民的用人之道向来为史家所称道，他用人不看出身，只看其是否有能力、有才华，从而唯才是用、用其所长，因此，李世民一朝出现了很多名垂青史的人

物，如房玄龄、杜如晦、魏徵、长孙无忌等等。其实，秦始皇的容才之量也不在唐太宗之下。

荆轲刺杀嬴政时的助手高渐离，在荆轲刺秦失败后流亡民间，嬴政爱惜他的音乐才华，大赦其罪，并任命他为宫廷乐师。

著名水利工程郑国渠的设计者郑国，原是一个秦国敌对国家的奸细，在潜入秦国被发现后，嬴政出于爱才之心，不但没有杀他，反而予以重用，让他主持完成了郑国渠。从此关中瘠薄之地变成膏腴良田，灾荒减少，秦国的经济实力进一步提高，直至最终消灭六国。

用人就当为才所宜，优秀的领导者对人才总有一种极度的渴望，就像曹操在诗中所说："青青子衿，悠悠我心。但为君故，沉吟至今。"人才难得，所以很多政治家对人才往往能不计前嫌，收为己用。这也是他们能成就霸业的关键。领导者若想巩固已取得的成果，并在更高的起点上有所作为，则有赖于其坚持不懈地实施行之有效的人才战略。而要实施人才战略，领导者首先要营造一种宽松、和谐的内部氛围，做到尊重人才、重视人才、不计较人之小过，并根据他们的特长委以重任，唯此才可留住人才，为事业的发展添砖加瓦。

用成就提升威望

领导者要赢得下属的追随应当遵循一条原则，那就是靠骄人的业绩为自己树立威望。成功可以改变追随者对领导者的认识，使他们看到领导者的才能、力量、意志和韧性，从而使领导者的威望和领袖气质大大增强。否则会如黄石公所言："名不胜实者耗。"没有实才确顶着为官头衔的人，长久以后必然会威信全失，最终被淘汰。

二战期间，蒙哥马利受命前往开罗，接任英国北非集团军第八集团军司令。当时，英国军队在北非战场上被"沙漠之狐"隆美尔打得节节败退，人员伤亡较大，士气不振。

为了使全体官兵恢复对高级指挥官的信心，使部队以高昂的士气投入未来的严峻战斗，蒙哥马利决定在英军发动攻势以前，按自己的想法打一次仗，而且必须战果辉煌。他准确地判断隆美尔一定会发动进攻，并从情报中预测出敌人的进攻方向。他以这个预测为基础制订了作战计划，为德国非洲军团设置了一个陷阱，最终使隆美尔的进攻只落得个搬起石头砸自己脚的结局。此战的胜利，使第八集团军的士气得到提高，消除了疑虑不安的情绪，官兵的信心也与日俱增。

这次成功极大地提高了蒙哥马利在第八集团军中的威望，以此为起点，蒙哥马利率第八集团军在北非战场取得辉煌成就，并最终赢得胜利。

由此可见，成功是充分展示领袖气质的舞台。领导者应全力以赴，力求取得不断的成功。任何事业都需要一种求胜意识，领导艺术也是如此。蒙哥马利如果时时想着名声与生命安危，而不是军人的责任，那他也会像他的前任那样，撤退、撤退、再撤退，而不敢与凶悍的隆美尔交手。事实是，他将一切置之度外，专注于事件，将自己的能力发挥得淋漓尽致，才激活了整个部队的潜在能力，最终尝到了胜利的果实。

李凡圣是某石化集团的总裁，他本身就是一个靠业绩树威的典型例子。

李凡圣原工作在东北边境地区一个林业区的木材加工厂，二十岁就成为工厂厂长。改革开放以后曾被作为"第三梯队"的后备干部而培养。后由于内地某地方政府领导盛情邀请（美誉度起了作用，感召了素不相识的地方领导），调来该地方，被任命为规模很小、一直想发展而发展不起来的啤酒厂厂长。

李凡圣担任啤酒厂的厂长之后，虚心向内行学习，认真地考察其他经营管理好的啤酒厂的经验，认真考察市场，思考本企业的资源分布、优势和弱点，分析企业外部的机会和威胁，果断地同北京某大啤酒厂联营，借别人的好牌子开拓市场，同时投入资金，迅速地把一个万吨小啤酒厂一下子扩建为五万吨生产规模，使得该啤酒在激烈的市场角逐中站住了脚。

李凡圣的成功，体现了他从敬业精神到经营才干的出众，他的知名度，特别是领导权威和个人魅力也有了很大的提升，不久他被调任新开办的土特产公司任经理。

李凡圣凭着自己的努力，从零开始，并且迅速取得了可观的经济效益。于是，他又创办了日益看好的石化公司。

李凡圣担任石化公司经理，走过了又一段不平凡的创业历程。例如，有一次为了求得某炼油厂的石油供应，李凡圣带着几位下属曾在该大型炼油厂门口守了三天，终于感动了该企业负责人，答应派人去李凡圣创办的石化公司考察一下。考察结果认为：虽然李凡圣的石化公司规模很小，但生机勃勃，人员素质好，有前途。于是，便同意和李凡圣签订供销合同，两个企业间的合作伙伴关系从此确定下来。

李凡圣注重企业经营战略的制定，注重企业外部经营环境的改善，注重企业内部管理，注重员工队伍的建设。于是，他所领导的石化公司一年一个台阶，营业额很快超过一亿元、二亿元、三亿元。除了流通，又创建了高级油脂加工厂。三年时间便发展成了在地方首屈一指的石化集团公司，率先完成了股份制企业的改造。

成就是领袖气质的源泉。领导者要赢得下属的追随，就应当注意靠业绩树威，不断在实践中建立自己的威望，靠成就提高自己在下属中的影响力。连续的成功和成就，可以让领导者获得较高的美誉度，从而获得更大的权威和个人魅力。领导者的权威和领导魅力是在不断的实践中建立和提高的。

机关不可算尽，表现聪明要适量

《素书》言：“以明示下者暗。”“暗”有愚蠢之意。处处显示自己的聪明，反倒是一种愚蠢的做法。自古至今，聪明有才的人比比皆是。和珅有才，官至文华殿大学士，同时家财白银八亿两，但却因为机关算尽太聪明，到头来，“百年原是梦，卅载枉劳神”，不仅八亿两白银入了国库，小命也被要了去。

《红楼梦》中的王熙凤，可谓是家喻户晓。

王熙凤何等地冰雪聪明，简直就是女人中的精品，恐怕这世上有很多男人都不及她。她八面玲珑、九面处世、外柔内刚；她笑里藏刀，表面向你微笑，心里却在给你下套子。一个图上她美色的贾瑞被她的计策整得一缕孤魂上青天；一个看上她老公的尤二姐被她的两面三刀给逼得吞金自尽；而她的“偷梁换柱掉包计”李代桃僵，则送掉了颦儿脆弱的性命。

至于王熙凤的能耐，大得能登天，荣宁二府在她的整治下服服帖帖，秦可卿出殡这样的大事到了她手里简直是小菜一碟。她能说会道，贾府上下无人不晓她琏二奶奶的。

可王熙凤却是一个精明过火的女人，精明到处处好强、事事争胜，哪儿都落不下她，终于得罪了大太太，加之贾母撒手人寰，她的靠山没了，终于送了卿卿性命。

为人处世，是精明一点好，还是糊涂一点好，各人有各人不同的答案，但有时还是“糊涂”一点好，当然这种糊涂并不是真的糊涂，而是希望我们学会一点大智若愚的技巧，避免一些弄巧成拙的尴尬。

古语有云："鹰立如睡，虎行似病。"这是动物中的强者攫鸟噬人的方法。由此联想到人，君子要聪明不露，才华不逞，才有任重道远的力量。这大概也可以形象地诠释"藏巧于拙，用晦而明"这句话的具体含义。

一般说来，人性都是喜直厚而恶机巧的，而胸怀大志的人，要达到自己的目的，有时还是要灵活处世。

唐初的重臣李勣，本是李密的部下；后随故主投于李渊父子的麾下。此时天下大势已趋明朗。李勣懂得只有取得李渊父子的绝对信任才有前途，于是他把"东至于海，南至于江，西至浊州，北至魏郡"的所据郡县土地人口图派人送到关中，当着李渊的面献给李密，说既然李密已决心投降，那我所据有的土地人口就应随主人归降，由主人献出去，否则自献就是自为己功、以邀富贵而属"利主之败"的不道德行为。

李渊在一旁听了，十分感慨，认为李勣能如此尽忠故主，必是一个忠臣。李勣归唐后，很快得到了李渊的重用。但是李密降唐后又反唐，事未成而"伏诛"。

按理说，一般的人到了这个时候，避嫌犹恐过晚，但李勣却公然上书，奏请由他去收葬李密——惟其"公然"，才更添他的"高风亮节"，假设偷偷摸摸，则可能会有相反的效果。"服缞绖，与旧僚使将土葬密于黎山之南，坟高七仞，释服散。"这纯粹是做给活人看的。表面看这似乎有碍于唐天子的面子，是李勣的一种愚忠，实际李勣早已料到这一举动将收到以前献土地人口同样的神效。果然"朝野义士"，都推他是仁至义尽的君子，从此李勣更得朝廷推重，恩及三世。

李勣取的是一种"负负得正"的心理效应，符合人们一般不信任直接的甜言蜜语，而相信一个人与他人相处时表现出来的品质——即侧面观察的结果，尤其是符合人们一种普遍心理，即喜爱那些远离忘恩负义、趋吉避凶、奸诈易变而又表现大丈夫气概的人。李勣换主而伺，又高调对原来主人收葬之为看似直中之直，实则大有深意，这是"藏巧于拙"做人成功的典型。

大诗人李白有一句耐人寻味的诗，叫"大贤虎变愚不测，当年颇似寻常人"。这是指在一些特殊的场合中，人要有猛虎伏林蛟龙沉潭那样的伸屈变化之胸怀，让人难预测，而自己则可在此期间从容行事。很多时候一个人再有龙虎之才，也不能表现无遗，而当常行"拙行"，是为以示忠心，方可灵活容身，屈伸自如。

在现实生活中，有许多的领导者自认聪明，总觉得自己比他人做得精明，结

果聪明反被聪明误，到头来只有失败。

古语有云："人者，先愚后智，大智也。""大智若愚"被普遍认为是管理智慧中最高、最玄妙的境界。从字面上理解，"大智若愚"亦即最高的智慧接近于没有智慧，接近于木讷，接近于"愚"。

其实"愚"是一种做人的智慧，这包括了知、情、意三个方面的综合体现，在"知"的方面，"糊涂"就是承认人的认识的有限性，不过分依靠和卖弄自己的智慧。勿恃小智，勿弄奇巧，息竞争心，它包含了大智若愚、藏巧于拙，顺手自然、无为而治，谨言慎行、因势利导，精益求精、善于其技，虚心纳谏、博采众长，居安思危、留有余地等范畴。在"情"的方面，就是安贫乐道、隐忍退让、息贪婪欲，它包含安守本分不要凡事强做，淡泊名利宁静致远，乐天知命等。在"意"的方面，就是淡泊明志、立身端方、守清正节，包含宠辱不惊、功成不居、严于律己、宽以待人、刚正不阿、洁身自好等。

"大智若愚"是在平凡中表现不平凡，在消极中表现积极，在无备中表现有备，在静中观察动，在暗中分析明，因此它比积极、比有备、比动、比明更具优势，更能管好人、理好事。

用优秀的人才能成就优秀的事业

黄石公认为，如果一个君主依靠那些残忍无情的小人作决策，有毁身灭亡的危险。历史已经证明，"决策于不仁者"，而致身死亡国的经验。司马光在《资治通鉴》中劝诫道，小人们寡廉鲜耻，无论是才华、视野还是胸襟，都无法与贤才相比，这样的人必然会生出事端。

公元前645年，为齐桓公创立霸业呕心沥血的管仲患了重病，齐桓公前去探望，顺便和他商讨谁可以接受相位。齐桓公提出易牙和开方、竖习作为人选，因为易牙曾为满足齐桓公的要求不惜烹了自己的儿子；开方为侍奉他，父亲去世也不回去奔丧；竖习自残身体来讨好齐桓公。但管仲认为易牙没有人性，开方不尽孝道，竖习违反人情，都不会忠心于齐桓公，于是向他推荐了为人忠厚、不耻下问、居家不忘公事的隰朋，说隰朋可以帮助国君管理国政。遗憾的是，齐桓公并没有听进管仲的话。

不久，管仲病逝。齐桓公不听管仲病榻前的忠言，重用了易牙等三人，结果酿成了一场大悲剧。两年后，齐桓公病重。易牙、竖习见齐桓公已不久于人世，就开始堵塞宫门，假传君命，不许任何人进去。有一宫女乘人不备，越墙入宫，探望齐桓公。齐桓公正饿得发慌，索取食物，宫女便把易牙、竖刁作乱，堵塞宫门，无法供应饮食的情况告诉齐桓公。桓公仰天长叹，懊悔地说："如死者有知，我有什么面目去见仲父？"说罢，用衣袖遮住脸，活活饿死了。一代霸主就这样命殒于小人之手。

历史上没有哪个明君是天空中的一颗孤星，他的身边总是伴随着一些闪亮的星辰，只有贤良的人才开能辅作领导者开创盛世。

司马光有一段专门就人才方面的论述：

挑选人才的方法，如果找不到圣人、君子而委任，与其得到小人，不如得到愚人。为什么这样说？因为，君子把才干用到善事上；而小人却会用才干来作恶。持有才干做善事，能处处行善；而凭借才干作恶，就无恶不作了。愚人尽管想作恶，因为智慧不济，气力不胜任，好像小狗扑人，人还能制服它，而小人既有足够的阴谋诡计来发挥邪恶，又有足够的力量来逞凶施暴，就如恶虎生翼，他的危害难道不大吗？有德的人令人尊敬，有才的人使人喜爱；对喜爱的人容易宠信专任，对尊敬的人容易疏远，所以察选人才者经常被人的才干所蒙蔽而忘记了考察他的品德。自古至今，国家的乱臣奸佞，家族的败家浪子，因为才有余而德不足，导致家国覆亡的多了，又何止智瑶呢！所以治国、治家者如果能审察才与德两种不同的标准，知道选择的先后，又何必担心失去人才呢？

历史也已证明，盛世与贤臣总是分不开的。秦朝强大有商鞅，文景之治有张释之，开元之治有姚崇、宋璟，贞观之治有魏徵、房玄龄、杜如晦……再好的领导者总是精力有限，身边有几位有远见、有谋略的军师，不仅可以增强企业的力量、延伸领导者的意志和实力，更可以帮助领导者在关键时刻把持住原则。

礼贤下士是吸引人才的磁石

黄石公所言："慢其所敬者凶。"其中，领导者要敬之人当是人才。礼贤下士是一个通晓用人之道的领导者所不可或缺的素质。老子说："善用人者为之下。"善于用人的，必然谦虚待人，居人之下。儒生不可辱，人才一般都有极强的自尊心，他们的自尊心得不到满足，是难以全心全意为你服务的。诸葛亮说："士为知己者死。"只要你真心尊重人才，必然换来他们忠诚的追随。

周文王是商末西方诸侯之首，他是一个很有智谋，很善于招纳人才的君主。

为了做好兴周灭商的准备，他在政治上广泛收罗人才，礼贤下士。他为了得到一个理想的能驰骋天下、总揽全局的帅才，日思夜想。有一天晚上，他做了一个梦，梦见自己到天帝面前去求人才，天帝没有说话，却从其身后跑出一只带翅膀的黑熊，此物十分威武，连飞带跑地到了他的面前，向他侃侃而谈兴国之道，治国之策。

第二天，文王决定要到郊外去打猎，便让人占卜一卦，看看此行是否会有收获。这些人知道文王求贤若渴，占卜前就听到文王谈起他昨晚的梦，便高兴地对文王说："此次有好兆头，此次打猎必有收获。"

周文王部落离渭水不远，文王等人信步走到溪边，看见一个老人端坐在溪边垂钓。此人长须飘拂，仪态安详怡然。文王见此人形象和梦里的飞熊形象有许多相似之处，见他一本正经，目不斜视地垂钓，走到近旁也不敢惊动。过了一会儿，老人把渔竿向上一提，没见提上鱼来，却见尾端系着一个直钩，文王情不自禁地说："直钩钓鱼能钓上来吗？"老人慢条斯理地说："我做事从不强求，愿者上钩嘛。"

文王见此人见识不凡，便上前深施一礼，并问起他的姓名。在交谈中文王才知道他姓姜名尚，又名牙，人称姜子牙。此人曾在商都朝歌屠牛卖肉，又在各处卖酒，一直穷困潦倒，连妻子也离他而去另嫁他人，年过花甲仍无用武之地。

他听说文王礼贤下士，就来投奔，但无人引见，只好天天在渭水边钓鱼，等待时机。他与文王一番谈话很有见地。文王丝毫不因为他的贫贱而产生傲慢心理，他说："当年我的先祖太公曾说过，将来一定会有圣人来到我们这里，帮助我们兴旺发达起来。先生恐怕就是那位圣人吧？从我们太公起，到先父，到我，盼望您很久了。"于是姜子牙随文王回国都，尽心辅佐周文王和周武王。文王渭水屈身访贤的故事传遍全国，许多有本事的人知道文王礼贤下士，纷纷前来归附。文王对所有贤士都很恭敬、信赖，不讲地位、身份、贵贱，使众谋士鞠躬尽瘁忠心辅助文王。

从上面的故事中，我们可以看到，领导者只有礼贤下士才能求得人才，切勿摆架子。"官"架子，就是我们常说的"派头""拿架"，这是一些领导者很容易犯的毛病。有些领导者，总认为自己是个"官"，在追随者面前总想摆出一副非同凡夫俗子的架子，以为只有这样，下级才会尊重自己、畏惧自己，其实，这是一种误解，尊重、威严不是靠摆架子能够索取到手的。只要你将自己置于恰当的位置，尊重追随者，人家就会尊重你；相反，越摆架子，就越有可能与人才失之交臂。

尊重追随者才能让下属把你放在心头

有的人本身并不低能，但因为做错了事，也会引得某些领导者说出伤人自尊心的话来。比如："你是什么东西？你以为我不知道你的老底吗？"或者说："你这种家伙，成事不足，败事有余。"这种领导者是黄石公在《素书》中所说的"好众辱人者"。好众辱人的结果就是"殃"。王氏说："说人过失，揭人短处，对众羞辱"，会让人"心生怪怨，恐伤人之祸殃"。领导者侮辱下属的话一出口，只会让下属心灰意冷，或大闹一场，更加大了下属与领导者之间的距离。领导者必须明白，下属的自尊心是应该受到保护的。不伤害下属的自尊心，不仅是尊重人格，而且对事业大有好处。人有了自尊心，才会求上进，有上进心才会努力工作。

调查研究表明，凡是自尊心很强的人，不论在什么岗位上，都会尽自己的努力而不甘落后于人。明智的领导者不仅要保护下属的自尊心，还要想方设法加强下属的自尊心。比如，注重礼貌，让他们充分体会到自己作为一个人与上级在人格上是平等的；或使用适当的褒奖，让他们有荣誉感，等等。

自尊心受到损伤其程度是不同的，一类是属于局部的，就是说，被害者的自尊心并未完全失去，他还能感觉到自己受了伤害，这样他就必然记住伤害他的人，对之产生反感、憎恶乃至仇恨。如果这个人是他的领导的话、他要么积极地谋划调离本单位，要么采取"不合作主义"。只要是你说的话，你下的指示，他都不会尽心尽力、心甘情愿地去办。这样，怎么可能把工作搞好呢？另一类是属于全部的，就是说，被害者已经全然失去了自尊，他甚至感觉不到什么叫自尊心受伤害。他自暴自弃，什么事都干。到头来，不仅下属自己的前途受影响，对领导者的工作也大为不利。

伤人自尊心是领导的大忌，以下两点应当引起领导者的注意：

1. 不揭人疮疤。一般说来，人们并不喜欢揭人疮疤。性格上生来就喜欢揭人疮疤的人是少数。但在情绪不好的时候，甚至在暴怒的时候，可就很难说了。尤其是领导者，因为人事材料在握，对别人的过去知道得一清二楚，怒从心头起时，就难免出口不逊，说些诸如"你不要以为过去的事情就没人知道了"之类的话。

领导者要杜绝揭人疮疤的行为，除了要知晓利害，学会自我控制外，还须养成及时处理问题的习惯。不要把事情搁置起来，每个问题都适时地解决了，有了结论，以后也就不要再旧事重提，再翻老账。

2. 让人丢脸是领导者的大忌。让人丢脸这种行为，不仅对事情没有任何的帮助，反而使受辱的一方不能心服口服，甚至会憎恨在心。所以，要做到不使下属

的工作热忱消失，让人丢脸可以说是领导者的最大禁忌。只有照顾到下属的脸面，下属才会知错就改，更加积极地工作。

尊重下属是领导者与下属进行沟通交流时的一个基本前提。每一个人都有自己的尊严，即使是被视为无用的人，也有他自己的想法与自尊心。他或许看似低能，却在某一方面潜藏着特长；也许他一无所长，但他却也因此比别人更勤奋卖力。因此，领导者且不可因为下属工作能力或为人处世上有一些毛病就对之持嫌弃的态度，一个值得下属尊敬和爱戴的领导者应当时刻把下属的尊严放在心头。

领导者不要犯苛求下属的忌讳

有句古语，叫作"水至清则无鱼，人至察则无徒"。意思是说，水太清了就养不住鱼，为人太清正，则不能有许多人追随。从道德上来讲，为人必须清正廉洁，但过分的清正，就变得刻板，不能对人持宽容厚道之心。对人不能持宽容厚道之心，也就不能容人，不能容人也就不能用人，不能得人之心。这便是黄石公"戮辱所任者危"的含义所在。

人无完人，金无足赤。古往今来，大凡有见识、有能力，能够成就一番事业的人，往往有着与众不同的个性和特点，他们不仅优点突出，而且缺点也明显。一个领导者如果处人、用人过于清正，就会显得不讲情面，不通情理，不能宽容人的缺点。这样，处人、用人就会困难得多。一个令下属乐意追随的领导者要有容人之量，尤其是政治家、军事家，更要有容人之量。俗话说："宰相肚里能行船。"行大事者不拘小节，有容乃大就是这个意思。如果秋毫毕见，就容易让人觉得和你难以相处，愿意跟随你、和你共事的人就会越来越少，最终难成大事。

俗话说：看人要深，处人要浅；看人要清楚，处人要糊涂。这话讲的也是同样的道理。看人看得深，看得清楚，处人也就能浅、能糊涂。怕的则是看得浅、看得糊涂，处人、用人也就难免不浅、不糊涂，结果带来失误和后患。看人深，看得清楚，处人浅，处人糊涂一些，就是把握住大的原则，而不去纠缠于小节，对人的小缺点要宽容，对个人的性格独特的方面要给予理解。特别是那些有独特才能的人，其性格的特点也比较明显，要用这样的人，宽容、理解就是非常必要的。无宽容之心、理解之情，自然无法赢得这些人的追随，让他们尽情发挥作用，就显得很困难了。

这些道理，说起来都很简单，但为什么有些领导者在看待自己下属的时候，就常横挑鼻子竖挑眼呢？其中的原因很复杂，但就其思想方法而言，主要在于不能辩证地分析与看待人的优点和缺点、长处和短处，求全责备。

美国南北战争之始，林肯总统以为凭借北方在人力、物力、财力上的绝对优势，加之战争的正义性，短期内即可扑灭南方奴隶主军队的叛乱。于是，林肯总统按照他平时的用人原则——没有大缺点，他先后任命了三四位德高望重的谦谦君子做北军的高级将领，想利用他们在人们心中的道德感召力，用正义之师战败南方奴隶主军队。但事与愿违，这些没有缺点的将领在战争中却很平庸，很快便被李将军统率的南方奴隶主军队——击溃。

预想不到的败局，引起林肯总统的深思。他认真分析了对方的将领，从贾克森起，几乎没有一个不是满身都有大小缺点的人，但他们却具有善于带兵、用兵，并且勇敢机智、剽悍凶猛等长处，而这些长处正是战争需要的素质。反观自己的将领，忠厚、谦和、处世谨慎，这些作为做人的品格是不错的，但在充满血腥的严酷战争中，却不足取。从这种分析出发，林肯力排众议，毅然起用格兰特将军为总司令。

命令一下，众皆哗然，都说格兰特好酒贪杯，难当大任。对此，林肯笑道："如果我知道他喜欢喝什么酒，我倒应该送他几桶，让大家共享。"林肯知道北军将领中只有格兰特是能运筹帷幄的帅才，要用他的长处，就要容忍他的缺点，这是严酷的战争，不是教堂里的说教。因而当有人激烈反对时，林肯却坚定地说："我只要格兰特。"后来的事实证明，格兰特的任命，成为美国南北战争的转折点，在格兰特的统帅下，北方军队节节取胜，终于扑灭了南方奴隶主集团的武装叛乱。

对林肯总统用人原则的前后变化，美国著名的管理学家德鲁克在《有效的管理者》中有一段精彩的评述，他说："倘要所用的人没有短处，其结果至多只是一个平平凡凡的组织者。所谓样样皆是，必然一无是处。才干越高的人，其缺点往往越明显。有高峰始有谷，谁也不可能是十项全能。""一位领导者仅能见人短处而不能用人之所长？从而刻意挑其短而非着眼于展其长，则这样的领导者本身就是一位弱者。"

唐代大文学家韩愈说："古代的资能之人，要求自己严格而全面，对待别人则宽容而简约。对己严格而全面，所以才不怠懈懒散；对别人宽容而简约，所以别人乐于为善，乐于进取……现在的人却不这样，他对待别人总是说：某人虽有某方面的能力，但为人不足称道；某人虽长于干什么事，但也没有什么价值。抓住人家的一个缺点，就不管他有几个优点；追究他的过去，不考虑他的现在。提心吊胆，生怕别人得到了好名声，这岂不是对人太苛刻了吗？"

对待别人太苛刻的人，只能落得个孤家寡人，众叛亲离，而不可能很好地去用人，也没有人愿意与这样的人共事、效力。所以春秋时五霸之一的齐桓公说："金属过于刚硬，就容易脆折，皮革过于刚硬则容易断裂。为人主的过于刚硬则会导致国家灭亡，为人臣过于刚强则会没有朋友，过于强硬就不容易和谐，不和谐就不能用人，人亦不为其所用。"由此可见，用人处人，以和为贵。

综观历史上那些深得人心的领导者，哪个不是深抱宽容之心，广有纳天下之度，处人、用人，该糊涂处糊涂，该清醒处清醒。曹操用人不拘品行，唐太宗用人只注意大节，都可说把用人的这一原则发挥得淋漓尽致。隋朝的隋文帝以为只有依靠法律条文就能治天下，所以他以法律条文为依据，明察临下，常使他的左右亲信以法律条文来探查下属，有小过失就加以重罚，结果弄得众叛亲离。

因此，领导者要赢得下属的追随和效忠，就应当有容人之量，正视下属的缺点，不要用"完美"的观点要求人。这样有助于相互取长补短，更好地发挥下属的长处。

做一个清醒的调解员

黄石公认为，一个团队要是上下离心，上情无法下达，则必然走向失败，即"群下外异者沦"。古人云"众人相助，虽弱必强；众人相去，虽大必亡"，说的正是这个道理。因此，对于一个团队而言，同心同德的团队精神是强大战斗力的根基所在，而如果一个团队有了内部矛盾而得不到解决，内部人员钩心斗角，最终会影响事业的发展。领导者要想让自己的事业平稳发展，就必须要解决内部矛盾，因此，领导者必须是一个清醒的调解员。

一天，乾隆在和珅和三朝元老刘统勋的陪同下，到承德避暑山庄的烟雨楼前观景赋诗。乾隆向东一望，湖面碧波荡漾，向西一观，远方山峦重叠，不禁随口说道："什么高，什么低，什么东，什么西。"饱富学识的刘统勋随口和道："君子高，臣子低，文在东来武在西。"

和珅见刘统勋抢在他的前面，十分不快，想了一下说道："天最高，地最低，河（和）在东来流（刘）在西。"这里，"河"与"流"明指热河向西流入离宫湖，但和珅却用谐音暗示自己与刘统勋，并借皇家礼仪上的东为上首、西为下首的习俗暗示刘统勋：你虽是三朝元老，但在我和珅之下。

刘统勋听了，知道和珅诗意所指，甚是恼怒，便想寻机报复。这时，乾隆正要两人以水为题，拆一个字，说一句俗语，作成一首诗。刘统勋望着清波中自己老态龙钟的面容，偷视了一下和珅自负的得意之形，灵机一动，咏道："有水念溪，无水也念奚，单奚落鸟变为鸡。得意的狐狸欢如虎，落坡的凤凰不如鸡。"

和珅听罢，既暗自赞叹刘统勋的才华，又为诗中讽刺他是狐狸和鸡而恼怒，便反唇相讥道："有水念湘，无水还念相，雨落相上便为霜。各人自扫门前雪，哪管他人瓦上霜。"言外之意，暗示刘统勋不要多管闲事。

乾隆听罢两人的诗，自然觉出了两人不和的弦音，便面对湖水说道："两位爱卿，朕也不妨对上一首：有水念清，无水也念青，爱卿协心便有情。不看僧面看佛面，不看孤情看水情。"

和珅和刘统勋听罢，心中为之一震，顿时脸上烧得火辣辣的，知道皇上是在诱导他们应当同心协力。二人当即拜谢乾隆皇帝。

自己的下属，包括自己在内是一个整体，这个整体的运行态势决定于每个人，更决定于每个人的合作态度。有的人能力很强，但是喜欢独来独往，而有的人虽然成绩不突出，但是富于合作精神。但对领导而言，后者更有价值，因为他能够使大家团结起来，共同工作。

俗话说，一个橱柜里的碗碟难免会磕磕碰碰。团队出现冲突时，领导者的处理方法和态度很重要。尤其是冲突是在组织成员之间产生，并却需要一个审判官来为冲突进行盖棺定论时，领导者就会成为全体组织成员所关注的焦点。采取何种态度和方式，如何做到公平和合理，将是对管理者的一大考验。因此，管理者在解决冲突过程中一定要拿捏到位，不能因为解决的不当造成新的冲突。这是作为一个领导者调解好下属之间的关系的重要一环。

公正是声誉与公信力的来源

黄石公在《素书》中强调了领导者在设官任职时必须以公正作导航。所谓"私人以官者浮"，即设官任职不能出于私心，否则误国废事，官员虚浮不重，事业难成。以公正之心推举官员的人很多，比如《吕氏春秋》中就记载了这样一个人物。

晋平公要祁黄羊推荐南阳县令的人选，祁黄羊推荐自己的仇人解狐。这让平公觉得十分不解，以为他在搞什么新花样，便把祁黄羊召过来，责问其真实意图。祁黄羊回答道："国君，您只是问我谁可以担当这个职位，并不是问我的仇人是谁。"晋平公觉得他说得很有道理，便用了解狐当县令，举国上下都很称赞这个任命。

不久后，晋平公又问祁黄羊谁可以担任太尉一职，祁黄羊这次推荐了他自己的儿子祁午。平公一听，又觉得不解，认为他在贪私心，立即询问他为何会推荐自己的儿子？祁黄羊回答："您只是问我谁可以担任太尉一职，并不是问谁是我儿子。"平公很满意祁黄羊的回答，于是派祁午当了太尉，后来祁午果然成了能公正执法的好太尉。

这个历史故事所揭示的道理，就是所谓的"内举不避亲，外举不避嫌"。孔子听说这两个故事后称赞说："好极了！祁黄羊推荐人才，对别人不计较私人仇怨，对自己不排斥亲生儿子，真是大公无私啊！"后来，人们就用"大公无私"，形容完全为集体利益着想，没有一点私心，也可以指处理事情公正，不偏向任何一方。

作为领导者，应该向祁黄羊学习，千万不要因为某人和你不熟就不重用他，更不可由私人交情是否深厚来判断要不要重用一个人，一旦私心作祟，往往就会落人口实，影响自己的声誉和公信力。

历史上的乱政通常有四种情况：宦官篡权、朋党之害、外戚当政与地方势力膨胀。之所以出现这些情况，无非是上位者"私人以官"，其中最典型的就是"为人择官"。为人择官者不问贤愚，不问实际情况，只要是有亲戚或朋友想当官，就算没有这个岗位，或岗位编制已满，他也要新设一个部门或想尽方法把想用的人提拔到岗位上。在这方面，我们又不得不提到唐太宗，他在用上人就坚决杜绝了"为人择官"。他的用人智慧真正体现了一个英明领导者应用的素质。

唐太宗的叔叔李神通自认为为唐王朝打了许多重要的仗，立下了汗马功劳，而且自己又是皇帝的叔叔，在众大臣中，应该是自己的功劳最大。但他一听到功臣名单上把自己排在后面，心里就极为不服气，对唐太宗说："当初，是我首先起兵响应您，跟随您东征西杀，为您夺得皇位立下了大功。可您今天怎么好像把我的功劳全都忘了似的，竟然将我排在房玄龄、杜如晦这些人的后面，与我们这些在战场上誓死为国家拼杀的人相比，他们有什么功劳可言？不过就是舞文弄墨、乱写乱画罢了！"

唐太宗笑了，说："叔叔您虽然首先举兵起义帮助我，可是您忘了，您后来还打了两次大败仗呢！房玄龄、杜如晦他们出主意、定计策，帮我取得了天下，论功劳，理应排在您的前面啊。您虽然是我的至亲，可是我不能徇私情加重对您的封赏啊！那样的话，对其他大臣来说就太不公平了！"听皇帝这么说，李神通也就不好说什么了。

过了一会儿，房玄龄说："秦王府里的旧人，都是皇上的老部下了，那些没有升官的，难免会有一些怨言。"

　　对此，唐太宗说："国家之所以设立官职，为的就是选拔有才能的人才，替老百姓办事。在这上面，绝不能以新旧分先后。新人有才能的，就要升官赐爵；旧人没有才能的，当然不能提拔。要不然，国家的事情怎么能够处理好呢？"

　　长孙无忌是唐太宗年轻时候的好朋友，又是长孙皇后的哥哥，有才能又曾立过大功，唐太宗就任他为当朝宰相。长孙皇后知道了，怕别人说闲话，就劝唐太宗不要给哥哥那么大的官职。

　　"你这样想不对。我任用你哥哥，是因为他有做宰相的才干，不是因为他是我的亲戚。"最后唐太宗还是坚持让长孙无忌做了宰相。

　　任人唯亲是用人之大敌。无数事实表明，任人唯亲、拉帮结伙、互相串通、以权谋私，是导致事业失败的重要原因。任用人才唯才是用，而不是唯亲，否则将会导致机构膨胀，人浮于事，情况更严重的话，就会产生动乱。

　　人事任用时，居上位者决不可以徇私。不可以依据个人好恶决定任用与否，而要以"能否胜任"为准则。这是一个基本条件。领导者不能说："这个人能干是能干，却令人讨厌。"或者说："他虽然没什么本事，却是我欣赏的类型，就让他做科长吧！"领导者一定要把情形搞清楚，就算从心里讨厌他，也要唯才是举，让人事任用公平公正。这是人事工作上的基本要求。唯有不徇私的态度，才能获得其他员工的接受、协助。

　　任人唯亲，就是不考虑才能如何，仅仅选用那些与自己感情好、关系密切的人。其表现形式有三：一是"以我画线"。谁赞同他、拥护他、吹捧他，就提拔谁。"顺我者存，附我者升"，把自己领导的单位搞成"一人得道，鸡犬升天"的"封地"。二是"唯派是亲"。凡是帮朋助友，不管是否有德有才，都优先加以考虑。三是"关系至上"。

　　如何才能做到任人唯贤？作为管理者必须要把握住两个基本点：

　　第一要有"公心"。关键在于无私，无私是选贤才的前提。对这点，中国古代的先哲孔子看得十分清楚。他说：君子对天下之人，应不分亲疏，无论厚薄，只亲近仁义之人。这就是说，在人才问题上，应该不计较个人恩怨、得失，而应考虑国家的利益、民众的利益。

　　这些其实质就是在选才上无私，对能力强于自己、品德贤于自己的人，要加以举荐，或使他来代替自己，或使他居于自己之上。在选才上无私，就是要抛弃个人成见，客观地对他人作出评价，即使对其并不喜欢，也决不以私害公、以私误公，而应毅然选拔。

第二要公而忘私、虚怀若谷，有很高的素质，能够不计较个人恩怨和得失。聪明的中国古代哲人说过："一人得道，鸡犬升天。"尽管一些企业的管理者也反对裙带关系，可是选拔人才就不自觉地搞亲亲疏疏，其中原因是他们总凭个人的私欲、私情来举贤选才，这就偏离了公正客观的选才标准，发展下去，势必会出现小人得势、贤才失势的局面。

"心底无私天地宽"，这是领导者重要的品质表现。只有领导者具有巨大的影响力，我们的事业才会有顺利、成功的保障；而这影响力来源于正气、正义和正派的作风。作为领导者不要以自己的权力和地位来达到自己的个人追求，要用权为公，而不能以权谋私。

失诺是最可怕的腐蚀剂

孔子有句名言："言必行，行必果。"信誉是一个人无形的财富，对诺言不加兑现，或兑现诺言时显得犹豫而不甘不愿，久而久之就会削弱人们对你的信任。这就是《素书》中所说的"多许少与者怨"。因此，许下承诺就要兑现，这是做人的学问，也是领导者处理好与下属的人际关系、树立自己威信的原则。

可是，不少上司所做的最糟糕的一件事就是爱许诺，可却又偏偏不珍惜这一诺千金的价值，在听觉与视觉上满足了员工的希望之后，又给下属留下了漫长的等待与终无音讯可闻的失望。这种轻易许诺而又没有想到要按时兑现的习惯，是一个组织内部关系的最可怕的腐蚀剂，这让下属对上司无法产生信任。

诺言如同激素，最能激发人们的热情。试想，领导者在头脑兴奋的状态下，许下了一个同样令下属兴奋的诺言：若本月超额完成任务，大家月底将能够拿到50%的分红。这是怎样的一则消息啊！情绪高亢的下属已无暇考虑它的真实性了，只是一味热情工作，希望超额完成任务，等着月底分红。

接下来下属们便数着指头算日子，在辛勤的工作中，领导者的许诺始终是他们的精神支柱。到了月底，人们关注的焦点还能是什么呢？而领导者此时最希望的恐怕就是有一场突如其来的大运动，将人们的注意力统统引向另一个震荡人心的事件中，或者最好员工们就此得了失忆症。但是领导者还是不得不面对现实，其后果就是下属不再轻易相信领导者的诺言，领导者的威信一落千丈，领导能力大打折扣。

难以实现的诺言比谣言更可怕，虽然谣言会闹得满城风雨，沸沸扬扬，但人们不久就会明白事实的真相，而领导者的未实现承诺骗取的是人们的真心的付出。就比如一个人让一个天真的孩子替他跑腿，当孩子回来向他索要奖赏时，他却溜之大吉，这将是什么后果呢？

一旦员工有了不信任领导者的心态，其上司在公司中就是一个彻底的失败者，领导者的权威没有了，难得的信任也消失了，赤裸裸的雇佣关系会让领导者觉得自己置身于一个由僵硬的人际关系构成的组织环境之中，这样的公司还会有什么发展前途呢？

当然，这里强调的就是领导者对许下的诺言要勇于承兑诺言的守信作风。想想田间耕耘的老农，他从绿油油的庄稼看到了未来收成的希望，领导者的允诺也会使下属感觉到将要收获的是一个充满希望的未来。

诺言的承兑让所有等待了许久的人有一种心满意足的喜悦，更坚定了他们的未来就在手中的信念。领导者也将成为众人关注的热点，那些伸向领导的手不再是讨要报偿的大手，而是热情的、助公司发达的有力臂膀。兑现自己的诺言是上司的责任，是每个人做人做事的原则，大家都应该在生活中自觉做到这一点。

切勿听信谗言

贞观初年，唐太宗对身边的大臣们说："我看前朝那些进谗言的小人，都是国家的害虫。他们花言巧语、阿谀奉承、互相勾结、结党营私，如果国君昏庸，没有不被迷惑的，忠臣、孝子就要因此含冤了。兰花长得正茂盛，秋风却来摧残它；国君想要明察事理，进谗言的人却去蒙蔽他。自古以来因小人谗言误国的事例不胜枚举。""亲谗远忠者亡"也就成了《素书》中对人们的警句。

自古以来统治国家的人，如果听信谗言诬陷，胡乱残害忠良的臣子，必然会导致动乱发生。而唐太宗对谗言的防备和对忠言的肯定，使得他成为一个"亲贤臣、远小人"的明君。

贞观四年，社会上出现了"升平"景象。连年丰收，天下太平，盗贼不作。许多大臣就上书请求李世民封禅，在泰山祭告天地。李世民也认为事业有成，便接受了大臣们的意见，同意封禅，独有魏徵坚持认为时机未到。

太宗很不高兴地质问魏徵是不是觉得自己不够资格，他从容地回答："皇上功业虽高，但是百姓受到的恩惠却不够多；您的德行虽深厚，但恩泽还没有及于所有的人；当今天下虽已太平，但仍是百废待举，财力还不十分充裕；粮食虽然丰收，库存还比较空虚。这怎么能向天地报告功业呢？再说封禅是大事，四邻各国首长都得随从庆贺，那样耗费是极大的！而况伊、洛以东地区，至今十分荒凉，这不等于向四方各国展示虚弱，滋生图谋中原之心吗？"

唐太宗被他说得哑口无言，心里很不舒服，但嘴上又无法反驳，只好作罢。这样一来，国家的一大笔开支就被省下来了。

随着国力日盛，太宗免不了安逸之想。有一次，太宗去洛阳，路上住在显仁宫。看到显仁宫中的器具很旧，就发了一通脾气。魏徵知道后，进宫对太宗说："陛下，当年隋炀帝巡游，每到一地，就因地方上不献食物或贡物不精而被责罚。如此无限制地追求享受，结果使老百姓负担不起，导致人心思变，江山丢失。皇上怎么能效法隋炀帝呢？"

唐太宗听了既震惊又感动："爱卿，除了你，其他人是讲不出这种话的啊！"

其实为领导者们并不是不懂得这个道理，只是如张商英所说，谗言之所以比忠言更容易入耳，正是因为进谗言的小人们"善揣摩人主之意而中之"，而忠臣所进之言总是"推逆人主之过而谏之"，因此小人谗言合人主心意，讨人喜欢，忠臣谏言逆人主之意而招来怨恨。因此，就出现了"听谗而美，闻谏而仇"的情况，而这样的人，必然会失道，最终走向失败。

天宝二年正月，安禄山入朝，玄宗倍加宠待，"谒见无时"。为了讨得玄宗的欢心，他谎奏说："去年七月，营州境内出现了害虫，蚕食禾苗，臣焚香祝天说：'臣若操心不正，事君不忠，愿使虫食臣心；若不负神祇，愿使虫散。'忽然来了一大群红头黑鸟，霎时把虫吃得精光。"安禄山讲得绘声绘色，煞有介事，玄宗以为他对己忠诚无贰，于翌年三月，命安禄山代替裴宽兼任范阳节度使。礼部尚书席建侯为河北黜陟使，大概他也受了贿赂，在玄宗面前大力称道安禄山公正无私，裴宽与宰相李林甫也随声附和。三人又都是玄宗所信任的人，"由是禄山之宠益固不摇矣"。在安禄山离京还范阳时，玄宗特命中书门下三品以下正员外郎长官、诸司侍郎、御史中丞等群官于鸿胪寺亭子为他饯行，给以殊遇。

天宝六载，安禄山入朝。内宴承欢时，安禄山上奏玄宗说："臣蕃戎贱臣，受主宠荣过甚，臣无异才为陛下用，愿以此身为陛下死。"玄宗命杨铦、杨锜、杨贵妃与禄山以兄弟相称，而禄山见贵妃宠冠六宫，与她搞好关系对自己十分有利，尽管他比杨贵妃大十八岁，却甘心做她的养儿。从此，安禄山侍奉杨贵妃如母，因而得以随意出入禁中，有时与贵妃对面而食，有时在宫中通宵达旦，外面流传着不少丑闻。安禄山媚事杨贵妃，对太子却另眼相看。

一次玄宗命太子会见安禄山，他见了太子却不肯下拜，左右感到奇怪，问他为何不拜，他说："臣蕃人，不识朝仪，不知太子是何官？"玄宗解释说：太子是储君，朕百岁后要传位于太子。禄山说："臣愚，比者只知陛下，不知太子，臣今当万死。"左右令他下拜，他这才下拜。玄宗深感安禄山之"朴诚"，对其赞不绝口。

安禄山每次入见时，常常先拜贵妃，后拜玄宗，玄宗感到奇怪，问他为何先拜贵妃，他回答说："胡人先母而后父。"安禄山身体特别肥胖，腹垂过膝，自称腹重为三百斤。他每次走路，由左右抬挽其身才能迈步。他乘驿马入朝，每驿中专筑一台为他换马用，称为"大夫换马台"，不然，驿马往往要累死。驿站还专门为他选用骏马，凡驮得五石土袋的马才能使用。鞍前特装一小鞍，以承其腹。玄宗见他如此肥胖，问他的肚子里有什么，他诙谐地回答说："更无余物，正有赤心耳！"逗得玄宗哈哈大笑。尽管他身体肥胖蠢笨，但是在玄宗面前跳起胡旋舞来，却旋转自如，"其疾如风"。

安禄山表面上装得呆头呆脑，其内心则狡黠异常。他命部将刘骆谷常驻京师，专以窥测朝廷内情，一有动静则飞马报讯，故范阳虽距京师有数千里之遥，但安禄山对朝廷的情况却了如指掌，或有应上的笺表，骆谷也代作上通。他每年除献俘以外，所献杂畜、奇禽、异兽等珍玩之物相望于道，"郡县疲于递运"，安禄山却以之博得玄宗的恩宠。

事实上，安禄山招兵买马，极力扩军备战，其不臣之迹自然难以掩饰。这时朝中有不少大臣都曾奏告玄宗，说安禄山有"反状"，但玄宗却不以为然。并将这一切视为对安禄山的妒忌和诽谤，不仅不防备安禄山，而且还予以同情和吝惜，不断施以恩宠，予以重兵，终于导致了后来安史之乱的爆发。

古人说，世道混乱，谗言得逞，确实不是随口说的。《礼记》中说："在没有人看见的地方也要谨慎，在没有人听见的时候也要小心。"《诗经》中说："平易近人的君子，不要听信谗言。谗言违背原则，搅乱天下四方。"孔子也说："巧舌如簧的人会使国家覆灭。"这些都是对这个问题的精辟议论。

将心比心，不计利益回报下属

《素书》中与"薄施厚望者"相对应的另一种人是"贵而忘贱者"。如果说前者是施恩图报之人，那么后者就是忘恩负义之人。有的人在贫贱时得到了患难之交的支持，糟糠之妻的鼓励，可一旦富贵起来，却将曾经帮助他的人抛之脑后。这种人在黄石公看来，其富贵必定不久长。

很多人在获得了事业成功与名誉地位以后，就容易忘本，别说是下属，就连亲人和朋友也难以靠近了。这样的人，往往会众叛亲离。即使是眼前获得了成功，也不会长久。所以，成功之后，更要懂得珍惜，懂得感恩，不忘旧情。李嘉诚虽是商人，但他的所表现出的领导能力完全值得他人学习。

李嘉诚拥有的第一幢工业大厦、地产大业的基石，是让他赢得"塑胶花大王"盛誉的老根据地，位于北角的长江大厦。20 世纪 70 年代后期，香江才女林燕妮为她的广告公司租场地，跑到长江大厦看楼，发现长江仍在生产塑胶花。此时，塑胶花早过了黄金时代，根本无钱可赚。当时长江地产业已创出自己的名号，盈利已十分可观，就算塑胶花有微薄小利，对长江实业的利润实在是九牛一毛。为什么仍在维持小额的塑胶花生产，林燕妮甚感惊奇。李嘉诚说是为了给以前的老员工留下一些生计，为了让他们衣食富足。

曾经有一位在李嘉诚公司工作了十年的会计，因为不幸患上青光眼，无法继续在公司上班，而且他早已花尽了额度之内的医疗费，生活面临着极大的困难。李嘉诚关心地询问会计：太太是否具有稳定的工作可以维持家庭生活？他支持他去看病，并且说，如果他的生活不够稳定，他可以担保他的太太在他的公司工作，使这家人不必再为生活奔波。

这位患病的会计经过医生的诊治，退休后定居在新西兰。本来这件事就应该这样结束，但更值得一提的是，每次李嘉诚从媒体上获知治疗青光眼的方法，都会叫人把文章寄给那个会计，希望对他有所帮助。他的行为使会计的全家都十分感动，那个会计的孩子尚处幼年，大概还没到十岁，为了表达全家对李嘉诚的感激之情，孩子自己动手画了一张薄薄的卡片，寄给李嘉诚，礼轻情谊重。由此也可见李嘉诚优秀的人品和对员工的关爱之情。

有人看到李嘉诚如此善待员工，不由得感叹道："终于明白老员工对你感恩戴德的原因了。"

李嘉诚认为：一家企业就像一个家庭，他们是企业的功臣，理应得到这样的待遇。现在他们老了，作为晚一辈，就该负起照顾他们的义务。别人夸奖李嘉诚精神难能可贵，不少老板等员工老了一脚踢开，他却没有。这批员工过去靠他的厂养活，现在厂没有了，他仍把员工包下来。李嘉诚急忙否定别人的称赞，解释说：老板养活员工，是旧式老板的观点，应该是员工养活老板，养活公司。相比较而言，日本的企业，在新员工报到的第一天，通常要做"埋骨公司"的宣誓。李嘉诚却从不勉求员工作终身效力的保证，他总是通过一些小事，让员工认为值得效力终身。他自豪地说，他的公司不是没有跳槽，但是公司行政人员流失率极低，可说是微乎其微。

唐太宗李世民曾用水和舟来深刻阐述民与君的关系，他说：水能载舟，亦能覆舟。其实李嘉诚的做法与他很相像。一支同心同德的军队，身体力行的军队，有凝聚力的军队，才是无坚不摧的军队，才能够出奇制胜，一个光杆司令打不了天下，孤掌难鸣，就像舟和水的关系一样。如果要下属全心全意追随自己，就要将心比心，让他们得到他们应该得到的，保证他们的利益。所以，懂得感谢下属，回报下属，不计利益和索取，是领导者应当好好品味的为处世之道。以柔软的内心作为根本，尽管付出很多，可是收获的将是比金钱要多出很多倍的名声。

采用奖惩并用的弹性制度

"牧人以德者聚"，黄石公强调只有行德政才能得人心，如果一味以严酷的刑罚来进行管理，则会驱散人心，即所谓的"绳人以刑者散"。由此我们可知，领导者的艺术应该具有弹性，在领导者除了要"绳人以刑"，建立公正严肃的管理规章之外，还要在此基础上有适当的弹性，一味严罚有时不仅不能达到目的，反而会失了人心。

唐太宗曾经广开言路，倡导天下人提意见，但是由于玄武门之变，天下人误以为唐太宗是个残暴不仁之人，因此无人敢进言。于是，为了改变自己的形象，从不对囚犯下赦令的唐太宗下了赦令。

有一天唐太宗看到一个奏折，上说，大约有四百名死囚将于秋后斩首，有不少人日夜痛哭。问其原因，原来是因为有的是家中尚有老母未曾安顿，有的是家中一脉单传未留下香火……奏折上说，用尽办法仍不能让他们停止哭闹，问是否可以提前用刑。

第二天上朝，太宗宣布将死囚们放归，以元宵节为期，等他们处理好后事之

后再回来受刑。这件事不但大臣们强烈反对，罪犯们也都一头雾水，当他们理解自己可以以偿夙愿后，顿时对皇恩感激不尽。

消息传出后，举国为之哗然。人们都为新皇帝的仁慈而感叹，也有一些人担心万一到期囚犯们不回来怎么办？这些囚犯再次作乱怎么办？但到了元宵节当日早朝的时候，大理寺卿禀报说四百人全部"归队"，举国更是哗然。当日晚上赏花灯的时候，皇帝的御驾之后，跟随的竟然是那四百名犯人，围观者无不下跪齐呼"万岁，万岁，万万岁"，场面蔚为壮观。后来，这些按期返回的囚徒被免于死罪，唐太宗将他们流放，希望他们重新做人。

赦与不赦间，太宗认真履行法度，同时加以适当的弹性，而且功德圆满。企业管理中适时的亲和力、婉转的处事手段，则可以让管理者更快地贴近员工，让员工对其产生由衷的信赖和支持。

在管理下属的过程中，光有"软"的或"硬"的似乎都不妥。一个优秀的领导者应该知道：最高明的驭人是软中有硬，软硬兼施，刚柔并济，让员工为之卖力，又不会有机会因备受青睐而得意忘形。

从以上的事例中我们可以看出，唐太宗所实施的是德政措施。德政并不是片面地只讲律法，而是在律法的基础上加入了人性的因素。这也是以人为本的一种体现，它体现了对人的人格的尊重。

当前在企业管理中，人格管理是组织行为学中的一个很积极的思想。它是综合运用心理学、管理学、政治学、经济学等学科的知识，是分析、说明、指导管理活动中的个体、群体行为和组织行为的学科。根据美国现代著名管理学家德鲁克的观点，最有效的管理就是激励加秩序，激励行为理论是组织行为学中的核心或支撑点，而激励管理中就是要以人为本。以人为本就要重视本组织在经营活动中的人格，或实施人格化的管理。

在知识经济时代，人力资源逐渐超越了埋头苦干的"劳动力"范畴，成为企业"智慧资本"的重要载体。作为领导者应加强对员工人格管理的探索，因为，人的素质既与他的知识、能力和悟性有关，也与其人格密不可分，并以人格为中轴线。因此，人格在一定程度上决定着一个人事业和社会活动的效果和成败。

人格本身是一种有价值的力量。作为组织的管理者只有依靠其人格所产生的威望（地位和权力难以产生人格魅力）潜移默化地影响自己的员工。因此，公司领导者既是这个组织人格化的体现，也代表了这个组织人力资源管理的总体水平。

　　可见，人格管理在当代的企业管理中地位越发显得重要了。组织行为学科的研究与实践，可以促进我们企业的健康发展，促进我们企业管理水平的提高，尤其是促进领导者从科学的角度把握好员工的心理状态和行为特点，加强对本单位员工心理、行为的预测、调整和引导，以充分发挥每个人的能动性和创造性，有效地协调个人、群体和组织之间的关系，争取使单位获得最佳的绩效。采用奖惩并用的弹性的人格管理方式，可以更好地凝聚人心，促进公司发展。

第六章　安礼

注曰：安而履之为礼。

王氏曰：安者，定也。礼者，人之大体也。此章之内，所明承上接下，以显尊卑之道理。

"礼"即"理"，是为人做事的规则。俗话说：没有规矩不成方圆。这里所强调的"规矩"，就是做人和做事的行为准则。它是原则性的东西，是对人生的道德上的指引，它起着一种原则性的约束的作用。因为事情都有其发生发展的规则，只有按照原则做事，按照规矩办事，才能使事情正常进行下去，才能赢得他人信任。

[原文]

怨在不舍小过，患在不预定谋；福在积善，祸在积恶。饥在贱农，寒在堕织；安在得人，危在失事；富在迎来，贫在弃时。上无常操，下多疑心。轻上生罪，侮下无亲。近臣不重，远臣轻之。自疑不信人，自信不疑人。枉士无正友，曲上无直下。危国无贤人，乱政无善人。爱人深者，求贤急；乐得贤者，养人厚。国将霸者，士皆归；邦将亡者，贤先避。地薄者，大物不产；水浅者，大鱼不游。树秃者，大禽不栖；林疏者，大兽不居。山峭者崩。泽满者溢。

弃玉取石者盲。羊质虎皮者柔。衣不举领者倒。走不视地者颠。柱弱者屋坏，辅弱者国倾。足寒伤心，人怨伤国。山将崩者，下先隳；国将衰者，人先弊。根枯枝朽，人困国残。与覆车同轨者倾，与亡国同事者灭。见已生者慎将生，恶其迹者须避之。畏危者安，畏亡者存。夫人之所行，有道则吉，无道则凶。吉者百福所归，凶者百祸所攻，非其神圣，自然所钟。务善策者无恶事，无远虑者有近忧。同志相得，同仁相忧。同恶相党。同爱相求。同美相妒。同智相谋。同贵相害。同利相忌。同声相应，同气相感。同类相依，同义相亲，同难相济，同道相成。同艺相规。同巧相胜。此乃数之所得，不可与理违。释己而教人者逆，正己而化人者顺。逆者难从，顺者易行。难从则乱，易行则理。如此，理身、理家、理国，可也。

[译文]

怨恨之所以产生，是因为放不下小过错；祸患之所以产生，是因为没有事先仔细谋划；幸福的产生，在于平日积德行善；灾祸的根源，在于多行不义；饥荒之所以产生，是因为不重视农业生产；挨冷受冻，是因为怠于从事桑蚕之业。社会安定在于得到人心，社会危乱则因为事情失败；富贵在于招来远客，贫穷则因为废弃农时。领导言行不一，反复无常，则下属必心生疑虑；怠慢长官，必将获罪，侮辱属下，则将失去亲信；亲近的大臣如果得不到重用，则其他关系疏远的大臣也将轻视他们。对自己都疑神疑鬼的人，绝不会相信别人；有自信的人，绝不会轻易怀疑别人；奸邪之人必无正直朋友，人品不端的上司也不会有刚正不阿的下属；危机四伏、行将灭亡的国家，找不到贤明之人辅政，朝纲混乱、民心浮动的朝廷也无善人参与；爱惜别人的人，一定求才若渴；若己乐得贤才，则必定不吝惜钱财，给予丰厚的待遇。国家即将称霸四方，各地有才能的人都会前来归顺；国家即将灭亡，则贤能的人将首先隐退。土地贫瘠的地方，产不了宝物；水浅的地方，大鱼都不游过来。光秃的树木，大的禽物不愿在上面栖息；稀疏的树林，大的野兽都不在其间居住。山势过于陡峭，则容易崩塌；沼泽蓄水过满，则会漫溢出来。

弃美玉而取顽石者，犹如瞎子一般，绵羊即使披上虎皮，也并不刚强。拿衣服时不提领子，势必把衣服拿倒，走路不看地面，一定会跌倒。房屋梁柱软弱，屋子将会倒塌，辅助国政的大臣没有能力，则国家将会倾覆。脚受寒，则心肺受损，人心生怨，则国家受损。山将崩，则土质先毁坏；国将亡，则人民先受其害。树根干枯，则枝叶腐朽，人民困苦，则国家残败。与倾覆的车走同一条轨道的车也会倾覆，与已经败亡的国家做相同的事的，国家也将遭到灭亡。知道以前发生的不幸之事，应该警惕再次发生类似的事，厌恶前人有过的劣迹，就应当尽力避免重蹈覆辙。害怕危险，常能获得安全，害怕灭亡，常能获得生存。一个人的所作所为，只要符合道义，就能吉祥喜庆，否则就凶险莫测。吉祥的人，各种福报都归集于他一身；险恶之人，则各种厄运都向他袭来，这并非什么神秘的事情，而是自然的规律。行善积德，自然没有坏事侵扰，不深谋远虑，则无法避免忧患的产生。理想志趣相同的人，必然会情投意合、相得益彰。怀有仁善之心的人，必然相互担忧、关心对方。为非作歹之徒必然结党营私。有相同爱好的人，自然会互相访求。同为倾城倾国的佳丽，必然互相嫉妒。同样才智超群的人，必然互相较量各自的谋略。具有同等权势地位的人，必然相互排挤，彼此倾轧。有同样利害关系的人，必然互相猜忌。有共同语言的，则互相应和。气韵旋律相同的，则互相感应，同一类型的，互相依存。具有共同道义的，互相亲近。处于同样困难中的人们，互相帮助，同舟共济。同一条道上的，互相扶助，促其成功。从事同一技艺的，互相窥探。有同一技巧的，互相较量，以争其高低。以上这些都是自然界的变化规律，不可违背。放任自己，却一味教育别人的，别人不会接受他的道理；先端正自己，再去教化别人的，别人就会顺服。违反常理，则下属难以顺从，顺应天理，则易于行事。不顺从则易生动乱，易行事，则社会安定有序。这样，修身、齐家、治国，都可以取得不错的成绩。

[智慧点拨]

为人智慧

用行善之壶浇灭恶行

孔子说："一个人如果立志去施行仁德，那就不会去做坏事。"《论语·雍也》篇中有孔子这样的一段话："人之生也直，罔之生也幸而免。"一个人能够很好地生存是因为他品行正直，而一个人在这个世界上能够生存品行却不正直，这种情况很少，在孔子看来那也是因为他侥幸地躲过了灾难。所以说："务善策者无恶事。"心怀仁念行事之人，必能远离恶行。

"仁者无敌"，这其实并不是一句高调。随着市场经济的发展，很多人错误地认为，所谓的"仁爱、良心"已经没有实际意义了，这其实是一种既狭隘又短浅的观点。从长远的发展看，立志行仁，内心就会有一种向善的自律力量，它会使一个人产生强烈的使命感和责任感，不但拥有推动生活、事业的正确力量，而且也能够在整个前进的路上，不产生内在的焦虑、彷徨，同时令外界见不得人的干扰、攻击对你敬而远之。

无论在古代还是在当前，时代的变化并不能改变事物自身的规律。用心险恶、手段卑劣，虽有时候能获取蝇头小利和短暂的好处，但毕竟不是正道；只有内心仁德平和、行为光明正大，才是能够成就大事、行之久远的正确的做人做事途径。

15世纪，荷兰的几个水手为了寻找一条通往中国和东印度群岛的航线，组织了一次探险航行。探险队起航前，荷兰的商人把一些准备和中国进行贸易交换的商品装上船。水手们肩负着重任，出发探险了。

水手们抵达北冰洋后，夏季已结束。探险船被冻结在冰水中，全体水手被迫登陆。他们在登陆的岛上修建了木屋，等待着春天的来临。在饥寒交迫的恶劣环境中，有些水手因饥饿而患病，不幸死去。而其他水手，没有一个人动那批货物，那批货物全是舒适的服装、好吃的食物。

由于船长期受冰块挤压，造成了船身破损，冰雪融化后，水手们只得站在齐

腰深的冰水中修船。在这从死神手中挣扎逃出的时刻，水手们仍带着商人托付的货物。水手们上岸后，首先就是把货物打开来晾干，因为他们想在好的状况下将货带回荷兰。

在剩下的日子里，水手们饥寒交迫，但是仍没有人去动那些货物。

一年多过去了，历尽艰难的水手终于回到了荷兰。他们早已一无所有，但货物却完好无损。荷兰商人们看到这批货物，都称赞水手。

这些水手身上所体现的是使命感、仁义的光辉，这种道德的约束、良心的承诺，就是仁义的力量。他们把仁义看得比生命还重要，在生命受到威胁的时候，他们仍然不以丧失仁义来挽救生命。

被称为内圣外王的曾国藩曾说自己，宁可被认为无才而为庸人，也不可被认为有才无德的小人。这反映了他在仁德与才干之间的价值取向。随着社会的不断发展，选拔人才，也是以品质为先的。各行各业，都有自己的职业道德。

一个人能心志于仁，不做坏事，无论何时何地，都不会真的吃大亏、被欺负。从整个社会的发展规律来看，这种人也是符合道德取向和职业需要的。

品行映照的是我们的灵魂，一个人如果品行修炼不好就会感到灵魂不安，而且容易犯下错误。即使是一次微不足道的错误行为，也会给以后的生活带来挥之不去的阴影。这种不良记录终将受到应有的惩罚。同时，一个人的不良行为也会使整个社会为之付出代价。一个人的名誉、能力要想得到社会公众长久的认同，必须持续地在每一件事上都为自己的态度负责。在我们的工作中，你种下什么种子，将来必定收获什么样的果实，这就是人们常说的因果定律。

懒惰者和幸福人生无缘

如果国家要富强就要增产节约，生聚有方，而一个人要摆脱贫穷就要从勤奋节俭做起。黄石公说："富在迎来，贫在弃时。"就是在教导人们，富起于勤俭，谨身节用才是生财之道；而贫则是由于怠惰，不务其本。

常常有人说，"越有钱的人越抠门"。每个人的钱都来得不容易，很多富人付出比别人更多的努力才拥有了更多的财富，因此，他们更懂得节省的意义。养成节俭的习惯可以帮助你度过贫穷的日子，一点一点地积攒也能够慢慢脱贫致富。所以，富在迎来后，对已有财产不加珍惜，致富就只会是个美好的梦想，不会有梦想成真的一天。

一个富人见一个穷人很可怜，发善心愿意帮他致富。富人送给穷人一头牛，嘱咐他好好开荒，等春天来了撒上种子，秋天就可以远离贫穷了。

　　穷人满怀希望开始开荒，可是没过几天，牛要吃草，人要吃饭，日子比过去还难。穷人就想，不如把牛卖了，买几只羊，先杀一只吃，剩下的还可以生小羊，长大了拿去卖，可以赚更多的钱。

　　穷人的计划付诸了行动，只是当他吃了一只羊之后，小羊迟迟没有生下来，日子又艰难了，他忍不住又吃了一只。穷人想，这样下去还得了，不如把羊卖了，买成鸡，鸡生蛋的速度要快一些，鸡蛋立刻可以赚钱，日子立刻可以好转。

　　穷人的计划又付诸行动，但是日子并没有改变，他又忍不住杀鸡。终于杀到只剩一只鸡了，穷人想致富是无望了，还不如把鸡卖了，打一壶酒，三杯下肚，万事不愁。

　　很快春天来了，发善心的富人兴致勃勃地送来种子，赫然发现，穷人正就着咸菜喝酒，牛早就没有了，房子里依然一贫如洗。穷人如果节俭一点，熬过一段时间，等粮食收获以后他就能渡过难关，摆脱贫穷。

　　在社会生活中，由于各种不可预知的因素存在，人们很难预想到在生命的哪个阶段会碰上灾难或打击，所以为了应付这些倒霉的事情，适度的节俭就显得尤为重要。一般来说，超级富翁们更懂得节俭的意义和做法。

　　王永庆拥有七十亿美元的身价，就是这样一位超级富翁却是有名的"小气鬼"。他曾在多个场合强调"节省一元等于净赚一元"，平时省吃俭用，对子女也这样要求。比尔·盖茨说："等你有了一亿美元的时候，就明白钱不过是一种符号，简直毫无意义。"一次盖茨和一位朋友同车前往希尔顿饭店开会，由于迟到了，找不到停车位，他的朋友建议把车停到饭店的贵宾车位上。盖茨却不同意："这要花十二美元，可不是个好价钱。""我来付。"他的朋友说。"那可不是个好主意。"盖茨说完坚持不将汽车停放在贵宾车位上，由于盖茨的坚持，汽车最终没有停在贵宾车位上。

　　对这些富有之人来说，坐好车、穿名牌衣裳、过高档奢华的生活对他们本是理所当然的事，但他们出人意料地节省，这让人看不懂，其实这恰恰是他们成功的秘诀之一。

　　节俭是一些人成功的原因之一，他们养成了精打细算的习惯，有钱就好好规划，而不是乱花。省下手中的钱，用在更有意义的地方。就像王永庆等人一样，把钱用于投资、做慈善。节省一分钱，就是为自己增加一分钱的资本。所以，梦想有一天富有的人们，请从现在开始养成节省的好习惯，这将成为你富有的基石。

有人说，人间真正的幸福莫过于用自己的力量取得所有的成功。因为凡事只有先通过自己的主观努力，拼搏一番，才能在实践中不断得到锻炼和提高，不断积累经验、总结教训，才能逐步培养一个人必备的坚强自信心和坚忍不拔的意志品格。当然，如果一个人很懒惰，那也就意味着他已经远离了幸福。比如农业生产，不误农时才有收获，如果懒惰拖沓，延误了春种的时机，又如何会有秋收？

人要靠双手为自己赢得自由和尊重。懒惰者终将一事无成，幸福会像害怕瘟疫一样害怕懒惰。因为不劳而获这种好事情，不会在你身上出现，上帝不会为一个懒蛋打开另外一扇门。

那些思想贫乏的人、愚蠢的人和慵懒怠惰的人只注重事物的表象，无法看透事物的本质。他们只相信运气、机缘、天命之类的东西。看到人家发财了，他们就说："那是幸运！"看到他人知识渊博、聪明机智，他们就说："那是天分。"发现有人德高望重、影响力大，他们就说："那是机缘。"

他们不曾亲眼目睹那些人在实现理想过程中经受的考验与挫折。任何人都要经过不懈努力才能有所收获。收获的成果取决于这个人努力的程度，没有机缘巧合的事存在。

懒惰之人的一个重要特征就是拖沓。对一位渴望成功的人来说，拖延最具破坏性，也是最危险的恶习，它使人丧失进取心。

拖沓是因为人的惰性在作怪，每当自己要付出劳动时，或要作出抉择时，我们总会为自己找出一些借口来安慰自己，总想让自己轻松些、舒服些。有些人能在瞬间果断地战胜惰性，积极主动地面对挑战；有些人却深陷"激战"的泥潭，被主动和惰性拉来拉去，不知所措，无法定夺……时间就这样一分一秒地浪费了。

如果我们认准了一项工作，那么我们就要立即行动，因为世界上有太多的人都因拖延懒惰而一事无成。一日有一日的理想和决断，昨日有昨日的事，今日有今日的事，明日有明日的事。对有些人来说时间是金钱，对有些人来说时间是废品，一百次的胡思乱想抵不上一次的行动。

当我们有一天发现无聊伴随我们左右，人们对自己失去了信心，对自己的毅力也产生了动摇。可想而知，在那种没有目标的日子里，有一个最重要的东西流失了，那就是幸福。

把自己变成糖，世界就甜了

"善有善报，恶有恶报。"这对中国人来说是一种信仰。这种信仰的力量让我们在懂得爱的力量是相互的，要获得他人的喜爱，首先必须要真诚地喜欢他人。这就好比自己是一块糖，自己是甜的，我们所感染的世界才会是甜的。一个人希望被别人喜欢、敬重，必须先学会关爱别人。要真正地去尊重别人、爱别人，激励他们展现最好的一面。那样不求报酬做善事终会有所回报一样，别人也会加倍地关心你、爱护你。这就是黄石公"福在积善"的道理。的确，此生最美妙的报偿就是，凡真心帮助他人的人，总有人会帮助自己的。

宋真宗时，一次皇宫发生火灾，宰相王旦马上向宋真宗请罪说："臣身居宰相之职未能尽责，应该被罢免。"宋真宗为此下了罪己诏书，并没有解除王旦的职务。

后来经查证，这次火灾是荣王的宫中火蔓延所致，并不是天灾，为此还抓捕了一百多人，准备处以死刑。王旦独自请求宋真宗说：

"火灾发生后，陛下已下了罪己诏公布天下，臣等也都上书请求问罪受罚，倘若归罪给别人，就显不出朝廷的信义了。虽然火灾已有了线索，难道就知道那不是天降的灾祸吗？"

宋真宗十分生气，说道：

"这场大火损失甚巨，两朝积下的财物差不多烧光了，那些人一定要处死。"

"陛下拥有天下这样的财富，财货布帛不必忧虑，所忧虑的应该是政令上赏罚不当，陛下没有仁恕之心。如果陛下宽大为怀，世人一定会感念陛下大恩。"

王旦的努力没有白费，他终于让宋真宗改变了主意，使那些本当论罪处死的人都被赦免了。

其时，寇准为王旦下属官吏，他却常常指责王旦，言行十分不敬。王旦深爱其才，并不记恨。王旦的好友劝他找个办法好好地惩罚一下寇准。王旦笑着说道：

"寇准若不是大才之人，自不敢无礼犯上。他的缺点虽多，却也只是针对我个人的一些小事，我为国家选人用人，岂能因私怨而无端降罪于他呢？"

宋真宗一次对王旦说："你常常称赞寇准的优点，而他却总是说你的坏话，你真的不生气吗？"

王旦诚恳答道：

"臣身居宰相之位时间很长了，在处理政事上难免有疏忽和错误的地方。寇

准才高眼锐，对陛下没什么隐瞒，足见他忠直的品格。何况为官者若无宽恕之心，必陷入钩心斗角之中，永无宁日，这便与国不利了，臣不想这样。"

寇准知道此事后，十分羞愧，他向王旦谢罪，王旦却不接受，只劝他为国尽力，切不要以此为意。

后来，寇准被罢免枢密使，他派人私下到王旦那里谋求使相的职位，不料王旦却一口回绝说：

"国家官职，岂可私授予人？我深爱寇准其才，却也不能做这种有违国法的事。"

寇准心中不满，对手下人说："王旦假仁假义，我险些让他骗了。"

时间不长，便有诏命任用寇准为武胜军节度使、同中书门下平章事。寇准喜不自禁，拜见宋真宗时连道："若不是陛下施恩垂怜，臣哪里会有今日之荣呢？还是陛下了解臣啊！"

宋真宗摇头说："非朕施恩于你，乃是王旦极力推荐，他力言你才堪大用，这或许是你万想不到的吧？"

寇准为此悔恨难当，从此自认不如王旦，对他十分恭敬听命。王旦也因做事处处从大局出发，为他人着想，而赢得了众人的尊重和信服，自己身居宰相处理国务也能人人为其效力，真心卖命。

处处帮人一把的同时，自己也成功了。这是因为不断地施予，所以也能不断地获得。一个人穷并不可怕，可怕的是连他的心灵也一样的贫瘠。

生活中，爱不只是一个得到或者给予的问题，其实在爱别人、尊重别人的时候，同时也得到了别人的爱和尊重；相反，"祸在积恶"。如果你总是对他们恶语相向、欺骗蔑视，那也只能收获祸端。

公元前592年，晋景公派遣大夫郤克访问齐国和鲁国，郤克在鲁国访问结束后要去访问齐国。这时鲁国也想与齐国联络，鲁宣公就派季孙行父与他同行。两国大夫中途遇见卫国的使臣孙良夫与曹国的使臣公子首，他们也去齐国，于是四人一起来到齐国都城临淄拜见了齐顷公。齐顷公一见他们四个人，差点笑出声来，只见晋国大夫老是闭一只眼睁一只眼看东西，鲁国大夫脑袋瓜又光又滑像个大葫芦，卫国大夫是个跛子，曹国大夫总是弯着腰。他使劲地忍住笑，办完了公事之后，告诉他们第二天上后花园摆宴招待。

第二天，齐顷公特意挑了四个人招待来访的大夫，陪他们上后花园赴宴。

陪同晋国大夫的只有一只眼，陪同鲁国大夫的是秃顶的，陪同卫国大夫的是跛子，陪同曹国大夫的是驼背。当萧太夫人见了他们走过来时，不由得哈哈大笑起来，旁边的宫女们也跟着笑。四位大夫起初瞧见那些陪同的人都有些生理缺陷，还以为是巧合呢，直到听见楼上的笑声，才明白是怎么回事。

四国使臣回到馆舍，感到受到了极大的侮辱，非常生气。当他们打听到讥笑他们的是齐国的国母后，更加怒不可遏。三国的大夫说："我们诚心诚意来访，他们却如此戏弄我们，真是岂有此理！"却克说："他们如此欺负人，此仇不报，就算不得大丈夫！"其余三位大夫齐声说："只要贵国领兵攻打齐国，我们一定请国君发兵，大伙都听你指挥。"四人对天起誓，一定要报今日戏弄之仇。

两年以后，四国兵车绵延三十多里，大举伐齐，齐军被打得落花流水，齐顷公被围，仓皇逃跑之中和将军逢丑父迅速更换了服装，扮作臣下外出舀水，才保住性命。齐顷公最后只好拿着厚礼求和。

四国的使臣是肩负着国与国之间和平相处、互通友好的使命而来，可齐顷公竟然拿使臣的生理缺陷开玩笑，丝毫没有尊重对方的人格尊严，引来了仇恨与战争。

任何一种真诚而博大的爱都会在现实中得到应有的回报。当你用善良的心给别人带去关怀和温暖时，你也一定能体会到人间的真情，所以，当我们总是抱怨人间的爱太少的时候，应该反省一下自己是否付出了爱心。人与人之间的感情是相互的，你对别人好，别人也会对你好，你对别人不好的时候，谁会将自己的爱倾注在你身上呢？拥有一颗爱人之心，爱别人也是爱自己。

物极必反，把握变化的"极"点

老子在《道德经》中说："曲则全，枉则直，洼则盈，弊则新，少则得，多则惑。"其想要表达的重点也就是中国人常说的一句话：物极必反。关于这一道理，黄石公在《素书》中用"山峭者崩，泽满者溢"八字作了概括，即事物变化之一最大通则，即一事物若发达至于极点，则必一变而为其反面，对于这一古人从自然现象中领悟到的朴实道理，虽早已达到了人所共知的程度，但真正能引以为戒的人却并不多。

齐国有一个姓黄的老相公，他有两个女儿，都长得十分漂亮，堪称国色天香。但这位黄公每与人谈起他的两个女儿，总是"谦虚"地说："小女质陋貌丑，粗

俗蠢笨。"这些话被一传十、十传百，以致他两个女儿的"丑陋"远近闻名，直到过了婚嫁的年龄，仍无人求聘。后来有个鳏夫，因无钱再娶，无奈之下，便到黄公门上求婚。黄公因大女儿年龄已大，也不再考虑是否合适，便一口答应了。婚礼完毕，这位新郎揭开新娘的盖头一看，不禁大喜过望，原来自己娶到的竟然是一位绝代佳人。消息传开，人们才知道黄公言之不实，于是一些名门子弟竞相求娶他的小女儿，自然也是天姿国色。齐国黄公本想得到一个谦虚的美名，但由于他谦虚过分，反而耽误了女儿的青春，实在是得不偿失。

如想避免此类事情的发生，唯一的办法便是把握好物极必反中的那个"极"。这个"极"的界限究竟在何处，冯友兰先生做了回答：一个可以适合一切事情的界限，是无法划出来的。就像我们平常吃饭，吃得适当，就对身体有益，吃得太多反而会生病。究竟什么样的分量才算合适，那是因人而异的。

或许我们无法明确每件事的"极"在哪里，但只需细细品味，还是能发现只要用心把握，照着平易的大路走，将事情做到恰到好处，一样能避开物极必反的魔咒。

你想要吸引什么，就让自己先变成什么

刘禹锡的名篇《陋室铭》有这样两句："谈笑有鸿儒，往来无白丁。"意在表达作者即使身处陋室，但是与之交往的人都是有高尚情操、品质高雅的人士。与优秀的人接触，自然会潜移默化地受到他人的影响。相反，经常与劣迹斑斑的人为伍，难免也会沦落为品行低下的小人，真正能够做到"出淤泥而不染"的人毕竟少，且很高尚。有时我们会发现，我们无法与强者进行深刻的交流、切磋，原因就在黄石公所说的"同智相谋"。所谓同智相谋，意思是人在选择对手或朋友的时候，总是会选择那些与自己水平相当的人。所以，如果你希望能够与品行高雅、学识渊博的人交往，能够从他人那里学到点东西，那么要先提升自己。想要吸引什么，就先将自己变成什么。

当然，提升自我、追求进步的过程，也是充满曲折而坎坷的，往往是人们在经历了挫折，在无情的现实中四处碰壁之后才能够领悟到的。

刚刚研究生毕业的方明到某高校任教，自以为学术功底扎实的他在教研活动中才感到自己很多理论知识都与实地调研挂不起钩来，而且都与学科的前沿理论也知之甚少。意识到这些之后，方明也没有下定决心奋起直追，而是仍然心不在

焉地认为还可以凭老底混几年，趁年轻先好好玩玩再说。后来，他才发现这么下去并不是办法。因为在教研室进行学术讨论的时候，其他同事都能够侃侃而谈，发表自己的观念，唯独自己常常没有成熟的看法，这时他都会感觉到同事对他怀疑的眼光。遇到教研室申请下来了国家社科基金的课题，老师们要分为几个子课题，方明非常想和理论功底深厚、学识渊博的资深教授一起，却被人家婉言拒绝，校方只给他分配了行政助理的任务。在遇到学科内的高端会议，由于那些资深专家、教授交换观点很难懂，他自然也很难参与进去，更谈不上发表自己的观点，也很难有人认识自己。这使他深刻认识到了，自己学术水平不够，就很难得到大家的认同和肯定，就不可能进入到学术界的核心圈子里去。认识到这点以后，他开始下功夫钻研学术，潜心搞调查研究。在这个充满寂寞的、孤独的过程中，他也体会到了钻研学术的快乐、愉悦。功夫不负有心人，两年的时间里他就发表了四篇核心期刊的学术论文，令同事刮目相看，并被学校优先提拔为副教授。这时，愿意与他切磋、交流学术观点的学者、专家也就多起来了。

如果你想与雄鹰共处，那么你就要自己先练就高超的飞翔技术，才会得到雄鹰的赏识。方明当遇到类似情境的时候，可以反过来站在对方的角度来思考问题。不可否认，在工作中，大家都希望能够与业务水平高深的人一起交流，能够提升自我，而不屑与水平低下的人为伍。中国有句古话"近朱者赤，近墨者黑"，其实，也就是这个道理。

物以类聚，人以群分。一个人的道德、能力、学识都能够从他交往的圈子中窥斑见豹。你要想吸引什么，就让自己先变成什么。既然难以改变别人，就先改变自己，才能赢得别人的肯定和尊重。

自己的趣味高，才能够交益友

贾岛说：君子忌苟合，择交如求师。而梁漱溟先生认为择友的标准应该是"趣味"，他说："朋友相交，大概在趣味上相合，才能成为真朋友。"这个趣味包括学识、品格、个人喜好等各方面。趣味不必相同，能够相合就可以了。即《素书》中所说的"同志相得，同仁相忧，同恶相党，同爱相求"。理想、志向、爱好相同的人，必然能够趣味相投。

梁漱溟先生说，自己在二三十岁时所交的朋友，"差不多没有一个不比我年纪大的，如张难先、林宰平、伍庸伯、熊十力诸先生。不同年龄的人其趣味不同，

而竟能成为很好的朋友，这都不是容易的"。

金庸先生所著的《笑傲江湖》中，曲洋和刘正风一个是正道名宿，一个是魔教长老，两个人却因为共同的爱好而结为生死之交，琴箫合奏《笑傲江湖曲》，他们在共同的兴趣上达到了性情的契合，最终双双殉乐而死。嵇康曾说：内不愧心，外不负俗，交不为利，士不谋禄。与人结交不是为了从中获得什么好处，只要脾气相投就行了。

嵇康常与向秀在树荫下打铁，他们不为谋生，只是随从自己的意愿。但因为他是当世名士，谁的诗文得到他的青睐，很快就能得到盛名。贵公子钟会有才善辩，也希望能够和他结交。一日，钟会前来拜访，带来大批官员，嵇康一见这场面很是反感，没理睬他，只是低头干活，钟会待了良久，怏怏欲离。

嵇康突然开口说："何所闻而来？何所见而去？"

钟会立即地答道："闻所闻而来，见所见而去。"说完就拂袖而去。

嵇康对阮籍却是另一种态度。阮籍以不拘礼法著称，他常用白眼对待礼俗之辈，用青眼接待知音。他的母亲亡故后，嵇康的哥哥嵇喜前来吊唁，阮籍翻着白眼，致使嵇喜不快而去。嵇康知道后，由于了解阮籍的性情，就干脆提着酒坛挟着琴去看他，阮籍果然高兴。

是真名士自风流，嵇康和阮籍就是能够在司马政权的压制之下以独特的方式保持风流姿态的真名士，所以嵇康可以不屑于和钟会相交，而阮籍能对嵇康大加青睐。

梁漱溟先生还认为，一个人即是从自己的趣味高低去定朋友的高低，也是通过朋友的高低而奠定自己在社会上的信用地位的。

曹操为了得到徐庶，将徐母软禁在曹营。程昱赚得徐母笔迹，模仿她的字体，诈修家书一封，派人送到徐庶那儿。而徐庶是个至孝之人，为全孝道，只得赶往曹营。拜别刘备之际，徐庶不仅说日后纵然曹操相逼，也"终身不设一谋"，并且还为刘备推荐了一个奇士。

徐庶说："此人不可屈致，使君可亲往求之。若得此人，无异周得吕望、汉得张良。"

刘备认为天下之才无出徐庶之右者，于是便问那人的才德与徐庶相较如何。

徐庶回答："以某比之，譬犹驽马并麒麟、寒鸦配鸾凤耳。此人每尝自比管仲、乐毅，以吾观之，管、乐殆不及此人。此人有经天纬地之才，盖天下一人也！"

徐庶口中的绝代奇才正是谋定三分天下的诸葛亮，刘备这才知道他就是水镜先生司马徽昔日所言的"伏龙、凤雏，两人得一，可安天下"中的伏龙。

刘备准备去拜访诸葛亮时，司马徽前来拜访，刘备便向他打听诸葛亮其人。司马徽说："孔明与博陵崔州平、颍川石广元、汝南孟公威并徐元直四人为密友。此四人务于精纯，唯孔明独观其大略。尝抱膝长吟，而指四人曰：'公等仕进可至刺史、郡守。'众问孔明之志若何，孔明但笑而不答。每常自比管仲、乐毅，其才不可量也。"

关羽插嘴道："某闻管仲、乐毅乃春秋、战国名人，功盖寰宇；孔明自比此二人，毋乃太过？"

司马徽却说，孔明不当与管仲、乐毅相比，而是可比"兴周八百年之姜子牙、旺汉四百年之张子房"。

第二天，刘备就带着关羽、张飞前去隆中求贤。

孔明一面未现，也一谋未设，就已经得到了刘备的仰慕与信任，何也？正是因为他所结交的徐庶、司马徽等人都非泛泛之辈。水镜先生清雅识人，有仙风道骨；徐庶的韬略才识时人难及，因此曹操才想方设法笼络他，刘备为他饯行时才会泪如雨下。这两位都对诸葛亮再三推崇，刘备自然深信不疑，心向往之。之所以会有那段"三顾茅庐"的历史佳话自然也在情理之中了。

孔明有经天纬地之才，有经邦济世之抱负，才可能与徐庶探讨天下大势，才能够得到水镜先生的赞赏。可见，自己的趣味高，才能够交到好的朋友，也能够在社会上建立起自己的信誉和地位，这是梁漱溟先生教导给我们的。所以，一方面要不断地砥砺自我，培养自己的才学品格，同时也要多与君子结交才好。

披着虎皮的羊色厉内荏

人们对"色厉内荏"这个词并不陌生，然而，这个词其实包含着多重含义。

孔子曾说，外表严厉、内心虚弱，若用小人作比喻，大概就像个钻洞爬墙的小偷吧？常言道"做贼心虚"，色厉内荏的人同样如此。黄石公说："羊质虎皮者柔。"明明只是一只羊，却偏偏要披着虎皮来掩饰自己的柔弱，这就是装腔作势。

南怀瑾先生说，外强中干，表面上峨冠博带、威风凛凛，内心则非常空虚，他们相当于低级的小人，好比一个小偷，被人抓到时，嘴上非常强硬，而实际上内心非常害怕。一个人内心没有真正的涵养，就会变成"色厉内荏"，外表满不在乎，内心却慌得要命。

　　一个作恶多端的人一直对别人说他天不怕、地不怕，一次他与一位贤者同乘一条船航行。当暴风雨来袭，船处于万分紧急之时，恶人跪下来大声祈祷。贤者轻声对他说："安静吧，我的朋友，若天神发现你在船上，这船必沉无疑。"恶人马上沉默了。这些色厉内荏的人口上说对自己的行为毫不在乎，其实内心的惧怕却是时刻存在的，尤其在危险来临之时。

　　求得内心的坦荡与安宁是人生快乐的秘诀。内外一致，不要陷入你不曾感觉到的"色厉内荏"的痛苦陷阱中。人生本来是什么就是什么，生活原本应该怎样就怎样，用富裕的外表掩盖贫穷的本质，无论生活或人生，都将以痛苦终结。

　　南先生曾提到过两种人，一种人不怨天不尤人，甘于平淡，这是一种很高的道德修养，譬如曾子。还有一种人，不得志的时候委屈，乃至一辈子委屈，都能够忍受，而得志时，亦能驰骋群雄之上。这两种人"卑身之事则同"，不得志的时候，生活形态搞得很卑贱，被人看不起的那个情形，是相同的。可是处在卑贱时，这两种人的思想情操，则绝对不同。一种是英雄情操，得志就干，不得志只好委屈；另一种是道德情操，认为人生本来就是要平淡，并不是要富贵，所以"居卑之情已异"。这两种人都不会陷入"色厉内荏"的痛苦中，其思想境界平常人也都很难达到。

　　懂得自处，学会与人相处，守住本分，保持一颗平常心，任庭中花开花落，看天边云卷云舒，做好自己应做的事，便可以了。人生是个大舞台，你方唱罢我登场，要想不沦为看客眼中的绕梁小丑，只有找到自己的立场，选择合适的态度。

处世智慧

用历史观照当下的对错

　　古今中外的许多贤人都对历史的借鉴作用有一致的看法。黄石公认为，历史能够让人们"见已生者慎将生，恶其迹者须避之"。马基雅维利也认为，君主还应该阅读历史，并且研究历史上伟大人物的行动，看看他们在战争中是怎样做的，检查他们胜利与战败的原因，以便避免步其后尘。

历史是一笔宝贵的财富，它如同一面镜子，映照出前人的是非成败、对错恩怨，后人从中可以汲取许多经验和教训，借以指导现实生活中的所作所为，使人们不再重蹈覆辙。把历史视为现实的指导，可以帮助人们规避很多前人所犯的错误，更有利于人们生活和做事。

据说，马其顿的亚历山大大帝效法古希腊神话中伟大的英雄阿基里斯，恺撒大帝效法亚历山大，罗马军队统帅斯奇比奥效法居鲁士。听过亚历山大、恺撒的大名的人虽然多，但是人们对普布利乌斯·斯奇比奥可能并不了解。

斯奇比奥是罗马非常有名的将军，他曾经战胜过北非古国迦太基著名军事家独眼汉尼拔。汉尼拔的威名响彻欧洲，曾令人闻风丧胆，但他还是输给了斯奇比奥。

斯奇比奥的偶像是居鲁士，他对后者的人格和行为极力推崇，同时在纯洁、和蔼、仁慈、宽宏大量方面，斯奇比奥也与居鲁士非常相似，他的贤明简直让人目瞪口呆。他一生宽容到令人甚至觉得他懦弱无能，如果不是元老院一直在保护他，也许斯奇比奥很快就会成为军事傀儡。不过，斯奇比奥从不为自己的仁慈而感到后悔，即便遭人非议，因为他觉得，如果不能好好地爱护臣民，他也许就无法做一个出色的君主，历史告诉他，唯有如此才能广受爱戴。

把历史作为自己的指导，或者以历史作为教训，来帮助自己成事，这是明智者通常的选择。大到治国，小到立人，历史都可以作为镜子，观照人的行为对错，帮助人们进行正确的抉择。

1937年10月11日，罗斯福总统的私人顾问亚历山大·萨克斯受爱因斯坦等科学家的委托，在白宫同罗斯福进行了一次会谈。会谈的主要目的是，要求总统重视原子能的研究，抢在德国之前造出原子弹。

萨克斯先向罗斯福面呈了爱因斯坦的长信，接着读了科学家们关于发现核裂变的备忘录。然而，总统对这些枯燥、深奥的科学论述不感兴趣，虽然萨克斯竭尽全力地劝说总统，但罗斯福最后还是说了一句："这些都很有趣，不过政府若在现阶段干预此事，似乎还为时过早。"这一次交谈，萨克斯失败了。

第二天，罗斯福邀请萨克斯共进早餐。萨克斯十分珍惜这个机会，决定再尝试一次。

一见面，萨克斯尚未开口，罗斯福便以守为攻地说："今天我们吃饭，不许再谈爱因斯坦的信，一句也不许谈，明白吗？"

萨克斯望着总统含笑的面容说："行，不过我想谈一点历史。"因为他知道，总统虽不懂得物理，对历史却十分精通。

　　"英法战争期间，"萨克斯接着说，"在欧洲大陆一往无前的拿破仑，在海战中却不顺利。这时，一位年轻的美国发明家罗伯特·富尔顿来到这位伟人面前，建议把法国战舰上的桅杆砍断，装上蒸汽机，把木板换成钢板，并保证这样便可所向无敌，很快拿下英伦三岛。但是，拿破仑却想，船没有帆就不能航行，把木板换成钢板船就会沉没。他认为富尔顿是个疯子，把他赶了出去。历史学家在评价这段历史时认为，如果拿破仑当时采用富尔顿的建议，19世纪的历史将会重写。"

　　萨克斯讲完后，目光深沉地注视着总统，他发现总统已陷入了沉思。过了一会儿，罗斯福平静地对萨克斯说："你胜利了！"

　　萨克斯激动得热泪盈眶，他明白胜利一定会属于盟军。萨克斯的借古谏君术大功告成。

　　熟读历史，就能通过过去总结出现实当中切实可行的理论思想，从某种方面来说，历史是指导人们经营现实的哲学，当我们了解了这一点，就会意识到沉湎于脑海中关于过去的记忆库，它是我们成功的契机。

同别人争名夺利时就成了别人的眼中钉

　　"同贵相害，同利相忌"。原意指的是：具有同等权势地位的人，必然互相排挤，彼此倾轧；有同样利害关系的人，必然互相猜忌。这就是为什么拥有同等地位的人很难和谐相处。一山不容二虎，这本是人性所致，但黄石公在此提出同贵相害，是利相忌的目的，在于劝导人们，只有与人无争，才能亲近于人；与物无争，才能抚育万物；与名无争，名就自动到来；与利无争，利就聚集而来。古人云："势相轧，害相刑。"祸患的到来，全是争的结果。而无争，也就无灾祸了。

　　宋代的向敏中，在宋太宗时为名臣，在真宗时晋升为右仆射，居大任三十年，没有一个不顺从他的人，而能做到这一点，正是他的不争而避免了他人妒恨排挤之祸。

　　向敏中，天禧（真宗年号）初，任吏部尚书，为应天院奉安太祖圣容礼仪使，又晋升为左仆射，兼任门下侍郎。有一天，与翰林学士李宗谔相对入朝。真宗说："自从我即位以来，还没有任命过右仆射。现在任命向敏中为右仆射。"这是非常高的官位，很多人都向他表示祝贺。徐贺说："今天听说您晋升为右仆射，士大夫们都欢慰庆贺。"向敏中仅唯唯诺诺地应付。又有人说："自从皇上即位，从来没有封过这么高的官，不是勋德隆重，功劳特殊，怎么能这样呢？"向敏中还是唯唯诺诺地应付。又有人历数前代为仆射的人，都是德高望重。向敏中依然是唯唯诺诺，也没有说一句话。

第二天上朝，皇上说："向敏中是有大耐力的官员。"向敏中对待这样重大的任命而无所动心，大小的得失，都虚受。这就做到了老子所说的"宠辱不惊"，人们三次致意恭贺，他三次勉强应付，不发一言。可见他自恃的重量，超人的镇静。正如《易经》中所说的"正固足以干事"。所以他居高官三十年，人们没有一句怨言。他能这样从政处世，对于进退荣辱，都能心情平静地虚心接受。所以他理政府事、待人接物，也就能顺从大理、顺从人情、顺从国法，没有一处不适当的。人贵在以虚修养自己，以坦荡交游涉世。

宋时另一人物文潞公，一生也是以虚受坦游自守，在他辞官回归洛阳时，已是八十高龄了。神宗看他精神健旺，年力康强超过常人，问他是不是养生有道，他回答说："没有其他的方法，我只不过能随意自适，不以外物伤和气，不敢做过头的事情而已。"

老子曾说："只有无争，才能无忧。"利人就会得人，利物就会得物，利天下就能得天下。从来没有听说过，独恃私利的人，能得大利的。所以善利万民的人，如同水滋润万物而与万物无争，不求所得。

生活中亦可见那些事事斤斤计较、患得患失的人，事事也会强出头，那样只会让自己活得更累罢了，因为当你同别人争名夺利时，你也成了别人的眼中钉、肉中刺，下场自然也好不到哪里去。

追求理想的同时要兼顾现实

黄石公很强调对形势的把握，在关于理想与现实的关系上，黄石公用了一个很有意思的比喻："走不视地者颠。"一个有理想的人行走在追求理想的路上，但是，他要能够辩证地看待现实社会中的复杂，坦然接受这种不完美的现实，追求自己的理想的同时，也积极地改变自己，适应社会。这正是其"机敏"之处，是生存的智慧。理想和现实绝对是有差距的，理想不管有多完美，一旦碰到了现实生活，再完美的理想也必须适度地妥协，否则会一事无成，这就就好像只顾走路但却不看路一样，一定会跌倒。

春秋末年，各诸侯国之间时常发生战争。孔子是当时有名的教育家，极力主张以"仁义道德"来治理国家，恢复过去周朝的礼制。他认为统治者只有用"仁义"来感化百姓，处理诸侯国之间的关系，恢复礼制，天下才会安宁。

　　为此，他曾周游列国，向各诸侯国国君"推销"自己的政治主张，并希望他们采纳。遗憾的是，他的政治主张并不像他的教育思想那样受人敬佩和欢迎，因而到处碰壁。

　　有一次，孔子带着学生准备到卫国去游说，学生颜回便去问鲁国一个名叫太师金的官吏："我的老师孔子到处游说，劝谏别人接受他的政治主张，可是却到处碰壁。这次去卫国，你看情况会怎样？"

　　太师金摇头说："我看结果还是不行。现在战乱四起，各国国君为了争夺地盘都忙着打仗，对你老师的仁义道德非常反感，谁会去听不合时宜的说教呢？先前蔡、陈两国之行就是如此。这次他到卫国去游说，肯定也不会有什么好结果。"

　　太师金又举例作进一步解释："船是水里最好的运输工具，车是陆地上最好的运输工具，但是硬要把船弄到陆地上来运货，就是白费力气，一点用也没有。你的老师要去卫国游说，好比是把船弄到陆地上去运货一样，结果不但劳而无功，还可能会招灾惹祸。你们不要忘了去陈国的教训，那时你们到陈国时不是就没人理睬你们，而且七天都张罗不到饭吃吗？"

　　颜回回忆起那次去陈国的情景，不禁有些担心。他回去把此事告诉老师孔子，孔子也深有感触，但是他还是决定去卫国。结果，依然是碰壁而归。

　　虽然孔子所推行的"仁义道德"，是恢复礼利的政治主张，但是事与愿违的是，当时的诸侯个个利欲熏心，只见眼前的私利。每一个诸侯都希望成就自己的霸业，当然不可能听得进去孔子所说的方法，将权力交还给周天子，恢复旧礼制。

　　在这种情况下，陈、蔡两国会视孔子所言为剥夺自己利益的蛊惑之言，对待他相当不礼貌，也是可以理解的事。

　　太师金看透了诸侯们的野心，才会劝颜回不必再白费力气。

　　尽管孔子不轻易放弃，认为只要有机会，就算成效不彰也要碰碰运气，但是结局早在太师金的预料之中。

　　很多人之所以会在残酷的社会中一再失败，原因就像太师金所说的"硬要把河里的船弄到陆地上来运货"，经常这样做，就不能成功。

　　人当然要有远大的理想和志向，但是在实现理想的时候，也要兼顾现实，既要讲究方法，也要懂得灵活变通，要审时度势，与时俱进。否则，就会沦为食古不化的失败者，成为众人讥笑的对象。

在既有的富贵中自保自持

黄石公说："山峭者崩，泽满者溢。"这句话我们还可以从另一个角度来解读。如果用一句俗谚解释，即是"矢上加尖，锋刃不存"。也就是说，一个人如果已经握有一把锋锐的利器，但却仍然不满于现状，反要在锋刃上再加一重锐利，那么连原有的锋刃恐怕都不能保全了。

古语道："创业难，守业更难。"千万不要犯"矢上加尖，锋刃不保"的错误。财富到了金玉满堂的程度，要透彻了解陶朱公三聚三散的哲学艺术。

陶朱公即范蠡，春秋时越国被吴国灭亡时，他提出了降吴复国的计策，并随同越王勾践一同到吴国为奴，千方百计谋取勾践回国，成为辅助勾践灭吴复国的第一谋臣，官拜上将军。当勾践复国之后，范蠡深知勾践可以共患难但不能同享乐，于是急流勇退。隐姓归野后的十九年间三次赚了千金之多，三聚三散，置千金之产五次，这才是真正的"保锋"的智慧。

"一家富贵千家怨，半世功名百世愆"。一个人在既有的富贵之中，如果不懂得自保自持，持富而骄，便会自招恶report，后患无穷。要想长保"金玉满堂"的富贵光景，必须深知"揣而锐之"的不得当，以及"富贵而骄，自遣其咎"的可畏。对待财富如此，对待功名亦如此。

汉高祖时，吕后采用萧何之计，诛杀了韩信。人曰：成也萧何，败也萧何。高祖正带兵征剿叛军，闻讯后派使者还朝，封萧何为相国，加赐五千户，再令五百士卒、一名都卫做护卫。百官都向萧何祝贺，唯陈平表示担心，暗地里对萧何说："大祸由现在开始了。皇上在外作战，您掌管国政。您没有冒着箭雨滚石的危险，皇上却增加您的俸薪和护卫，这并非表示宠信。如今淮阴侯韩信谋反被诛，皇上心有余悸，他也有怀疑您的心理。我劝您辞封赏，拿所有家产去辅助作战，这才能打消皇上的疑虑。"萧何依计而行，变卖家产犒军。高祖果然喜悦，疑虑顿减。

这年秋天，英布谋反，高祖御驾亲征，其间派遣使者数次问候萧何。回报说："因为皇上在军中，相国正鼓励百姓拿出家财辅助军队征战，正如上次所做。"这时有个门客对萧何说："您不久就会被灭族了，您身居高位，功劳第一，便不可再得到皇上的恩宠。可是自您进入关中，一直得到百姓拥护，如今已有十多年了。

皇上数次派人问及您的原因，是害怕您受到关中百姓的拥戴。现在您为何不多买田地，少抚恤百姓，来自损名声呢？皇上必定会因此解除疑心的。"萧何认为有理，又依此计行事。高祖得胜回朝，有百姓拦路控诉相国。高祖不但没有生气，反而高兴异常，也没对萧何进行任何处分。

对于聪明才智、财富权势等，都要知时知量，自保自持。如果已有聪慧而不知谦虚涵容，已有权势而不知隐遁退让，已有财富而不知适可而止，最后将自取灭亡。矢上加尖，犹如高处不胜寒，一着不慎，全盘皆输。

用真心构筑最坚固的友谊

"人类是社会动物。一个人在社会中不可能没有朋友。任何人的一生都是一场搏斗。在这一场搏斗中，如果没有朋友，则形单影只，鲜有不失败者。如果有了朋友，则众志成城，鲜有不胜利者。"

任何人的生存都离不开朋友，没有真正的朋友，一个人将寸步难行。在古代，反映友谊的故事更是不胜枚举，比如"桃园三结义"，比如钟子期与俞伯牙的故事。人们之所以如此看重友情在自己生命中的分量，是因为朋友就是另一个自己，他们的存在让我们的生命焕发光彩，关键时刻甚至还能震撼我们的心灵。用黄石公的话就是："同声相应，同气相感，同类相依，同义相亲，同难相济，同道相成。"

无论古人今者，行走于世都会常常喟叹："相识满天下，知心能几人？"因此每当遇到知心之人，必然有"为知己者死"的情怀。何以"知己"便能让人不惜自己的性命也要守住？这是因为每当心境彷徨，知己会与自己共同承担苦闷；每当怒火冲天，知己会以宽容的胸怀接纳；每当欣喜若狂，知己会乐于分享；每当乐不思蜀，知己会及时给予忠告；每当扬扬自得、走向歪路，知己会及时地拉自己一把。面对知己，无须言语的解释，举手投足、一个眼神、一个微笑，他便能体会到你此刻的心意。

然而，这天下间能如此了解自己的人太少了，即便是父母、兄弟姐妹、爱人，也不能尽然，便是这份稀有，也足以用生命守护。彼此知心的人所结成的友谊通常都是矢志不渝的，这种不渝值得一辈子珍藏，即使死去，也想要带在身边。

季羡林先生有一位相交了七十多年的朋友，这就是诗人臧克家。即使相识这么多年，二人仍然相见恨晚。2005 年，臧克家去世了，季老每当追忆这位朋友，都觉得心痛无比，时常感叹人生中最好的朋友离去了，唯有用"他永远永远地活着"

来聊以自慰。

季老早年有一次到金鱼胡同的四联理发店理发，恰巧碰到老舍，老舍悄悄替季老付了理发的钱，让季老十分感动。季老到了晚年还一再跟老舍的儿子舒乙先生提到这些事情，说十分怀念舒先生的父亲。

朋友不仅是那个要会与你相依相感、相应相亲的人，更是那个可以与你患难与共、生死同舟的人。患难之时的友谊真的像明灯一样，给他生命中最黑暗的角落带来希望和光明。能患难与共的朋友才是人生的知己，也才是真正的朋友。

能临危不惧，在危急关头不抛弃自己而愿意与自己一起承担的人，才是真正的朋友。我们每个人都希望自己能够得到这样的朋友，却总是难以如愿以偿。一位伟大的哲人曾说过："想要我为一个朋友去死，这并不困难，难的是找不到值得我一死的友人。"

尽管患难之交总是很难遇到，但即使暂时没有，也不要灰心，只要寻觅真诚情谊的心在，患难真情迟早会出现在你的身边。

向成功者靠拢，跟大人物共同起跑

一个明智的人总是应该追踪伟大人物所走过的道路的，并且效法那些已经成为最卓越的人。这样一来，即使自己的能力达不到他们那样强，但是至少会带有几分气派；相反，如果跟着失败的人走，就很可能失败。这就是《素书》中"与覆车同轨者倾，与亡国同事者灭"所要告诉我们的道理。想成为卓有成就的人士，追踪伟大人物所走过的道路似乎已经成了必然。中国的古语"以史为鉴"，其中也包含这个意思。所以，从现在开始，为自己确定一个可效仿的出色目标。

孔子曾说："益者三友，损者三友。友直、友谅、友多闻，益矣。"他劝诫人们，应多与优秀者交朋友。同这些人交往，能够增长知识，扩大见识，明白事理，获取进步。一个优秀朋友的建议、及时的暗示或友善的劝告，可能为我们的生活开辟一条全新的道路。所以，多与优秀的人交往，他们会让你受益终生。

欧阳修是北宋时期著名的文学家、史学家和政治家。他在文学上取得了卓越的成就，创作了大量优秀的散文和诗词。尤其是他的散文，简洁流畅，丰富生动，富于感染力。欧阳修是唐宋八大家之一。他还为当时的文坛培养了一批人才，像苏洵、苏轼、苏辙、曾巩、王安石等文学家，都出自他的门下。

欧阳修在颍州（今安徽省阜阳市）府当长官的时候，有位名叫吕公著的年轻人在他手下做事。有一次，欧阳修的朋友范仲淹路过颍州，顺便拜访他。欧阳修热情招待，并请吕公著作陪叙话。谈话间，范仲淹对吕公著说："近朱者赤，近墨者黑。你在欧阳修身边做事，真是太好了，应当多向他请教作文写诗的技巧。"吕公著点头称是。后来，在欧阳修的言传身教下，吕公著的写作能力提高得很快。

正如《论语·里仁》所说："见贤思齐焉。"如果一个人周围都是一些道德高尚的人，那么这个人也会通过努力，赶超他们。同样的，如果一个人总是与一些道德素质低下的人交往，久而久之他的品性也会变得低劣。

和什么样的人在一起，自己的未来或许就是什么样子。与强者交朋友，自己会变得更强；在一无是处的交际圈中，自己会变得颓废，更会一无是处。弱者只会更弱，强者只会更强。因此，你要想做什么样的人，就要和什么样的人在一起，你要想成为一个成功者，就先要学会和成功者在一起。与成功者为伍，有助于我们在身边形成成功的氛围。在这氛围中，我们可以向身边的成功人士学习正确的思维方法，感受他们的热情，了解并掌握他们处理问题的方法。

很多时候，决定一个人身份和地位的并不完全是他的才能和价值，而是他与什么样的人在一起。如果你想取得成功，那么，请赶快行动起来，努力去和成功人士站在一起，为自己平步青云铺好路。

给他人留后路就是为自己筑坦途

人非圣贤，孰能无过？宋代文士袁采说过："圣贤犹不能无过，况人非圣贤，安得每事尽善？"人与人之间相互往来，不可避免地要出现或大或小的错误，这个时候不要动不动就横加指责，大声呵斥，甚至恨不得将其置于走投无路的境地才罢休，这种偏激的做法，惹急了别人，对自己绝对没有好处。对于这一点，黄石公早在两千多年前就对我们提出了告诫，他说："怨在不舍小过。"很多时候，别人对我们产生仇恨心理并不是因为我们得罪了他们，而是我们对他人的小过不怀宽容之心。

相反，在人际交往中，我们若能以善良、仁爱的心对待一切，宽以待人，得饶人处且饶人，就能获得好人缘。给他人留一点余地，也是在为自己筑一条坦途。

汉文帝时，袁盎曾经做过吴王刘濞的丞相，他的从使与他的侍妾私通。那个从使怕袁盎降罪于他，就畏罪逃跑了。袁盎知道后亲自带人将他追了回来，将侍妾给了他，对他仍像过去那样倚重。

汉景帝时，袁盎入朝担任太常，奉命出使吴国。吴王当时正在谋划反叛朝廷，想将袁盎杀掉。他派五百人包围了袁盎的住所，袁盎对此事毫无察觉。恰好那个从使在围守袁盎的军队中担任校尉司马，他就买来二百石好酒请这五百个兵卒开怀畅饮。围兵们一个个喝得酩酊大醉，瘫倒在地。当晚，从使悄悄溜进了袁盎的卧室，将他唤醒，对他说："你赶快逃走吧，天一亮吴王就会将你斩首"。袁盎问："你为什么要救我呢？"从使对他说："我就是以前那个偷了你的侍妾的从使呀！"袁盎大惊，赶快逃离吴国，脱了险。

东晋的谢安，也是一个典型的例子。

谢安在做宰相之前曾经陪伴哥哥去打仗。他发觉哥哥非常不会做人，作为主帅，每天只知道吟诗作赋，不与将士结交，甚至还会侮辱众人，惹得将士们怨声载道，他感觉事情有些危险，必须得提前预防和准备。于是他就广施钱财，多和军队里的将领们结交。东晋后来打了败仗，军士们趁机哗变，要杀谢安和他哥哥，但是大家想到谢安平时为人甚好，于是纷纷为他求情，使他躲过了此劫。

《菜根谭》里有这样的话："彩笔描空，笔不落色，而空亦不受染；利刀割水，刀不损锷，而水亦不流痕。""待人而留有余，不尽之恩礼，则可以维系无厌之人心；御事而留有余，不尽之才智，则可以提防不测之事变。"也就是说，不管是待人还是接物，都应该留一点余地。而对于别人的过失，就应该像用彩笔在天空画画，用快刀斩水，做到适可而止，就可以保存天空的干净，绿水的长流，就可以保存彼此原本的关系，不会因为对方的过失而影响到彼此的和谐、融洽。

在日常交往活动中，若是对方未能满足自己的要求，或是有什么过错，我们都不应该怀恨在心。因为怨恨只会加深彼此的误会，而且还会扰乱我们的正常思维，引起急躁、偏激的情绪。所以说，彼此的交往是缘分，不必计较太多，也不必苛求对方尽善尽美，多一些宽容和体谅，得饶人处且饶人，那么，彼此之间一切不愉快，都会迎刃而解。

同样，有些人在手握关卡的时候，总是一副"天下之大，舍我其谁"的架势，对于别人的请求，甚至哀告，置之不理，不屑一顾。其实与人方便就是与己方便，在人生中，将别人渴望的东西主动送上门去，能免愤恨、招感激，为自己赢得一份宝贵的人情，给自己以后的人生留下了余地。因为世事艰险，谁也说不准会遇到什么天灾人祸，如果不注意在人生的点滴处留人情，无形中就会给自己埋下不少可怕的定时炸弹，而如果得饶人处且饶人，适当地网开一面，也许就在无形中消除了很多危险。

西方古语说："原谅你的仇敌。"这并非仅仅是道德说教，或是经验之谈。原谅仇敌，不但可以显示自己的宽宏大量，还可能因此得到对方回赠的好处。在生活中，尽量与人为善，把对手也变成朋友，这样的人生才会走向开阔。

心存危机才能降低危险系数

自然界的优胜劣汰与战场上的成王败寇一样，所以，黄石公说："畏危者安，畏亡者存。"与这句话相对应的是《孙子兵法》中的一句话："乱生于治，怯生于勇，弱生于强。"孙子将乱与治、怯与勇、弱与强视为矛盾的统一体，并在一定的条件下可以转化，因此处世必须时时保持警惕，留意形势变化。任何事情都有好与坏的两面，满足和停留就意味着危险，因而危机意识显得尤为重要。

心存危机意识，你会小心提防，时刻保持高度的警惕。这样，才不会给敌人以可乘之机。有了危机意识，才不会让自己陷入危机，束手无策。

无论目前自己的发展状况有多么稳定，都不能排除来自敌人的威胁。在敌人积聚实力的同时，我们自己不突破、不进步，势必会落在后面。我们所能做的是以发展来超越敌人的发展，以进步来超越敌人的进步，一刻也不能停息。

有一只野猪对着树干磨它的獠牙，一只狐狸见了，问它为什么不躺下休息享乐，而且现在也没看到猎人和猎狗。野猪回答说：等到猎人和猎狗出现时再来磨牙就来不及啦！事实就像野猪所说的，时刻也不能放松，如果没有远见，看不到潜在的危险，那么，在你防备松懈的时候，危险突然而至，你除了惊惶失措、束手就擒之外，还能有什么作为？

人如果时刻都有危机意识，不敢懈怠，那么便能生存；如果没有远虑，今朝有酒今朝醉，自我满足、自我陶醉，那么就有可能走向灭亡！

有一天，啄木鸟在树林里意外发现了一些树木分泌出一种黏性很强的胶，啄木鸟差点被黏住。于是啄木鸟号召附近的鸟儿，尽快将这种树的种子全部吃掉，以绝后患。可是附近的鸟儿们并没有把啄木鸟的话当一回事。

春天来了，小树苗长了起来，啄木鸟又对鸟儿们说："赶紧在树苗长大前把它们全部拔掉，等它们长成大树，你们将失去这片树林，无家可归。"然而，鸟儿们依旧没有理睬啄木鸟的话。

随着时间的推移，一株株小树苗长成了一棵棵的大树，它们分泌出清香的粘胶，引来了许多虫子。看到这一切，鸟儿们开始嘲笑啄木鸟说："愚蠢的预言家、糊涂的先知，幸亏当初没有听你的谣言，不然可就吃不到这么美味的佳肴！"啄木鸟听了，叹道："难道你们真的不知道灾难就要发生了吗？"在一片嘲讽声中，啄木鸟离开了这里。

　　望着树上那些美味的食物，鸟儿们欢呼雀跃，它们成群结队地飞进树林，最后一只只都被黏在树上做最后的垂死挣扎。

　　心中时刻保持危机意识，就能发奋图强，与命运抗争，保持上进心。有这样一句话："没有危机感就是最大的危机。"高瞻远瞩、居安思危，这是智者的生存态度，也是用变化的观点分析态势。因为所有事情都是由正反两个方面组成的，既没有绝对的好，也没有绝对的坏，在一定条件下都会向自己的反面转化。在安逸的时候要想到将来的危险，成功的时候要想到失败。

行动起来，努力实现远大目标

　　一个人在成功的道路上能走多远，要看他是否有长远的眼光。"无远虑者有近忧"，《素书》中说的就是这个道理。有很多成功人士面临过金钱的诱惑，有的经历过困境的阻挠。如果不是因为他们能够很清楚地看到未来的图景，他们也许就会被眼前利益的诱惑与困境束缚。

　　战国时期，有两位好朋友，同受业于当时的名师鬼谷子的门下。他们就是我国历史上有名的说客苏秦和张仪。

　　苏秦出道较早，成功也来得顺利，而张仪初出道时较为普通，郁郁不得志，不知前途如何。看到苏秦已成大事，便想投身门下，找到一条晋升的捷径。于是，他来到苏秦的门下，期望求取晋见的机会。一连几天，苏秦也没有来见他。之后，苏秦的属下安排他住下来，好不容易才碰上这位发达了的老友。可惜，苏秦没有热情地款待他，吃饭的时候，不但没有同坐，还安置他在最末的位子，吃着仆役们才吃的粗饭。接着苏秦又用话语羞辱他，说道："以阁下的才干，怎么会潦倒到如此地步呢？我实在没有法子帮你，你还是靠自己的运气罢。祝你好运。"

　　远道而来的张仪，满以为见到老朋友之后，一定会得到热情的招待和帮忙的，没想到反而招来无名的羞辱，于是，愤怒地离开了苏秦的住处，希望凭着自己的

才能，与苏秦一争高下。

当张仪走了以后，苏秦又暗中派人沿途用金钱接济他，支持他进行游说秦国的工作。苏秦的门人们很奇怪，纷纷问苏秦是怎么回事，苏秦说："张仪的才干，在我之上，我怕他为了贪图一时的眼前小利，过分安于现状而丧失了斗志。所以，我侮辱了他一番，以便激起他上进的心。"

张仪是幸运的，有他的好朋友在激励他、帮助他。并不是所有的人都有这样的朋友，所以，不断提醒自己、激励自己，让自己的目光始终盯着远方，让自己沉浸在实现远大目标的行动之中，这才是最为重要的。

眼光长远的人往往能走在时代的前沿。他能看见别人所不能看见的东西，掌握事物发展的未来趋势，因而能先行一步。在我们这个竞争日趋激烈、创业变得很艰难的时代里，这是成功不可或缺的元素。短视者只能迎接失败，即使他们曾经拥有过很优越的条件。他们往往被眼前的利益所迷惑，在透支享受今天的同时，忘记或忽略了给明天播种，最后只能被明天抛弃。

这就像下棋一样，技高者能看出五步七步甚至十几步棋，技低者只能看出两三步。高手顾大局、谋大势，不以一子一地为重，以最终赢棋为目标；低手则寸土必争，结果在辛苦中屡犯错误，以失败告终。

人生就像是马拉松比赛，谁先到达终点，谁就是胜者，谁就是英雄。没听说过有什么人可以在不断采摘路边野花的同时获得冠军。而且，过程是为目标服务的，再美妙的过程如果得到的是苦果，也不会有太大的意义。

做任何事，都不会一帆风顺，总要面临曲折。这就要求你在最困难的时候，要有长远的眼光，自己给自己定好位。

莫让我们的梦想因别人的几句冷言冷语而熄灭。安于现状，只会使你丧失获得更卓越成就的能量。只要你的眼光看得够远，就一定能真正飞起来。

关键点一 开枝节自顺

抓住网纲撒网，网眼自然张开；抓住了树的根，枝叶自然会跟从。所以说，做事情一定要先抓主要矛盾，主要矛盾解决了，其他小矛盾便迎刃而解，这就是纲举目张。这个道理在《素书》中的表达是："衣不举领者倒。"提衣服只有提住领子才能顺当，如果抓着其他地方就不得要领。无论是纲举目张还是衣要举领，其中所蕴涵的道理都是，做事情一定要抓重点。

刘邦平定天下以后，开始论功封赏功臣。他向大臣们说："运筹帷幄之中，决胜千里之外，这是张良的功劳，应封三万户。"

张良连忙起身拜谢："臣开始逃亡下邳，有幸与陛下相会，这是上天让臣跟随陛下。陛下用臣的计策，幸而时中。臣愿封留地足矣，不敢当三万户。"

刘邦对张良的辞让很满意，就封他为留侯。接着又封赏了二十多位有功之臣。这时，其他的文臣武将日夜争功不停，弄得刘邦心烦意乱，寝食难安。

一天，刘邦在洛阳南宫从空中阁道望见几位将领坐在沙土地上窃窃私语，觉得奇怪，就问张良："他们说什么？"

张良不安地说："陛下难道不明白？他们在商量谋反的事呀！"

刘邦大惊失色："天下刚刚安定，为什么要谋反？"

张良提醒刘邦道："陛下起于布衣，是依靠这些武将取得天下。现在您是天子，所封的侯爵全是像萧何、曹参那样的同乡、故人和您所喜欢的，而您诛杀的尽是平生所愤恨的仇人。现今军吏计功，有功的不能普遍受封，许多人担心得不到封赏，又害怕您抓住他们的过失而诛杀他们，所以他们才打算铤而走险，聚众谋反哪……"

刘邦愁容满面，如坐针毡："这……如何是好？"

张良深思熟虑地说："陛下不要担心，臣已经有了办法。"

"快说给朕听！"刘邦急不可耐。

"陛下平生最憎恨的而又是群臣所共知的人是谁？"

"当然是雍齿这个人。雍齿与我有旧仇，他污辱过我，只是因为他功劳大，才不忍杀他，这事群臣都知道……"

刘邦不假思索地告诉张良。

张良霍地站起身，胸有成竹地说："陛下，谋划就在此人身上！立即封赏雍齿，给群臣诸将摆个样子。像雍齿这样的仇人，陛下都能不计前怨，为他封功晋爵，别人还会有什么顾虑呢？他们必会心平气和，解除疑虑了！"

刘邦立即下令设置酒宴，召集文武百官，当众宣布命令，封雍齿为什方侯……接着又催促丞相、御史定功行封。

酒宴散后，大臣、将军欢天喜地，奔走相告："雍齿都能封侯，我等还担心什么呢！"

张良让刘邦封雍齿而平定众将之心，实际上这条计策并没有什么出奇的地方，但为什么达到了"制胜"的效果呢？其原因就是张良太了解众将官的所思所想了。雍齿是刘邦平时最憎恨的人，这样的人都受封当然最有说服力。所以，雍齿被封侯后，众将心里的顾忌也就没有了。

庖丁解牛的故事相信许多人都耳熟能详，他是《庄子·养生主》中提到的一位技艺高超的厨师，庖丁解牛的技术，已经达到道的境界。当他的技术达到最高境界时，刀下去经过的地方，顺着经脉的流行，肌肉的纹理，把大关节的地方解开了，就把一头牛自然解脱开了，更别说细节之处。

在关键的地方下功夫，这才是解决问题的道，也是庖丁解牛留给我们的一点启示。因此，每一个人在思考问题的时候，要从问题本身出发，抓住问题的关键，拨开重重迷雾，一切自然也就迎刃而解了。

小到杀一头牛的方法，大到这也是做人、做事的道理都是一样。不管你做什么，无论你是领导他人还是被人领导，只要在关键的地方下功夫，把要点的地方解开了，枝节的地方自然迎刃而解，事情也就好办多了。

解决问题的过程就是一个思考问题的过程，在解决一个问题时，不要被问题的表面现象所迷惑，要找到问题的关键所在。只有抓住问题的关键，才能从根本上解决问题。切经肯綮，才是做事事半功倍的诀窍所在。

管理智慧

潜在人才是等待雕琢的玉

黄石公说："弃玉取石者盲。"原意是指那些有眼无珠抛弃美玉取石块的人。其实，人们会抛弃美玉的一个重要原因，是因为玉石在被开发以前，看上去与普通的石块似乎并无太大差别，不容易被人识别。但是，玉石粗粝在外精秀其中，只有那些对玉石有深刻了解的人，才懂得如何识玉。黄石公在此即是将识才之术比作识玉之术的人。

识才，不仅要看到那些锋芒毕露者，更要注意寻找那些暂时默默无闻和表面上平淡无奇，而实则很有才华和发展前途者。显露的人才如同人人关注的上林之花，锦绣灿烂，蜚声世间，都欲得而用之。潜在人才则有如待琢之玉，似尘土中的黄金，没有得到公众的认可，没有表现出自己的价值，如果不是独具慧眼的识才者是难以发现的。

千里马之所以能在穷乡僻壤、山路泥泞之中，盐车重载之下被发现，是因为幸遇善于相马的伯乐。千里马如果没有遇伯乐，恐怕要终身固守在槽枥之中，永无出头之日。许多潜在人才都是被"伯乐"相中，又为其创造了一个展示才华、发展成长的机会，才获得成功的。

企业家如果想较多、较好、较快地识别和发现潜在人才，必须注意以下几点：

1. 听其言识其心志

潜人才都是尚未得志，他们在公开场合说假话、官话的极少，他们的话绝大多数是在自由场合下直抒胸臆的肺腑之言，是不带"颜色"的本质之言，因而就更能真实地反映他们真实的思想感情。

2. 观其行别其追求

一个人的行为体现着一个人的追求。一个讲究吃喝打扮的人，所追求的是口舌之福和衣着之丽；一个善于请客送礼的人，所追求的是吃小亏占大便宜；一个干工作不认真，伺候领导却十分周到殷勤的人，所追求的是个人私利。

任何一个人一旦进入了自己希望进入的角色，就会为了保住角色而多多少少带点"装扮相"，只有一般人中的人才，他们既无失去角色的担心，又不刻意寻找表现自己的机会。所以，他们一切言行都比较纯朴自然。企业家如果能在一个人才毫无装扮的情况下透视出他的真迹，而且这种真迹又包含和表现出某种可贵之处，那么大胆启用这种人才，是十分可靠的。

3. 析其作辨其才华

潜人才虽处于成长发展阶段，有的甚至处在成才的初始时期，但既是人才就必然具有人才的先天素质。或有初生牛犊不怕虎的胆略，或有出淤泥而不染的可贵品格，或有"三年不鸣，一鸣惊人"之举，或有"雏凤清于老凤声"的过人之处。

4. 闻其誉慎其赞扬

善识人才者，应时刻保持清醒头脑，有自己的独立见解，不受表面现象所左右。对于已成名的显人才，不应当跟在吹捧赞扬声的后面唱赞歌，而应多听一听反对意见；对于未成名的潜人才所受到的赞誉，则应留心在意。

这是因为，人大多有"马太效应"心理，人云亦云者居多。大家说好，说好的人越发多起来；大家说坏，说坏的人也会随波逐流。但当人才处在潜伏阶段，"马太效应"与其毫不相干。再者，别人对其吹捧没有好处可得。所以，其称赞是发自内心的，是心口一致的。领导者如果听到大家对自己一名普通的下属进行赞扬时，一定要引起注意。

总之，既是人才，就必然有不同常人之处，否则就称不上人才。一位善识人才的"伯乐"，正是要在"千里马"无处施展拳脚之时识别出他与一般"马匹"的不同，如果是"千里马"已在驰骋腾越之中表现出英姿，何用"伯乐"识别？

提高薪酬吸纳高质量人才

对企业领导者用人而言，既是人才，就绝不可放过，只要能被我所用，就应该不惜高薪来聘用。这就是黄石公所说的"乐得贤者养人厚"。一个真正懂得人才重要性，求贤若渴的人，在得到人才之后一定会给予厚待。人才作为企业的一种最重要的资源，决定着企业的核心竞争力。能否招募到优秀的合适的高级人才往往决定着企业在市场上具有多大的竞争力，所以要不惜一切代价来网罗人才。

其实，做任何企业都是这样，要吸纳高质量人才，必须重视员工的薪酬，这是企业得人、留人的因素之一。很多公司，为了觅得良才，都不惜重金。

德国有一个本科生，发明了一种电子笔和辅助设备，可以用来修正遥感卫星拍摄的红外照片。该项发明公布于世后，立即引起了各国大企业的重视。美国一家企业闻讯后，立即派人前往德国找到这个本科生，并提出了优厚的条件。日本一家公司也不甘示弱，双方为此激烈竞争，所给的薪酬也越来越高。最后，美国人干脆说，无论日本公司提出多少薪酬，我们再乘以五！最终，该本科生带着技术发明被聘请到美国公司。

人才是企业的基石。在全球经济一体化的今天，人才问题被企业提到了更高的位置。怎样识别人才、留住人才，是摆在企业家面前的一个非常严峻的问题。放走一个人才，不仅事业受损，还有可能为自己增加一个竞争对手，这样的道理谁都懂，但要想很好地解决人才问题，很难找到一举多得的方法。如何让人才为企业打拼？他们凭什么会去打拼？最重要的方法就是给人才提供一个好的生活条件，免除他们的后顾之忧，给予其高薪是个比较好的办法。

斥责批评不要让人下不了台

下属对上级要尊敬，同样，上级对下属也是一样，要尊重。尤其当下属或员工犯了错误时，领导者更要注意批评的方式。因为"侮下无亲"，轻慢员工的领

导者会使他的员工产生怨恨之情，因此在指责的场合中，千万不要使用令对方下不了台的话，在这个基础上使双方从此有个新开始，彼此去除心理障碍。

下文所举的八点是领导者在批评员工时应注意的：

1. 勿指责人的弱点

人与人之间是有差别的。当别人指责其弱点时，犹如短刀插心般痛苦。例如，在个子矮的女性面前说"你是矮冬瓜"，她心中一定像沸水翻滚一般。对学历低的人说"学历太低的人没有用"，都是不适当的话，就算是事实也该避免触及他人的短处。

2. 不要进行人身攻击

"你是骗子""你太没有信用"等话也会刺伤对方。只要评论事实即可，即使是对方没有信用也不能如此当面斥责。

3. 不要否定下属的将来

"你这人以后不会有多大出息""你这样做没有人敢娶你""你实在不行"等，领导是不该说出这样的话的。须以事实为根据，就事说事，就下属目前情形而论，不要否定下属的将来。

4. 不要干涉私人事情

公司生活和个人生活有很大关联，但是个人私生活有不愿为人所知之事。"你只知打麻将，当然会发生那种错误""晚上玩得太过分了吧""你和那个女孩子做朋友不好吧""你的家庭名声不佳，首先要从家庭整顿做起，怎么样"等私人问题应该避免介入，因那只会引起"那是我家的事，和此事无关"的反感，而公司并没有连家庭一起雇用。这种好事的老板中有人说是日本式经营的优点，但随着时代的进步，此种现象已减少，特别是对年轻的职员，他们的私生活一旦被人干涉大都会引起强烈的反感。

5. 不翻旧账

对于今天该指责的事项，引用过去的事例是不适当的。如果牵扯了人的问题、感情的问题，那么"都已经过去的事了现在追根问底真是过分"之类的心情就会产生。例如像"你以前也犯过同样的错误，不是发誓不再犯了吗"这种话都是多余的。揭人疮疤只能让人勾起一段不愉快的回忆，于事无补。有些记忆力很好的领导，连下属初入公司所发生的事都记得清清楚楚，甚至大家都已忘掉的事都牢记着，这实在没必要。

6. 不使用戏谑言语

对接受批评的员工来说，批评或多或少会使自尊心受损伤。管理人员以庄重严肃的态度所作的批评较容易为员工所接受，因为这种态度被员工视为对他尊重的表示。若管理人员以戏谑的口吻进行批评，则不论其动机如何友善，终将引起员工的不满，因为戏谑口吻被员工视为对他讽刺的表示。世上真正具有幽默感的人并不多，因此在批评时切忌使用戏谑的言词。

7. 不夸大其辞

管理人员在批评员工时应避免使用夸张之字眼。例如"您老是本末倒置"中的"老是"，"您从未站在公司的立场去看问题"中的"从未"，等等。含夸张字眼的批评通常都是过度严厉的批评，这对被批评者来说是不公平的。

8. 不吹毛求疵

对下级批评主要应针对妨碍工作、损害国家和人民利益方面的问题，对与此无关的事项不要过多干涉。不能以个人的好恶为标准，对不合自己心意的行为横加指责，对一些琐事喋喋不休，那样会使下级谨小慎微，只注意小事，忽视大目标，这对于完成总体任务是十分不利的。

很多国际上的知名企业非常注重对员工的人文关怀，总裁不是以高高在上的口气与员工对话，而是以一个朋友的身份，把自身的经历、经验告诉员工，肯定员工的个人尊严。只有这样，才能保证一个企业在一个平稳和谐的环境中得到长足的发展。

调整管理风格，营造良好管理氛围

从《素书》中"危国无贤人，乱政无善人"一句中我们可以得知，在一个混乱、动荡的国家中，出于形势所迫，人人力求自保因时而动，就不会产生所谓的贤、善之人。因此，对于一个企业或团队来说，大氛围不论是对公司还是对人才的发展都至关重要。

尽管可能企业的领导者听不到，但是员工之间或者员工与他的朋友之间一定会有这样的谈论："我们领导高瞻远瞩，总是比同业多看到好几步棋，能加入到他的团队中我感到很自豪"，"我们领导事必躬亲，下属凡事都要请示、汇报，工作效率低，员工士气低落"，"我们头儿给我们分配任务时，常常让我们感到无所适从"，等等。他们议论的不是领导，而是他们所在的工作氛围。

工作氛围是一个看不见、摸不到的东西，但我们可以确定的是，工作氛围是在员工之间的不断交流和互动中逐渐形成的，没有人与人之间的互动，氛围也就无从谈起。制度在这方面所能起到的作用有限，最多也不过是起到一个最基本的保障作用。更重要的是制度因为多种原因不能够得到很好的执行，这就要求充分发挥人的作用。人是环境中最重要的因素，好的工作氛围是由人创造的。尤其是领导者，领导者的个人风格很大程度影响着团队氛围、工作氛围。

现在的员工越来越看重工作氛围。孟子曰："天时不如地利，地利不如人和"，人和，亦即良好的人际关系和工作氛围，成为最为人才看重的工作条件。可以这样讲，良好的工作氛围，既是一种条件，也是一种待遇。没有这个条件，人才不来；没有这种待遇，人才也不来。

一家大型网络公司合并到新公司了，引起了业界人士的关注。然而，在这家著名网络公司工作的一位中层经理出人意料地说了这样的话："我们最关心的是在进入新公司后，是否能有原来的工作氛围。"当员工将要进入新公司的时候，关心的不是待遇、职位……而是工作氛围。可见，工作氛围对于现代从业者是多么重要的事情。

研究表明，领导者的不同领导艺术会营造出不同工作气氛，而工作氛围又最终影响到组织的绩效。有统计数字显示，影响组织成功主要有四个关键因素，它们是个人素质、职位素质要求、管理风格、工作气氛。其中，工作气氛对组织绩效的影响程度达35%，而管理风格对工作气氛的影响度高达72%。

可见，积极建立良好的工作气氛是成功领导者的一个必备能力。其实，建立良好的工作氛围，不仅是领导者领导能力的体现，对员工精神需求的满足，更是成功企业的内在必然要求，因为工作氛围的好坏直接决定着员工的工作效率。

有这样一个案例：张君，生性开朗、活泼，喜欢和人交流，不愿意受约束。他从事的是技术开发工作，刚到公司的头一天，他发现部门气氛比较严肃，大家都坐在自己的位置上一言不发，闷头干自己的事情，也很少有人走动。他觉得很不习惯，尽管工作环境很安静，但他的内心似乎有千军万马，焦躁不安，工作效率很低，以前一天能完成的工作如今变成了两天。这个案例清晰地说明工作氛围对工作绩效的影响。

因此，领导者应该注意适当调整自己的管理风格，创建出良好的工作氛围。良好的工作氛围是自由、真诚和平等的工作氛围，是员工在对自身工作满意的基础上，与同事、上司之间关系相处融洽、互相认可，有集体认同感，充分发挥团队合作，共同达成工作目标，是在工作中共同实现人生价值的氛围。

在这种氛围里，每个员工在得到他人承认的同时，都能积极地贡献自己的力量，并且全身心地朝着组织的方向努力，在工作中能够随时灵活方便地调整工作方式，使之具有更高的效率。领导者应该能够掌握创造良好工作氛围的技巧，并将之运用于自己的工作中，识别出那些没有效率和降低效率的行为，并有效地对之进行变革，从而高效、轻松地获得有创造性的工作成果。

给人才提供一个良好的舞台

　　"地薄者，大物不产；水浅者，大鱼不游。树秃者，大禽不栖；林疏者，大兽不居。"黄石公在这里用四种自然现象作比喻，为我们提示了企业大环境与人才流失的关系。一个企业要吸引人才，留住人才，就要为人才提供一个良好的舞台，就像土地贫瘠的地方，产不了宝物；水浅的地方，大鱼都不游过来；光秃的树木，大的禽鸟不愿在上面栖息；稀疏的树林，大的野兽都不在其间居住一样，一个企业如果没有好的大环境，人才就不会凝聚。

　　近年来，世界各国的大企业都在完善企业自身的聘用机制，以求吸引到更多才华横溢、雄心勃勃的人才。但即便如此，仍有许多人才悄然而去。许多企业发现吸引人才越来越难，因为人才的流动已成为当今时代的一大潮流，进入企业的人流似乎永远也比不上流出企业的人流。

　　许多企业一边不断地翻新招聘花样来引起求职者注意，一边却听任人才大量流失。持续不断地大量招聘人才，常使企业疲于奔命，甚至出现企业效益的下滑。管理者们估计，考虑所有因素，包括因为人才离开企业而失去的关系，新员工在接受培训期间的低效率等，替换新员工的成本甚至高达辞职者工资的150%。而且，替换新员工的成本还不仅限于此，知识也是一种资产，知识型人才的流失对企业造成的影响可能无法预计。企业用"留住人才"一词表明它们越来越重视有才干的人员。那么企业将如何奖励和评价优秀员工？该怎样调整企业文化，以留住真正的人才？

　　人才如果对公司的工作岗位失去了兴趣，单靠金钱是留不住的，只有增加员工对工作的满意度、对集体的归属感和提供个人发展的机会才能令其安心地干下去。因此，现在有很多企业都已制定了相应的留住人才的战略，努力提高他们对工作的积极性。

　　美国波士顿 SHL 集团总裁斯特恩说："此刻，公司回过头来对员工们说，我们将作出让步，向你们提供发展和进步的途径。我们将就地开办课程，使你们能够更加容易地跟上时代的步伐，我们还将提供一些顾问和一系列资料。"

道康宁公司和联信公司正在努力培养自主型雇员。近年来，这两家公司跳槽的员工多为任职三个月至二年的员工，针对这种情况，该公司制订了一项"职业适应"计划，以帮助员工在公司内部寻找机会。道康宁公司总经理贝弗利说："我们的想法是，教会那些甚至是刚进公司的员工如何找到不同的工作职责，这样，他们不必离开公司就能找到更合适的岗位。"

其实，安定人心，让员工爱上自己的企业并不是件困难的事，只要管理者能够采用一些措施，在工作中和生活上营造出公正平等与和谐的环境，使员工能够有一种自我价值得以实现的成就感，人才便会忠实于企业，勤奋地工作，回报企业。

1. 提供更好的待遇

这一点微软做得非常成功。对微软公司而言，不论你的经验与资历如何，只要有足够的能力，你就有机会升职加薪。因此，微软公司能网罗到全世界的精英。微软公司的理念就是：网罗天下精英，共创大业。在微软公司工作，压力虽然很大，但是其福利优厚，能使许多员工成为百万富翁，这也是留住人才的方法之一。在相同的条件下微软公司通过内在激励机制，提供更好的待遇与工作环境，吸引了大批最优秀的人才。

2. 让人才扮演主角

美国有一家顾问公司，其业务主要是信息咨询和规划设计等。因为公司效益不错，三位创立人决定用高薪来引进人才，以扩大公司规模，因为高薪和该公司令人喜悦的发展速度，许多人才被吸引了过来，其中有两位高级咨询顾问都希望在该公司一展身手。

可是，三位创立人对高级咨询顾问并没有作出太多的安排，他们把全部精力放在营销工作上，去追求新合同。刚刚进入公司的高级咨询顾问明显地感觉到被冷落了。

这个过程持续了好几个月，公司的动力开始减缓，人们开始对工作不抱什么热情了。接着有一些人才开始离去，他们常常也带走了一些客户。这种情况逐渐多起来了。该公司三位创立人有一天清晨醒来，忽然发现他们那一个美丽的梦破灭了，他们没有中标，当他们回过头来注意公司的时候，发现公司也只剩下了一个空壳。最大的客户也跟着咨询顾问走了。

人既是感性的又是理性的。员工既希望能够受到关怀，又希望发挥自己的能力为企业创造点什么，如果这些愿望得不到满足，那么员工便会感觉到失望。或许企业能够发给很高的薪水，但在有些时候，高薪也留不住人，给他们一个可以尽情施展才华的舞台才是明智的解决办法。

每个人都是平等的，即便有高下之分，也是因为品德、能力，而非职位，如果管理者能有发自内心的平等意识，真诚地对待每一个人，那么员工必定会受其感动，全身心地投入工作中去。

出色的员工总会在工作过程中产生很多的看法和观点，其中有很大一部分都是对企业有益的建议。因此，作为管理者，要多和企业中的人才交流，了解他们的想法，然后对管理方法作出相应的调整。

3. 提拔要统筹考虑

当管理者发现一个非常出色的人才时，一定要对如何提拔他的问题进行统筹考虑，因为如果这个问题处理不好，不仅会失去这个人才，还会招致企业其他人的不满，给企业机构带来破坏。

4. 让不同层次的人才都得到学习的机会

不同层次的人才在职责和特长上存在很大差异，有的人适应做高级管理者，有的人适合做基层管理者，有的人是专业人员，但他们都需要不断地学习，给自己充电，掌握更多的技能，以满足他们的进取心，同时也会为企业创造更好的效益。因此，为不同的人才开设不同的培训项目也是留住人才的一条途径，学在这里、用在这里，配以合理的薪酬和职位，人才当然舍不得离开。

放宽心态对待同行业的竞争

同行业之中，存在着很多的竞争，即所谓"同艺相窥，同巧相胜"。为了自身的发展，同行业之间常常会跟别人进行比较，看到别人发展得顺利，而自己却失意，心中自然会不舒服，产生怨恨。为了寻找心理上的平衡，很多人会运用不正当的手段进行报复，甚至会在暗地里做一些不光明的事情，阻碍对方的发展。虽说"同行是冤家"，但并不是说同行就必须要"打破脸，撕破皮"，互相看不上眼，老死不相往来，而是应该彼此给对方留一些发展空间，这样才能在危机到来的时候达成一致，共渡难关。

深谙商场规则的红顶商人胡雪岩曾说："大家是兄弟同行，希望有福同享。"

虽然说没有竞争就没有进步，可是一旦竞争起来，就可能会为了争权夺利而不择手段，陷入恶性竞争循环当中。胡雪岩很担心因为同行的恶性竞争而阻碍自己事业的发展，所以在他经营阜康钱庄的时候，就一再发表声明：自己的钱庄不会挤占信和钱庄的生意，而是会另辟新路，寻找新的市场。

这样一来，属于同一行业范畴的信和钱庄，不是多了一个竞争对手，而是多了一个合作伙伴。心中的顾虑消除了，信和钱庄自然很乐意支持阜康钱庄的发展。在后来的发展历程中，阜康钱庄遇到发展危机的时候，信和能够主动给予帮助，也是因为当初胡雪岩"不抢同行盘中餐"的正确性所在。

在阜康钱庄发展十分顺利的时候，胡雪岩插手了军火生意。这种生意利润很大，但是风险也大，要想吃这一碗饭，没有靠山和智慧是不行的。

一次，胡雪岩打听到了一个消息，说外商将引进一批精良的军火。消息一确定，胡雪岩马上行动起来了，他知道这将是一笔大生意，所以赶紧找外商商议。凭借胡雪岩高明的谈判手腕，他很快与外商达成了协议，把这笔军火生意谈成了。

可是，这笔生意做成不久，外面就有传言说胡雪岩不讲道义，抢了同行的生意。胡雪岩听了后，赶紧确认。原来，在他还没有找外商谈军火一事之前，有一个同行已经抢先一步，以低于胡雪岩的价格买下了这批货，可是因为资金没有到位，还没来得及付款，就让胡雪岩以高价收购了。

弄清楚情况以后，胡雪岩赶紧找到那个同行，跟他解释说自己是因为不知道，所以才接手了这单生意的。他甚至主动提出，这批军火就算是从那个同行手中买下来的，其中的差价，胡雪岩愿意全额赔偿。那个同行感动不已，暗叹胡雪岩是个讲道义的人。

协商之后，胡雪岩做成了这单生意，同时也没有得罪那个同行，在同业中的声誉比以前更高了。这种通融的方式让他消除了在商界发展的障碍，也成了他日后纵横商场的法宝。

可见，放宽心态对待同行业的竞争，还能从中得到很多你意想不到的东西。所以，一定要冷静地面对竞争，不要因嫉妒而冲昏头脑。比如，在你的工作职位上有一个新人进入，你难免会有危机感。此时，如果你想着怎样把对方挤走，就大错特错。相反，你要努力从对方身上吸取经验，弥补自身不足，这才是最好的保全自身的办法。

商场上的竞争尤为激烈，人们为了达到自己的目的，往往是万般手段皆上阵。

有时候，为了挤走同行业的竞争者，甚至会出现价格大战、造谣中伤等情况。这样做，虽然受益的是顾客，但是如果因为竞争而造成了成本比重大，导致产品的质量下降，直接受损失的还是顾客。每个人的身上都有着属于自己的优点，商场中也是一样的。各家的经营手段不同，其中一定有好的一面可以让大家学习，能够看到对方的优点，回避对方在发展中的不足，这也是有利于大家发展的一种手段。

先把身段放低，别人才会愿意捧起你

朱元璋曾说："子思英贤，有如饥渴。"的确，"爱人深者，求贤急"，只有真正爱惜人才的人才会思贤若渴。而真正爱惜人才的人也才能够做到礼贤下士，尊重人才，厚待人才。历史上有很多求贤如渴的人物，其中曹操就是一例。

曹操为了实现一统天下的大志，曾连续下达三道求贤令，公开向天下招纳贤士。这三道求贤令明白告诉世人：无论你是否有过"迁辱之名""见笑之耻"，或即使你有过如"贪将吴起"那种"杀妻取信""母死不归"的大恶行径，只要你有才，就将得到重用。曹操对负责举荐官员的部下所提的要求是：各举所知，勿有所遗。

另外，曹操一反东汉时征辟察举，注重所谓名节德行、家世声望的陈规陋习，只要有真才实学，什么人都可以用。曹操的兵将大都来自扬州的丹阳、兖州的泰山以及河北的并、冀两州，因有强大的战斗力而声名远播。他唯才是举，多次发布求贤诏令，强调要选拔那些有治国用兵之术的将才，即使他们有"侮辱之名、见笑之行"也不会介意。对于一些带领众人前来投奔的豪门望族，他也极力争取，封其适当的官职。再者，他又不完全否定门第德行标准，而且很重视对名士的争取。对于一些不忠诚可靠的部下，他一经发觉，立即会毫不留情地将其清除。因此，最终他"天下忠正效实之士咸愿为用"，手下人才济济。

曹操不仅唯才是举，而且还能礼贤下士，对于真正的人才他会真诚相邀。荀彧就是一个例子。

一次，曹操前往泰山庙拜访高僧，请高僧向自己推荐几位贤能之才。高僧给了曹操一个小锦囊，告知他若遇到一位胆敢辱骂他的人，即时打开锦囊便知。其后，曹操率大军攻入中原，所到之处，鸡犬不宁。进许昌后，曹操扎营于一个叫景福殿的庙内。曹操之弟曹仁带着士兵四下抢夺，弄得许昌百姓惶惶不安。

这样几天后，四个城门上忽然都贴出一张帖子，上边写着："曹操到许昌，百姓遭了殃；若弃安抚事，汉朝难安邦。"落款是："许昌荀彧。"曹操看到帖子后，无比气愤，正想下令捉拿这个胆大包天之徒时，猛然想起高僧的锦囊来。曹操忙打开来看，只见上面写着这样一首诗："开口就晌午，日落扁月上。十天头长草，或字三撇旁。才过昔子牙，谋深似子房。"很明显，这是一首藏意诗。曹操忙请来身边诸位谋士，共同解读其中含意，折腾了半天才明白六句诗中隐含了这样四个字：许昌荀彧。曹操读后，翻然醒悟，急忙派人请荀彧至自己帐中。

原来，荀彧因不满当朝昏庸无道，一直隐居于许昌。后闻曹操有勇有谋，又爱惜人才，想投奔曹操，又不放心，于是写了这张帖子来试探一番，今见曹操特意派人来请，心里高兴，但为考察曹操是否真心，便故意拒门不出。是时正临寒冬腊月，天气冰寒，遭拒后，曹操没有生气，反而不顾严寒，亲自拜访荀彧，但两次都败兴而归。对于两访不遇，曹操并没有生气，仍耐心求访。

后来，曹操听说荀彧前往祖坟扫墓，于是备下厚礼，前往凭吊。曹操来到坟前，看见一个年轻少年，仪表堂堂，正专心致志阅读《孙子兵法》，头也不抬。忽然一阵风起，把书吹落在地。曹操急忙上前帮忙捡起并恭恭敬敬地递上。对此，荀彧却置之不理，只大声喝问来者何人。曹操说："我是曹孟德，今天特意来请荀公帮忙复兴汉室江山。"没想到，荀彧却十分冷漠地回绝了曹操。曹操赔笑说："久闻先生足智多谋，今日请不得先生，我不归。"荀彧又推说腿有毛病，行动不便。曹操便亲自牵来自己的马，扶荀彧骑上，迎入景福殿中。

诸葛亮说："曹操比于袁绍，则名微而众寡，然操遂能克绍，以弱胜强者，非唯天时，抑亦人谋也。"曹操能成大事的条件之一，就是他有着"任天下之智力，争众才之归心"的博大胸怀。

老子说："上善若水。"他认为水的最大长处是"善下之"，善下则百川汇集。具体到领导者身上，老子说："善用人者为之下。"善于用人的，必然谦虚待人，居人之下。诸葛亮说："士为知己者死。"只要你真心尊重人才，必然换来他们忠诚的追随。

行动比诺言更动听，身教比言教更有效

如果说"正人"是领导者不可忽视的管理环节，那么"正己"就是一个前提，因为"枉士无正友，曲上无直下"，这就好像一个品行不端的人不会有正直的朋友

一样，一个不正直的领导者也不会带出刚直的下属，自己不守纲纪，亦无法要求下属敬忠守法。黄石公在《素书》中说："正己而化人者顺。"领导者若想真正得到下属的拥护和认可，赢得下属的心，就必须脚踏实地地身体力行。"正己"直接决定着一个领导者的威严在多大程度上被认可。历史上有许多出色的帝王将相深晓此理，赵匡胤即是其中之一。

行伍出身的赵匡胤，经历了诸方争伐的混乱动荡局面，深知"以身作则"的奥妙。所以这位欲有所建树的皇帝，把节俭定为治国方略，自己以身作则，事事为臣吏做表率。

一次，有人将蜀主孟昶用七彩宝石装饰的尿壶送给赵匡胤，赵匡胤很生气地将壶摔在地上说："用七彩宝石镶成一个尿壶，那该用什么东西来盛食物？像孟昶这样奢侈腐化，怎么可能不亡国呢？"

赵匡胤十分注重国计民生，平日的开销降到最低，衣服经常是补后再穿，所用的乘舆都很简朴，寝宫中的帷帘都是只用青布包边，宫中帷幕也与普通百姓家的无两样。赵匡胤为了让从简之风日盛，还经常把布衣等物赐给左右近侍。

赵匡胤不仅以身作则，力行节俭，而且还严格要求家人不能贪求奢华。一次，赵匡胤的姐姐魏国长公主穿了一件翠鸟羽毛做装饰的短上衣入宫见皇帝，赵匡胤见到后，很不高兴。他对公主说："回去后把它束之高阁，别再穿了，从今以后，不要用翠鸟羽毛做装饰了。"公主笑说："这有什么了不起，一件衣服能用去几根翠鸟羽毛？"赵匡胤正色说道："此言差矣，你穿这样的衣服，宫中其他妇人必定会争相效仿，这样一来，京城翠鸟羽毛价格便会上涨了，百姓见有利可图，便会大肆捕杀，那要杀伤多少翠鸟呀。你难道不觉得自己有错吗？"

还有一次，赵匡胤和宋皇后谈起节俭之道。赵匡胤说："我大宋富有天下，即使宫殿全用金银来装饰，也不难办到，但既为人君，就要为天下百姓着想，国家的钱财怎么可以乱用呢？古人说以一人治天下，怎可以天下奉一人呢？如果全为自己考虑，奢侈无度，那么黎民又该怎么办呢？我还怎么去向他们传达命令，获得天下民心呢？"

子曰："其身正，不令而行；其身不正，虽令不从。""苟正其身矣，于从政乎何有？不能正其身，如正人何！"一个领导者只有端正自身，做到以"理"服人而不是来"权"来压人，管理的工作才能顺利进行。但令人遗憾的是，很多领导者费尽心机制定出若干规章制度，要求员工去遵守，却把自己游离于这些制度之外，这样的领导者"释己而教人"，就算他有权威，也很难令下属服从。

行动比诺言更动听，身教比言教更有效。领导者只有先正己，以身作则，才具有较大的说服力和影响力，才能顺利赢得人心，使下属们自觉地跟着自己走榜样的力量是无穷的。修身、齐家、治国、平天下，其中修身正己是首要的。赵匡胤明白这个道理，所以在日常生活中，处处注重率先垂范。

王永庆从小家境贫寒，家里除了几间茅屋以外，几乎一无所有。王永庆小学没毕业就为生活所迫，到台湾南部的一家米店当小工，独自开始谋生。今天，王永庆虽然成了富翁，但他没有忘本，常常以身作则，厉行节俭。对此，他经常说的一句话是：身教胜于言传。

王永庆到世界各地出差，既不乘专机，也不坐头等舱，而是坐普通舱，同普通旅客一样候机、排队、登机。由于他的率先垂范，员工们都以他为榜样，勤俭敬业。那些一年掌握几十亿营业额的副总经理和部门经理们，都没有配备专机和司机。王永庆以身作则，给员工们树立了榜样，不仅节约了企业的利润，而且在员工的心目中树立了光辉的形象。

正人应该先正己，这是在任何时代、任何领域都适合的道理。领导者只有注重"身教"，处处以身作则，才能领导下属。一个真正优秀的领导者，不仅要在管理方面有自己独特的方式，更应该具有"领头雁"的精神与行为。"头雁"飞向哪里，雁队就飞向哪里。所以，领导者时时刻刻都要记住自己的"头雁"身份，积极地做出标榜的姿态，将下属引领到最佳的工作状态中去。作为一个企业的领导者，不需要事必躬亲，但一定要起到模范作用。

只有自己先沉稳了，别人才不会动摇

马基雅唯利说，一个君主如果被人认为变幻无常、轻率浅薄就会受到轻视。换作黄石公的话说，就是："上无常操，下多疑心。"领导者须以沉稳为先，决策政令不可冲动，而一旦做出决定就必须言出必行，稳定自己的立场。

唐初，大理寺是全国的最高法院，审判来自各地的疑难、死刑以及京官的犯法案件。大理寺不仅有审批权，而且还有否决权，有权驳回审判不当的案件。它的职责是重大的，唐太宗从慎刑原则出发，确立了"大理之职，人命所悬，当须妙选"的标准。

贞观元年，唐太宗任命戴胄为大理寺少卿。当时朝廷急需人才，个别士人为了求个官职，不免弄虚作假，谎称"高学历"。后来有一人的身份识破，唐太宗于是下了一道"令其自首，不首者罪至于死"的圣旨，但还是有人顶风作案。应选的柳雄隐瞒了伪造的资历，事后查获，按照皇上旨意要处死柳雄，但是"明习律令"的戴胄据法断为流放。

唐太宗质问戴胄说：朕已下过不自首则处死刑的敕令，你戴胄不是不知道，为什么断为流放，是想让天下人知道我言而无信吗？戴胄反驳说：陛下有至高无上的大权，但既然此案已经交付法司审理，我们就要忠于法律，"臣不敢亏法"。当时《唐律》尚未颁布，依据《武德律》的诈伪律条文来量刑，只能判处徒刑，流放已经是看在"严打"的面子上重判了，断不到判处死刑的地步。"不首者罪至于死"，显然是唐太宗盛怒之下的旨意，不符成文法的规定。

戴胄说君主要立信，国法也要立信，而且国法比圣旨的立信更重要，是"立大信"，于是他谈了立法与立信的关系。国家立法的目的在于司法，才能取信于天下，君主切不可以一时的感情冲动之言，取代国法；否则就失"大信"。

余怒未消的唐太宗还想拿"取信于民"说事，但是听到戴胄一番"小信"与"大信"的言论，也很快意识到自己是一时冲动。虽然已经亮出了君命一言九鼎的底牌，但是他还是收回成命，以法断流。

对领导者来说，最大的威胁莫过于自己权力和威信的动摇。这件事情发生在唐太宗上任之初，他还在树立威信的时候。戴胄坚持和他唱对台戏，一般人是不能容忍的。但是唐太宗接受了正确的建议，这样不仅没有抹杀他的威信，反而让其他人看到了他诚心纳谏的行动，鼓励了更多人提出有价值的看法。

领导者的朝令夕改、出尔反尔是最大的不守信。此外，领导者若是三令五申，也属于无信，并且还会暴露其无能，因此领导者要慎重于"言"。只有慎"言"、贵"言"才能树立起自身的权威，以高尚的人格魅力彰显领袖风范。

贞观初年，跟随秦王李世民的开国元勋们在大殿上等待新帝王的赏赐。如何封赏原是一件非常难办的事情，每个人都觉得自己的功劳大，所以稍有不如意就会引起群臣的议论。如果因为个人不满意就引发朝野对皇上作为的不满，不仅会因小失大，委屈了真正有功劳的，也会让天下人觉得李世民薄情，人才也不愿意前来。想到种种需要顾虑的因素，太宗最后决定在大殿上亲自主持授奖仪式。

他重赏了文官房玄龄、杜如晦等人，这时他的叔父淮安王李神通和骁将尉迟敬德不满。他们在庆功宴上闹事。对此，唐太宗一点也不紧张。因为他自有道理，于是就当着众人的面数落了两人，回顾了过去打仗时候两人的表现，句句属实，两人无话可说。接着，原本有不满的人也安静下来，他们都对李世民明察秋毫感到心服口服。

决策必然要和别人沟通，必然要落实到执行中去，一项决策获得成功，需要团队合作和支持，但是这并不意味着你要盲目从众。孔子说："众恶之，必察焉；众好之，必察焉。"要坚持是非标准，而不可简单盲目地从众。任何领导者都明白一个道理，群众的眼睛未必是雪亮的。经常的情况是，群众往往看不到长远利益，而缺乏必要的战略眼光，所以决策者重视别人的意见，更要有自己的主见。

当作为一个下属来向高层的领导提意见的时候，同样需要坚持自己的立场。《贞观政要》上还有这样一个故事。

贞观二年，文德皇后听说隋通事舍人郑仁基的女儿容貌出众，就请求太宗纳她为妃嫔，于是太宗便聘她为充华。诏书已经写好了，不过册封的使者尚未出发。这时魏徵听说这名女子已经许配给陆家，就赶忙进宫向太宗进谏说：

"陛下身为百姓的父母，抚爱百姓，应该为百姓的担忧而担忧，为百姓的欢乐而欢乐。自古以来，有道的国君都是以百姓的心为心，考虑百姓们所担忧的事情。国君住楼台馆阁，就要让人民也有房屋可以安身；国君吃膏粱鱼肉，就要让老百姓也没有饥寒的顾虑；国君选妃嫔宫女，就要想到百姓也有娶妻成家的欢乐。这是国君应该具备的基本道德观念。如今郑氏的女儿，早已许配人家，陛下聘娶她时，心中居然没有一丝怀疑，也不曾询问。这件事如果传到社会中去，难道是国君为民父母的作为吗？我虽然听到的只是传闻，不一定很确切，但唯恐损伤陛下的名誉和圣德，所以不敢隐瞒。国君的一举一动都要载入史册，希望陛下特别留神。"

太宗听说后大吃一惊。他亲手写了一封诏书回答魏徵，深深自责，于是立即停派册封使，并下令将该女子送还给她原来的丈夫，但是陆家坚持要让其进宫，表示并无婚事。太宗感到迷惑不解，这时魏徵说："太上皇平定京城长安时，得到了辛处俭的妻子，并渐渐对她宠爱起来。当时辛处俭仍担任太子舍人，太上皇知道后很不高兴，即刻下令将他贬出东宫，让他做万年县县令，辛处俭经常胆战心惊，担心性命难保。陆爽担心陛下今天虽然能宽容他，但将来会暗中对他贬谪惩罚，所以反复辩解表白。"于是，太宗废了诏书，向陆家道歉。

太宗和魏徵在关键的时候，都没有被突然的情况吓到，而是坚持自己最初的主张，这样不仅让后来更多的困扰偃旗息鼓，也达到了自己想要的效果。不管是与下属沟通工作，还是商谈合作事宜，领导者想要掷地有声，说话有分量，最忌讳的事情就是出尔反尔，立场不坚定。因此，只有从一开始就坚持自己的主张。言出必行，才有雷厉风行的效率。

能否聚集人才是事业成功的关键

"安在得人，危在失士"，毕竟自古千军易得，一将难求，重人才者才得天下，失人才者定失天下。这就是历史的经验。古人云：得人才者得天下。在这方面，汉代帝王从汉高祖刘邦到汉武帝，都是杰出代表。

刘邦虽然出身底层社会，学识并不渊博，但他同样也明白这个道理，所以对有真才实学的人向来尊重有加、以礼相待，并委以重任，从而赢得天下。

看刘邦此人，虽然文不如萧何，略不如张良，武不如韩信，但是，他却能将如此多的良才聚集到自己帐下，让他们死心塌地地为自己打天下，这就是他的高明之处。

汉朝初建时，某次，刘邦大宴群臣，酒过三巡，刘邦笑问："我何故可得天下？项羽何故错失天下？"当时就有两人同起，朗声答道："陛下平日对待部下，未免轻侮傲慢，不及项羽的宽厚仁慈。但陛下攻城略地，每得一城，便作为封赏，可见您能与天下人共谋利益，所以人人为陛下效命，才得天下。项羽嫉贤妒能，生性多疑好猜，战胜不赏功，得地又不分利，人心涣散，所以错失天下。"高祖听了，笑着说道："你们只知其一，不知其二。据我想来，得失原因，须从用人上说。运筹帷幄，决胜千里，我不如子房；镇国家，抚百姓，运饷至军，源源不绝，我不如萧何；统百万兵士，战必胜，攻必取，我不如韩信。这三人都是当今豪杰，我能委心任用，故得天下。项羽只有一范增，尚不能用，怪不得为我所灭了！"群臣闻言，各下座拜伏，称为至言。就是这"三不如"的说法，体现了刘邦的用人之明，这正是他打败项羽的关键所在。

刘邦身边聚集了贤良之士，从而成就了自己的天下大业。观其一生，他豪迈的大气象、精湛的驭人之术，为汉朝后代皇帝树立了杰出的榜样。正是："大风起兮云飞扬，威加海内兮归故乡，安得猛士兮守四方？"汉朝气象自此而始。

王氏言："国有善人则安，朝失贤士则危。汉得人成大功，楚失贤而丧国。"《汉书》中也说："汉之得人，于兹为盛。"汉代到了汉武帝时，任用了韩安国、主父偃、朱买臣、卫青、霍去病、霍光、李广、程不识、金日、卜式、桑弘羊、公孙弘、董仲舒、郑当时、张骞、苏武、司马迁、司马相如等，这些人都成为一代辅相、名臣、将领。

汉武帝在与他的政府班子的共同努力下，为我们捧出了一个如冉冉升起的红日般的盛世：大汉。电视剧《汉武大帝》说汉武帝"建立了一个国家前所未有的尊严，给了一个族群挺立千秋的自信，他的国号成了一个民族永远的名字"。由此，汉武帝也成了中国古代皇帝中出类拔萃的第一流皇帝。这些与他统御了大批人才有莫大关系，正是得人才者，可争天下而天下莫能与之争的道理。

因势用人显管理大智慧

黄石公在《素书》中为我们提供了许多精妙的用人智慧，比如"逆者难从，顺者易行，难从者乱，易行则理"，就是一种因势用人的智慧。

古人云："三代之际，非一士之智也。"在不同的阶段，需要不同的人才提供不同的智谋，如此才能更好地应对时变，只靠某一个或某种类型的人提供的智力支持，是远远不够的。因势用人，应时势的变化而起用不同类型的人才，形成不同的智慧资源，这是用人艺术最精微，也是最玄妙之处。

孔子曰："道千乘之国，敬事而信，节用而爱人，使民以时。"在管理学上，"使民以时"可以引申为用人时应该把握时间，做到因势用人。在因势用人这方面，汉高祖刘邦可谓是做到了极致，他通常能根据不同的时期与形势，不同的人才特点采取不同的用人策略。

刘邦是以霸术而得天下的。在西汉未定时，他依靠张良、韩信、萧何、英布等人的辅助，东征西讨，屡战屡胜，最终打败项羽，建立西汉王朝，即史书上所载"居马上得之"。此时的刘邦，对于所谓"迂腐"的儒生是不屑一顾的，并曾对儒生作出"解其冠，溲溺其中"的行为。

西汉建立后，刘邦对儒生依然十分排斥，一谈到诗、书、礼、乐便心生厌恶。大臣陆贾深通世变，偏偏时常在刘邦面前提起《诗经》和《尚书》，弄得刘邦很不耐烦，大骂道："老子我提三尺剑，于马背上得天下，要《诗》《书》有何用！"

对此，陆贾则反驳说："您于马背上得天下，难道就说明您也要在马背上治理天下吗？在古代，商汤王和周武王反对暴虐待人，顺应了天下民心，依靠文人武将共同治理国家。而吴王夫差和中山国的智伯凭借着武力称霸天下，但却不懂得权变，最终因随意使用武力，不断发动侵略战争而败亡。秦国只依靠刑法治理国家，不懂得随着时势的变化而作出改变，最终灭亡。如果当初秦国在统一天下以后，遵循先圣的教诲，实行仁义的政策，您又怎么能够将秦国收归己有呢！如果您还于马背上治理天下，则恐怕也不会长久啊！"

听了陆贾的话后，刚刚获得天下不久的刘邦又是惊讶，又是后怕，自己不懂得审视权变，意识不到用人、用术要随时势而变，差点酿成大错。此后，刘邦开始大量起用儒生，帮助自己治理天下。

"马背上得天下，不能马背上治之"，争天下与安天下有别，在用人时，自然要遵循不同的方法。刘邦之所以很快地转变自己的用人策略，正在于他明白打天下和治理天下需要不同的人才。

《吴子·治兵》说："教战之令，短者持矛戟，长者持弓弩，强者持旌旗，勇者持金鼓，弱者给厮养，智者为谋主。"吴起这里讲的短者怎样，长者怎样等是从教练作战之法令角度来讲的，其实这里内含着一些用人之道，就是因势用人的问题，即根据人才个人特点用之，或让持矛戟，或让持弓弩等。这与刘邦的因势用人之道有异曲同工之妙。

因此，用人一定要灵活机动，把握好"势"，只有这样才能合理地分配任务，使下属在一个愉快、轻松的氛围中把工作做到最好。

下属有怨气，要疏不要堵

黄石公两千多年前就提出了"足寒伤心，民怨伤国"的观点。民怨可伤国。就好像人的脚受了寒心肺会受损一样，如果一个国家的民怨极大而得不到疏解，那么国家就会产生动乱。这个道理放在现代化企业管理中，即是所谓的"霍桑效应"。

美国芝加哥郊外的霍桑工厂，是一个制造电话交换机的工厂。这个工厂建有较完善的娱乐设施、医疗制度和养老金制度等，但员工们仍愤愤不平，生产状况也很不理想。为探求原因，1924 年 11 月，美国国家研究委员会组织了一个由心理学家等各方面专家参与的研究小组，在该工厂开展了一系列的试验研究。这一系列试验研究的中心课题是生产效率与工作物质条件之间的关系。这一系列试验研究中有一个"谈话试验"，即用两年多的时间，专家们找工人个别谈话两万余人次，并规定在谈话过程中，要耐心倾听工人们对厂方的各种意见和不满，并做详细记录，对工人的不满意见不准反驳和训斥。

这一"谈话试验"收到了意想不到的效果：霍桑工厂的产量大幅度提高。这是由于工人长期以来对工厂的各种管理制度和方法有诸多不满，无处发泄，"谈话试验"使他们的这些不满都发泄出来，从而感到心情舒畅，干劲倍增。社会心理学家将这种奇妙的现象称为"霍桑效应"。

霍桑试验的初衷是试图通过改善工作条件与环境等外在因素，从而提高劳动生产效率。但是，通过试验，人们发现，影响生产效率的根本因素不是外因，而是内因，即工人自身。因此，要想提高生产效率，就要在激发员工积极性上下功夫，要让员工把心中的不满一吐为快。比如，设立"牢骚室"，让人们在宣泄完抱怨和意见后，全身心地投入到工作中，从而使工作效率大大提高。

日本的一些企业做得更绝，他们在企业中设立"特种员工室"。在"特种员工室"里陈设有经理、车间主管、班组长的人偶像及木棒数根，工人对某管理人员不满，可以用木棒打自己所憎恨的人偶像，以泄愤懑。

近年来，法国还出现了一个新兴行业——运动消气中心，仅巴黎就有上百个。出此创意的人大都是学运动心理专业的，他们认为运动可以解决人们的心理问题，尤其是心情积郁等诸多问题。每个运动中心都会聘请专业人士做教练，指导人们如何通过喊叫、扭毛巾、打枕头、捶沙发等行为进行发泄。也有的通过心理治疗，先找出"气源"，再用语言开导，并让"受训者"做大运动量的"消气操"。这种"消气操"也是专门为这项运动设计的。

总之，由于种种原因，你的下属可能满怀怨气，那么，身为领导，有必要恰当地让下属消解心中的怨气。至于具体的方法，可以参考下面两种：

1. 主动自责

谁都有犯错的时候，不要以为自己是领导，就高高在上，当自己说错话，办错事时不妨主动承认自己的错误，这样可让员工消解怨气，让自己树立威信。

当下属因为你过激的批评而心怀怨气时，能主动找到下属，作真诚的自责，实际上就是传达一种体贴和慰藉，责的是自己，慰的是下属。这有利于在对方本已紧凑的心理空间辟出一块"缓冲地带"，让命令得以执行，工作能够顺利地开展下去。

2. 晓以利害

下属与上司的一个不同之处在于，上司除了关心自己的利益之外，更关心单

位的整体利益，而下属却关注自己的切身利益胜过关注整体利益。因此，对下属说话应该常记住"晓以利害"这一技巧，当他们对某件事有与单位上司不同的想法时，作为上司的你就应该明智地对他们作一番权衡利弊的分析，只有让他们觉得你的决定才是真正有利于他们切身利益的时候，他们才会真心地消除不满，转而支持你的工作。

即使有所疑虑也绝不过分猜忌

在黄石公看来，多疑与猜忌为人之大忌。因此他提出："自疑不信人，自信不疑人"的观点。王氏在点评时说："自起疑心，不信忠直良言，是为昏暗。"不管是夫妻之间、长幼之间、上下之间、朋友之间，多疑与猜忌都会让人们之间的关系变得疏远。带团队做大事的人尤其要注意。明朝崇祯皇帝就是这样一个反面典型。

明朝崇祯皇帝有一天在宫里无意中听到自己最宠爱的田贵妃在独自抚琴，心中十分怀疑，便询问贵妃的琴艺师从何处，贵妃说是母亲自幼教授的。第二天，崇祯立马将贵妃的母亲召入宫中，田母与贵妃对弹，崇祯才释然作罢。崇祯对于自己的后宫宠妃尚且如此猜忌，对于手下的朝廷重臣、封疆大吏便可想而知了。

他在位十七年中，频繁更迭阁部臣僚，多次诛杀督抚大吏，其中总督有七人，巡抚有十一人。内阁重臣更频繁替换，先后用了近五十人，也出现了"崇祯五十相"这样一个历史名词，说的便是崇祯用人多疑，举措乖张，有恩不欲归下，有过全盘推脱。

袁崇焕一案更是崇祯自毁长城。崇祯三年，镇守边关的辽东巡抚袁崇焕被以"谋叛"大罪论死，随着刑场上的千刀万剐，大明江山也随即支离破碎。"自崇焕死，边事益无人，明亡征决矣。"

崇祯的多疑与偏执使得他对于朝臣的态度复杂多变。对身担重责的大臣，崇祯通常是先寄予极大的，甚至是超出实际的期望，一旦令其失望之后，又一变而为切齿愤恨，必杀之而后快。崇祯以唯才是用为标准，有讽刺意味的是，居然满朝无可撑局面之人。

多疑是一个领袖最不应该有的，因为多疑势必导致对别人的猜忌，而猜忌往往会伤害别人。领导多疑则队伍涣散，而领导待人真诚、光明磊落则会赢得更多人的信赖，所以真正有智慧的领导是光明磊落的，即使有所疑虑，也绝不过分神经，而作为下属则努力低调，积极避嫌。这并不是妥协，而是存身之道。

东汉时候的冯异是光武帝刘秀手下的一员战将，冯异不仅英勇善战，而且忠心耿耿、品德高尚。当刘秀转战河北时，屡遭困厄，在饥寒交迫中，是冯异送上仅有的豆粥麦饭，才使刘秀摆脱困境。不单如此，他治军有方、为人谦逊，每当诸位将领相聚，各自夸耀功劳时，他总是一人独避大树之下。因此，人们称他为"大树将军"。

冯异长期转战于河北、关中，甚得民心，成为刘秀政权的西北屏障。树大招风，这自然引起了同僚的妒忌。一个名叫宋嵩的使臣，四次上书，诋毁冯异，说他控制关中，擅杀官吏，威权至重，百姓归心，人们都称他为"咸阳王"。

当时的刘秀对此事也颇费了点心思，一来冯异功劳过大，大有盖主之势。二来西北方又确实需要能人稳定局势，所以刘秀还真是觉得不好办。冯异对自己久握兵权，远离朝廷，也不大自安，担心被刘秀猜忌，于是一再上书，请求回到洛阳。不过，刘秀深知多疑猜忌乃为君大忌，如若听信谗言处理冯异，对局势不利，但是心里又的确不能完全放下，所以为了消除冯异的顾虑，刘秀便把宋嵩告发的密信送给冯异。这一招的确高明，既可解释为对冯异深信不疑，又暗示了朝廷早有戒备。恩威并施，使冯异连忙上书自陈忠心。刘秀这才回书道："将军之于我，从公义讲是君臣，从私恩上讲如父子，我还会对你猜忌吗？你又何必担心呢？"

冯异能够自保，与他自己的行事方法有关。但是刘秀能这样做，也实属不易。正因为他对冯异给予一定程度的信任，而不是担惊受怕，怕夺了他刘秀的权，所以冯异能够一而再、再而三地为他卖命是有道理的。刘秀虽然不太放心，但是他能控制得住自己的情绪，使得猜忌不会蔓延开来，从而影响这个朝政的人心向背。

当然，历史上也有多疑而成霸业者，不过他们都给将士以足够的信任，如三国的曹操，可谓多疑，但是他对和自己一起出生入死的部将却不怀疑。人人都有自尊，被别人猜忌和怀疑则毫无疑问伤害了自己的尊严。在平时生活中，领导和下属之间很容易产生误解，形成隔阂。一个有谋略的领导者，常常能以巧妙的方法，显示自己用人不疑的气度，使得下属疑人不自疑，而会更加忠心地效力。

图书在版编目 (CIP) 数据

素书：感悟传世奇书中的成功智慧 / （汉）黄石公著；丁敏翔编著 .—北京：中国华侨出版社，2012.8（2024.1 重印）
ISBN 978-7-5113-2050-6

Ⅰ.①素… Ⅱ.①黄… ②丁… Ⅲ.①个人－修养－中国－古代－通俗读物 Ⅳ.① B825-49

中国版本图书馆 CIP 数据核字（2012）第 143156 号

素书：感悟传世奇书中的成功智慧

著　　者：（汉）黄石公
编　　著：丁敏翔
责任编辑：唐崇杰
封面设计：冬　凡
文字编辑：胡宝林
美术编辑：李丹丹
经　　销：新华书店
开　　本：720mm×1020mm　1/16 开　印张：15　字数：282 千字
印　　刷：三河市燕春印务有限公司
版　　次：2012 年 8 月第 1 版
印　　次：2024 年 1 月第 11 次印刷
书　　号：ISBN 978-7-5113-2050-6
定　　价：45.00 元

中国华侨出版社　北京市朝阳区西坝河东里 77 号楼底商 5 号　邮编：100028
发 行 部：（010）88893001　　　传　　真：（010）62707370

如果发现印装质量问题，影响阅读，请与印刷厂联系调换。